欧美执行世界贸易组织争端解决机构裁决的比较研究

本书受上海工程技术大学2023年学术著作出版专项资助,受上海市教育委员会2019年上海高校中青年教师国外访学进修计划资助。

苗 青 著

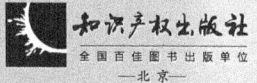

全国百佳图书出版单位
——北京——

图书在版编目（CIP）数据

欧美执行世界贸易组织争端解决机构裁决的比较研究／苗青著 .—北京：知识产权出版社，2024.5
ISBN 978-7-5130-9376-7

Ⅰ.①欧… Ⅱ.①苗… Ⅲ.①世界贸易组织—国际贸易—国际争端—研究 Ⅳ.①F743.1

中国国家版本馆 CIP 数据核字（2024）第 103147 号

责任编辑：雷春丽　　　　　　　　　责任校对：王　岩
封面设计：乾达文化　　　　　　　　责任印制：孙婷婷

欧美执行世界贸易组织争端解决机构裁决的比较研究
苗　青　著

出版发行：	知识产权出版社有限责任公司	网　　址：	http://www.ipph.cn
社　　址：	北京市海淀区气象路 50 号院	邮　　编：	100081
责编电话：	010-82000860 转 8004	责编邮箱：	lawpub124@163.com
发行电话：	010-82000860 转 8101/8102	发行传真：	010-82000893/82005070/82000270
印　　刷：	北京九州迅驰传媒文化有限公司	经　　销：	新华书店、各大网上书店及相关专业书店
开　　本：	720mm×1000mm　1/16	印　　张：	13
版　　次：	2024 年 5 月第 1 版	印　　次：	2024 年 5 月第 1 次印刷
字　　数：	200 千字	定　　价：	88.00 元

ISBN 978-7-5130-9376-7

出版权专有　侵权必究
如有印装质量问题，本社负责调换。

序 PREFACE

2001年12月11日，中国正式加入世界贸易组织（以下简称WTO）。入世是中国改革开放和现代化建设进程中的重要里程碑。入世23年来，中国坚定维护多边贸易体制，货物贸易、服务和开放水平不断提高，[①] 经济全球占比从"小个子"变成"大块头"，并为世界经济作出了重要贡献。

在逆全球化浪潮席卷下，国际合作减退，单边经济制裁多发，世界正经历百年未有之大变局。当前，无论是多边博弈的二十国集团机制，还是美国曾经主导的由《跨太平洋伙伴关系协议》和《跨大西洋贸易与投资伙伴协议》构筑的亚太再平衡战略，[②] 抑或我国倡导的"一带一路"倡议和亚投行策略，其背后均隐藏着重塑国际贸易和投资领域规则的深层思考。

WTO争端解决机构裁决（以下简称DSB裁决[③]），在某种程度上限制和制约了国家经济主权。在整个国际经贸规则重构的大背景下，面对日益复杂

[①] 加入WTO后，中国货物贸易大国地位持续巩固，由世界第六位上升至第一位，货物进出口总额由2001年的5096亿美元增加至2020年的46 474.4亿美元，增长了8.1倍；占全球货物贸易的份额由2001年的4.04%提升至2020年的13.11%。加入WTO前，中国国内生产总值（GDP）世界占比低于美国、德国、日本和英国等主要国家；加入WTO后，中国国内生产总值世界占比，先后赶超英国、德国和日本，且2019年超过分列世界第三到第五位的日本、德国和英国的总和，与世界第一美国的差距逐步缩小。参见付鑫，李俊，张威.入世20周年中国开放型经济发展成就、差距及新思路[J].国际贸易，2022（5）：15；商务部.商务部就中国加入世贸组织20年来取得的有关成就等答问[EB/OL].（2021-12-09）[2024-01-18].https://www.gov.cn/xinwen/2021-12/09/content_5659640.htm.

[②] 美国的亚太再平衡战略是奥巴马政府外交政策的标志，旨在凭借《跨太平洋伙伴关系协议》和《跨大西洋贸易与投资伙伴协议》，发挥巧实力、选择"多伙伴"，维护美国在亚太地区的主导地位。关于美国亚太再平衡战略参见阮宗泽.美国"亚太再平衡"战略前景论析[J].世界经济与政治，2014（4）：4-20.

[③] DSB裁决指WTO各类裁决机构发布的报告或仲裁裁决，包括WTO专家组和上诉机构报告（含第21.5条执行专家组和上诉机构报告）、第21.3（c）条合理期限裁决、第22.6条报复裁决及第25.3条仲裁裁决等。

严峻的外贸发展国际挑战，亟须审慎探析中国是否应执行 DSB 裁决、应如何执行 DSB 裁决，并开展有关欧美 DSB 裁决执行制度的定量实证研究，剖析利弊，知己知彼。

笔者认为，中国必须认真遵守执行 DSB 裁决。

首先，认真遵守执行 DSB 裁决，是中国作为负责任大国的必然选择。中国共产党第二十次全国代表大会确定，中国坚持真正的多边主义。[①]2023 年 7 月 1 日生效施行的《中华人民共和国对外关系法》第 19 条明确将"维护以国际法为基础的国际秩序"列为我国发展对外关系的目标任务之一。作为多边主义的维护者，中国近年来在多边外交场合旗帜鲜明地积极倡导"以国际法为基础的国际秩序"。[②]WTO 协定是国际条约。首任上诉机构成员松下满雄曾指出："WTO 争端解决机制的功能非常类似于一个国际贸易法院。"[③]正如有学者所强调的，经过 DSB 裁决通过的专家组报告或上诉报告对争议双方具有法律约束力，败诉方必须执行。[④]DSB 裁决的执行是中国彰显其法律才智、软实力和参与国际组织意愿的表现；DSB 裁决的执行是帮助中国"摸着石头过河"、全方位充分参与国际体系的重要踏脚石；DSB 裁决的执行彰显了中国负责任大国的担当。

其次，对于中国而言，与其挑战 WTO 的合法性，不如在 WTO 内更能有效维护其权益，建立互利共赢的新秩序。WTO《关于争端解决规则与程序的谅解》第 3 条总则规定："WTO 争端解决体制的重要任务，是为多边贸易体制提供可靠性和可预测性。"国际法的首要价值即秩序。[⑤]哲学家奥古斯丁（Augustine）曾指出："和平是有秩序的和合。和平是在秩序中的和合，因为

---

① 习近平. 高举中国特色社会主义伟大旗帜 为全面建设社会主义现代化国家而团结奋斗：在中国共产党第二十次全国代表大会上的报告［R/OL］.（2022-10-25）［2024-01-18］.http：//www.news.cn/politics/cpc20/2022-10/25/c_1129079429.htm.
② 张华. 中国当代国际秩序观的法理基础［J］. 法商研究，2023，40（6）：45.
③ MATSUSHITA M, SCHOENBAUM T J, MAVROIDIS P C, et al. The World Trade Organization：law, practice and policy［M］. Oxford：Oxford University Press，2017：83.
④ WTO 首位中国籍上诉机构主席、成员张月姣撰文曾对此特别予以强调. 参见张月姣. WTO 争议解决机制改革必须坚持守正创新［J］. 清华法学，2023，17（6）：107.
⑤ 何田田. 国际法秩序价值的中国话语：从"和平共处五项原则"到"构建人类命运共同体［J］. 法商研究，2021（5）：61，62.

秩序导致和平。"[1]如有学者所言，中国大力倡导"以国际法为基础的国际秩序"，其合理性和先进性至少表现为三个层面：（1）彰显国际法与国际秩序之间的亲缘关系，（2）发扬国际法对国际关系的规制优势，（3）确保国际秩序的多边性、统一性和民主性。[2]

最后，当前，中国认真贯彻执行DSB裁决，在WTO争议解决机制改革中坚持守正创新，有助于构建人类命运共同体。中国一贯奉行多边主义，维护WTO权威，并提交关于争端解决上诉程序改革的联合提案以打破上诉机构僵局。从1947年缔结《关税与贸易总协定》（以下简称GATT）、1995年成立WTO到目前，WTO争端解决机制包容并蓄，步履维艰，曾历经：GATT时期类似仲裁的一审机制、WTO时期具有准司法性的两审机制及上诉机构停摆期间的临时上诉仲裁机制。当前，在上诉机构存废之际，究竟应支持维持"两审终审制"的改良派，还是改"两审终审制"为"一审终审制"的革命派。[3]WTO多边贸易体制正处于改革的十字路口，中国作为负责任的大国，更应当凝聚多方共识，共同捍卫来之不易的WTO多边贸易争端解决机制，在WTO争议解决机制改革中守正创新。

如有学者所言，WTO目前的形态，典型地反映了国际社会的"无政府状态"，即高度分权的、横向的无超越各国权力机构进行国际立法的"平行式"国际社会。[4]美国学者伊肯伯里（Ikenberry）曾将国际秩序分为霸权秩序、均势秩序和宪法秩序。[5]正如有学者指出，个别西方国家或地区宣扬"基于规则的国际秩序"。就法治精神而言，"基于规则的国际秩序"体现的是单边主义和强权政治，而不是国际法治；[6]观察美国近年来接连退出一系列双边和多边国际条约的不当做法，其对国际法"合则用，不合则弃"的功利主

---

[1] 菲德罗斯.国际法［M］.李浩培，译.北京：商务印书馆，1981：21.
[2] 张华.中国当代国际秩序观的法理基础［J］.法商研究，2023，40（6）：51.
[3] 关于两种派别的具体主张和对比，参见梁意.论上诉机构存废背景下的WTO争端解决机制改革［J］.法学，2022，493（12）：175-192.
[4] 曾令良，江国青.国际公法学［M］.北京：高等教育出版社，2022：31.
[5] 伊肯伯里.胜利之后：战后制度、战略约束与秩序重建［M］.严匡正，译.上海：上海社会科学院出版社，2021：21~27.
[6] 张华.中国当代国际秩序观的法理基础［J］.法商研究，2023，40（6）：48.

义态度更为明显。①尤其近年来美国阻挠上诉机构法官遴选,导致 WTO 上诉机构"停摆"。②

无论中国在 WTO 案件中作为胜诉方,还是败诉方,DSB 裁决的执行实乃亟须研究和解决的重大法律问题。有关欧美 DSB 裁决执行实践的定量实证研究至关重要。截至 2023 年 12 月 31 日,以 DS 编号计,WTO 争端解决机构共受理案件 621 起,美欧分居申诉和应诉案件量最多的 WTO 成员方的第一位和第二位,申诉和应诉案件合计占比 45.1% 和 34.6%,欧美互诉占所有申诉案件达 10.8%,详见本书表 1-2、表 1-3 和表 1-4。中国申诉案件合计 23 起,其中申诉美国和欧盟合计 22 起,占比 95.6%;中国被诉案件 49 起,其中欧美申诉中国案件合计 34 起,占比 69.4%,详见本书表 1-6、表 1-7 和表 1-8。

欧美是 WTO 争端案件最主要的当事方,是中国 WTO 争端案件最主要的申诉方和应诉方。本书旨在探析欧美 DSB 裁决执行的立法、机制和实践,为完善适合中国国情的执行 DSB 裁决的立法和机制提出建议。欧美在执行 DSB 裁决时,倾向国家现实主义做法:对 DSB 裁决,或立即、完整执行;或凭借《关于争端解决规则与程序的谅解》项下执行机制中的程序缺陷,拖延执行;或以各种理由不予执行。

构建适合中国国情的执行 DSB 裁决的机制,不仅有助于树立中国负责任大国的形象,还能更好地维护国家经济主权。从这一角度,执行 DSB 裁决并非一个简单的对被诉法律、法规和行政措施的修改或撤销问题,而是如何通

---

① 李詠箑,陈雨松,于宁.支持和践行多边主义:中国参与 WTO 争端解决法律实践(2011—2020)[M].北京:商务印书馆,2021:593.
② WTO 上诉机构停摆,直接、表面的原因是美国连续几届政府阻挠 WTO 上诉机构成员遴选,造成 WTO 争端解决机制被破坏。间接、深层次的原因是国际经济格局和形势发生了重大变化,在 GATT 乌拉圭回合谈判时期发挥重要引领作用的美国、欧盟、日本、加拿大"四巨头"已经失去引领势头,中国、印度、巴西等发展中国家成为后起之秀,成员间矛盾加剧。区域性贸易安排冲击或替代了 WTO 多边贸易机制的核心地位。具体分析参见韩立余.世界贸易组织的一般国际法考察[J].清华法学,2023,17(6):145.关于美国制造 WTO 上诉机构危机的深层原因,学者多有论述,参见赵宏.世贸组织争端解决机制 25 年:辉煌、困境与出路[J].国际贸易,2021(12);石静霞.世界贸易组织上诉机构的危机与改革[J].法商研究,2019(3);杨国华.WTO 上诉机构危机的原因[J].北大法律评论,2018(2);杨国华.丛林再现? WTO 上诉机制的兴衰[M].北京:人民出版社,2020.

过执行 DSB 裁决的机制，最大限度地维护中国国际形象和国家经济主权的问题。

  我国应坚定道路自信，改革目标绝非照搬欧美西方模式以调整我国立法和机构设置，而是要根据我国国情设计出更合理的制度或微调现有机制，使其充分发挥应有功效。当前，我国 DSB 裁决的执行机制仍在初步形成过程中，笔者期待通过介绍、比较欧美执行 DSB 裁决的立法、机制和实践，抛砖引玉，引发学界和实务部门进一步思考、研究我国 DSB 裁决执行的立法和机制，通过制度构建和立法完善，以保障 DSB 裁决执行工作的有序进行，最大限度地维护中国和平崛起的负责任大国形象和国家经济主权。

  是为序。

苗青

2024 年 1 月 18 日于上海

目录 CONTENTS

导　言　　　　　　　　　　　　　　　　　　　　　　　　　　　　**001**

第一章　DSB 裁决的执行概述　　　　　　　　　　　　　　　　**004**

第一节　DSB 裁决的性质及其国际法效力　// 004

一、WTO 协定和 DSB 裁决的效力　// 005

二、WTO 协定对 DSB 裁决效力的影响　// 006

三、有关 DSB 裁决效力的争论　// 008

四、欧美和中国关于 WTO 协定和 DSB 裁决效力的法律规定和实践　// 011

第二节　欧美 WTO 争端案件及 DSB 裁决执行概览　// 018

一、欧美是 WTO 争端案件最主要的当事方　// 020

二、欧美是中国 WTO 争端案件最主要的当事方　// 024

三、欧美 DSB 裁决执行情况概览　// 030

第二章　《关于争端解决规则与程序的谅解》中有关 DSB 裁决执行的
　　　　规定及其对欧美执行 DSB 裁决立法的影响　　　　　　**036**

第一节　DSB 裁决的灵活性　// 036

一、《关于争端解决规则与程序的谅解》第 19.1 条有关 DSB 裁决的规定　// 036

二、DSB 裁决的灵活性对欧美执行 DSB 裁决立法的影响　// 037

第二节　前瞻性救济　// 037

一、前瞻性救济的实质　// 038

二、前瞻性救济对欧美执行 DSB 裁决立法的影响　// 041

第三节 合理期限制度 // 042

一、《关于争端解决规则与程序的谅解》第 21.3 条有关合理期限制度的规定及其缺陷 // 042

二、合理期限制度对欧美执行 DSB 裁决立法的影响 // 056

第四节 报复制度 // 059

一、《关于争端解决规则与程序的谅解》第 22 条有关报复制度的规定及其缺陷 // 060

二、报复制度对欧美执行 DSB 裁决立法的影响 // 064

第三章 欧美执行 DSB 裁决的机制比较　　070

第一节 涉及立法和行政措施的 DSB 裁决的执行问题 // 070

一、欧盟执行涉及立法和行政措施的 DSB 裁决的机制和实践 // 071

二、美国执行涉及立法和行政措施的 DSB 裁决的机制和实践 // 077

第二节 涉及双反贸易救济措施的 DSB 裁决的执行问题 // 086

一、欧盟执行涉及双反贸易救济措施的 DSB 裁决的机制和实践 // 086

二、美国执行涉及双反贸易救济措施的 DSB 裁决的机制和实践 // 090

第三节 涉及贸易报复授权的 DSB 裁决的执行问题 // 094

一、欧盟实施贸易报复授权的 DSB 裁决的法律依据和实践 // 095

二、美国实施贸易报复授权的 DSB 裁决的法律依据和实践 // 099

第四章 欧美执行 DSB 裁决的特征比较　　102

第一节 DSB 裁决执行规则的立法层级问题 // 102

一、欧盟执行 DSB 裁决的法律依据 // 102

二、美国执行 DSB 裁决的法律依据 // 104

第二节 DSB 裁决执行的协调机构问题 // 106

一、欧盟执行 DSB 裁决的协调机构 // 106

二、美国执行 DSB 裁决的协调机构 // 108

第三节 DSB 裁决执行中立法机关的作用问题 // 111

一、欧盟理事会和欧洲议会共同决策程序掌控 DSB 裁决执行 // 111

二、美国国会相关委员会掌控 DSB 裁决执行　// 116

  第四节　DSB 裁决执行的自由裁量权问题　// 126

　　一、欧盟立法中有关 DSB 裁决执行的自由裁量权的规定　// 126

　　二、美国立法中有关 DSB 裁决执行的自由裁量权的规定　// 126

第五章　欧美执行 DSB 裁决的实践对中国的启示　128

  第一节　中国执行 DSB 裁决的机制和实践　// 128

　　一、DSB 裁决执行情况概览　// 128

　　二、涉及立法措施的 DSB 裁决的执行机制和实践　// 134

　　三、涉及行政措施的 DSB 裁决的执行机制和实践　// 137

　　四、涉及双反贸易救济措施的 DSB 裁决的执行机制和实践　// 148

  第二节　中国执行 DSB 裁决法律机制的特征　// 151

　　一、效力等级较高的执行 DSB 裁决的专门立法缺位　// 151

　　二、集中权威的执行 DSB 裁决的协调机制缺位　// 154

　　三、行政机关单独掌管 DSB 裁决的执行　// 155

　　四、实施 DSB 贸易报复授权的国内法机制缺位　// 163

  第三节　中国借鉴欧美 DSB 裁决执行机制的可行性分析　// 164

　　一、关于提升 DSB 裁决执行规则的立法层级问题　// 166

　　二、关于构建集中权威的 DSB 裁决执行的协调机构问题　// 170

　　三、关于加强 DSB 裁决执行中立法机关的作用问题　// 171

　　四、关于建全实施 DSB 贸易报复授权的国内法机制问题　// 175

结　语　181

参考文献　184

后　记　191

表目录

表1-1　中国前五大进出口贸易伙伴及占比（2018—2022年） // 019

表1-2　WTO争端前十名申诉方及案件量（1995—2023年） // 020

表1-3　WTO争端前十名应诉方及案件量（1995—2023年） // 021

表1-4　直接参与WTO争端前十名的成员方（1995—2023年） // 022

表1-5　欧美利用WTO争端解决机制的情况（1995—2023年） // 023

表1-6　申诉中国的WTO成员方及其申诉案件量和比率（2001—2023年） // 024

表1-7　中国作为应诉方的WTO争端概要（2001—2023年） // 025

表1-8　中国作为申诉方的WTO争端概要（2001—2023年） // 028

表1-9　启动《关于争端解决规则与程序的谅解》第21.5条规定的执行情况审查的案件情况汇总（1995—2023年） // 030

表2-1　DSB争端解决各阶段时限概要 // 039

表2-2　《关于争端解决规则与程序的谅解》第21.3条合理期限个案确定情况分类汇总（1995—2023年） // 044

表2-3　欧盟影响生物产品批准和销售的措施案（DS293）的合理期限修改情况概要 // 055

表2-4　《关于争端解决规则与程序的谅解》第22条仲裁确定中止减让水平的案件汇总（1995—2023年） // 062

表3-1　美国外国销售公司税收待遇案（DS108）执行情况概要 // 085

表4-1　美国陆地棉补贴案（DS267）执行情况概要 // 124

表5-1　中国作为败诉方的WTO案件的DSB裁决执行情况概要 // 128

表5-2　中国作为胜诉方的WTO案件的DSB裁决执行情况概要 // 130

表5-3　中国行政法规制定和修改程序概要 // 138

表5-4　中国作为被诉方的WTO案件的DSB裁决执行之详细情况汇总 // 143

表5-5　中国涉及双反贸易救济措施的DSB裁决执行之详细情况汇总 // 149

图目录

图 1-1　2022 年中国与主要贸易伙伴进出口规模及占比　// 019

图 1-2　直接参与 WTO 案件前十名的成员方的申诉和应诉案件量对比
　　　　（1995—2023 年）　// 022

图 3-1　《欧洲联盟运行条约》第 294 条涉及立法和行政措施的 DSB 裁决的执行程序　// 075

图 3-2　美国涉及州法的 DSB 裁决的执行程序　// 080

图 3-3　美国涉及行政措施的 DSB 裁决的执行程序　// 083

图 3-4　涉及双反贸易救济措施的 DSB 裁决的执行程序　// 089

图 3-5　美国国际贸易委员会涉及双反贸易救济措施的 DSB 裁决的执行程序　// 092

图 3-6　美国商务部涉及双反贸易救济措施的 DSB 裁决的执行程序　// 093

图 5-1　美国对中国影响知识产权保护和执法的措施案（DS362）DSB 裁决的执行程序　// 136

图 5-2　中国部门规章和地方政府规章制定和修改程序　// 140

图 5-3　中国涉及行政措施的 DSB 裁决的执行程序　// 142

导　言

WTO可谓人类社会20世纪的创举，其所创设的具有准司法特征的争端解决机制，被WTO前总干事麦克·穆尔（Mike Moore）称为"WTO皇冠上的明珠"，有利于国家间贸易争端的和平解决。《关于争端解决规则与程序的谅解》集立法、司法和行政手段于一体，创设了一套专门的裁决执行机制。DSB裁决被普遍认为具有约束力和执行力，其执行效果直接关系各国对WTO及其争端解决机制运行的绩效评估。[①]

任何法治体系下，立法都是权力和利益抗衡妥协的结果。有学者指出，WTO协定[②]是模范国际法，其已建立一种"国际法制"，使国际法从软法变成了硬法，即从国际法对国家不可预测的软约束，变成了名副其实的硬约束。[③]另有学者认为，国家层面内，DSB裁决的执行仍面临障碍，尤其当涉及敏感话题和有重大经济影响的DSB裁决时。[④]

WTO协定中的措施主要指成员方的经济立法和行政措施，DSB裁决的执行对国家行使经济主权构成某种程度的限制。欧美在执行DSB裁决时，倾向国家现实主义做法：对DSB裁决，或立即、完整执行，或凭借《关于争端解决规则与程序的谅解》执行机制中的程序缺陷，拖延执行，甚至以各种理由不予执行。有学者认为，行政权力更易受到来自其他国家（或地区）和（国内）可能遭受报复的利益集团的政治压力。因一些受影响的利益集团在政治上强势，导致批准任何限制性条例草案均需很长时间。很多时候，即使行政机

[①] 孟琪．经济主权在中美WTO裁决执行实践中的应用研究［J］．行政与法，2013（7）：104-110.
[②] 本书中WTO协定指乌拉圭回合一揽子协议，亦可称WTO涵盖协定。
[③] 杨国华．WTO中国案例评析［M］．北京：知识产权出版社，2015：370.
[④] VARELLA M D. Implementing DSB reports: an analysis based on Brazil's retreaded tires case［J］. Wisconsin international law journal，2014，32（4）：723.

关为执行DSB裁决向立法机关施压，立法机关仍拒绝通过法律修正议案或仅仅不予表决。①

中国自2001年12月加入WTO以来，经济快速发展，已成为世界第一大出口国，经济总量跃居世界第二。与此同时，中国进入贸易摩擦与争端的高发期。截至2023年12月31日，以DS编号计，中国在WTO争端解决机构中，被诉案件49起，成为仅次于美国（157起）和欧盟（106起）的第三位被诉案件最多的成员方。

加入WTO 23年间，中国积极参与、认真对待WTO争端解决机制的实践活动。有学者指出，当中国面对与新自由主义价值观紧密联系的WTO协定时，其治理方式受到特别的挑战。中国与贸易伙伴间的贸易争端具有象征性和务实性，争端过程彰显中国的形象及其固有的主权。②鉴于中国在WTO中参与争端解决的现实情况和国际贸易的发展形势，无论中国作为胜诉方抑或败诉方，DSB裁决的执行实乃亟须解决和研究的重大现实问题。构建适合中国国情的执行DSB裁决的机制，不仅不会影响国家形象，还能更好地维护国家经济主权。从这一角度，DSB裁决的执行绝非一个简单的被诉法律、法规和行政措施的修改或撤销问题，而是如何通过执行DSB裁决的机制，兼顾维护中国和平崛起的负责任大国形象和国家经济主权的问题。

有学者指出，国际贸易法有助于锁定跨国资本和强国的优势，《与贸易有关的知识产权协定》就是典型例子。人们可看到WTO的结构倾斜，大国通过使用物质、意识形态和体制资源塑造部署WTO规则，以直接和广泛地维护其自身利益。③当前，国际公法领域遭遇信任危机，特别是在如克里米亚事件后，中国是否要执行DSB裁决？即便他国不执行，中国是否仍要执行？是积极执行，还是消极执行？现阶段中国执行DSB裁决过程中存在何种

---

① VARELLA M D. Implementing DSB reports: an analysis based on Brazil's retreaded tires case [J]. Wisconsin international law journal, 2014, 32（4）: 710.
② TOOHEY L. China and the World Trade Organization: the first decade [J]. International & comparative law quarterly, 2011（60）: 789.
③ SHAFFER G, GINSBURG T. The empirical turn in international legal scholarship [J]. The American journal of international law, 2012（106）: 31.

问题？如果 DSB 裁决执行与国家底线直接冲突，例如对稀土、钨和钼的出口限制措施案（DS431/432/433），应提出何种理由或构建何种国内执行 DSB 裁决的机制以争取 DSB 及 WTO 其他成员方的理解？中国在执行 DSB 裁决方面的核心关注点和顾虑是什么？是冲击国内政治体制、损害国家经济利益、相关部门的抵触抑或国际社会的评价？诸如此类的问题引人深思。

第一章

DSB 裁决的执行概述

第一节　DSB 裁决的性质及其国际法效力

随着国际法由传统弱法模式跨入强制管辖和执行的准司法领域，WTO 争端解决机制的管辖范围大幅拓展，除保持原 GATT 机制关于多边贸易体制传统货物贸易管辖外，还将管辖范围扩展到以往从未涉及的服务贸易、与贸易有关的知识产权和与贸易有关的投资等领域争端。WTO 通过在体制中植入实体法、争端解决程序及审判机构，克服了原 GATT 机制中法律和程序的碎片化。[1] WTO 项下制裁程序正式化、司法化，一成员方可未经另一成员方同意，而挑战其法律和政府规章。

一直以来，关于国际争端解决机构裁决的法律地位，存在两种截然不同的观点：一种观点认为，国际裁决并非主权国家缔结的条约，因此不具有条约的效力；另一种观点认为，民主国家的最初同意，包括同意一项争端解决机制及其裁决。[2] 这一事实表明，国家应在某种程度上尊重争端解决机制的裁决。[3] 基于国际法的角度，国际争端解决机构的裁决对争端当事国具有约束力，争端方负有善意履行国际裁决的国际法律义务。[4]

---

[1] PETERSMANN E-U. The GATT/WTO dispute settlement system: international law, international organizations and dispute settlement [M]. London: Graham Trotman Limited, 1997.

[2] DSB 裁决虽创设了国际法律义务（具体而言是国家责任法意义上的次级义务），但应进一步分析此类法律义务的性质，是必须遵守不容替代的集体义务，抑或可用补偿或报复等替代的双边义务。关于 DSB 裁决创设的义务的性质，参见胡建国. WTO 争端解决裁决执行机制研究 [M]. 北京：人民出版社，2011：45-46，53-74.

[3] JACKSON J H. Sovereignty, the WTO and changing fundamentals of international law [M]. Cambridge: Cambridge university press, 2006: 206.

[4] 《国际法院规约》第 59 条规定，法院之裁判除对当事国及本案外，无拘束力。参见胡建国. WTO 争端解决裁决的国内效力问题研究：以国家主权为视角 [J]. 法学评论，2014（6）：145.

一、WTO 协定和 DSB 裁决的效力

作为一个重要的理论和实践问题，WTO 协定的国内效力可细分为直接效力和间接效力。[①] 前者体现为能否直接根据 WTO 协定提起诉讼或请求，[②] 后者体现为一致解释原则，即将模糊的国内法解释为和 WTO 协定相符。[③] 实践中，各成员方多否定 WTO 协定的直接效力，如有学者所言，在 WTO 义务的履行问题上，WTO 成员方多通过国内立法将其所承担的国际义务纳入本国法律体系。对 WTO 协定的国内效力问题，成员方多采取消极态度，反对国内法院在审理贸易案件时直接适用 WTO 协定解决争议，以此对 WTO 协定的国内法效力加以控制。[④] 关于 WTO 协定的国内效力问题，知名学者杰克逊（Jackson）教授从多边贸易体制与国家宪政互动的角度指出，允许国内法院直接适用 GATT 会阻碍成员方进一步参与贸易自由化谈判的积极性，进而影响多边贸易体制的长远发展。[⑤]

此外，WTO 协定的国内效力还包括其他两方面：WTO 协定的国内效力和 DSB 裁决的国内效力。专家组或上诉机构的报告一经争端解决机构通过，即发生法律效力。专家组或上诉机构的报告中的裁决和建议，亦具有了约束争端当事方的法律效力。根据国际法和国内法关系的二元论，国家有权决定国际条约或国际习惯在国内法中是否及具有何种法律地位。[⑥] 据此，DSB 裁

[①] 欧盟法院最早在其案例中使用直接效力和间接效力，以区分欧盟层面的法律、法规和指令在欧盟成员国内法律体系中的不同效力。
[②] 有学者将直接效力界定为私人可直接根据 WTO 协定条款向国内法院提起法律诉求。BARCELO J J. The status of WTO rules in U. S. law [J/OL]. Cornell law school research paper, No.06-004：1 [2015-05-14]. http：//ssrn.com/abstract=887757. 关于 WTO 协定在其成员方范围内具有何种法律效力和直接效力、间接效力问题，参见吕晓杰. WTO 规则在欧盟法律体系中效力的新发展：统一解释原则的确定与适用 [J]. 现代法学，2008，30 (1)：112.
[③] 此外，国际法中有关条约的国内法效力，还采取"直接适用原则"和"一致解释原则"两个术语概括。欧盟法和我国法均体现为"一致解释原则"。《建立世界贸易组织协定》第 16.4 条规定，各成员方应保证其法律、法规和行政程序与所附各协定对其规定的义务相一致。《反倾销协定》第 18.4 条和《补贴与反补贴措施协定》第 32.5 条亦作出类似规定。据此，各成员方的相关国内法与 WTO 协定保持了一定程度的一致性。
[④] 吕晓杰. WTO 规则在欧盟法律体系中效力的新发展：统一解释原则的确定与适用 [J]. 现代法学，2008，30 (1)：111.
[⑤] JACKSON J H. Status of treaties in domestic legal systems：a policy analysis [J]. The American journal of international law，1992 (86)：334.
[⑥] 梁西. 国际法 [M]. 2 版. 武汉：武汉大学出版社，2003：15-19.

决在国内法中是否及具有何种法律地位亦完全取决于各成员方的态度。[①]

专家组和上诉机构仅有一次提及其报告的效力状况，即当成员方在 WTO 协定下应履行义务时，在用尽所有《关于争端解决规则与程序的谅解》程序后的具体争端中，是否可以为私人方创设了国内法院必须保护的权利，这仍是个悬而未决的问题。[②] 事实上，在《关于争端解决规则与程序的谅解》改革谈判中，WTO 成员方已表达其对 DSB 裁决的忧虑，并试图通过多种方式加强其对 WTO 争端解决程序的控制。2008 年 7 月 18 日，争端解决机构特别会议主席草案文本赋予 WTO 成员方两项重要权利：首先，对分发给各成员方的专家组或上诉机构报告，不应包括争端双方同意不纳入的任何裁决或任何裁决的基本理由；其次，DSB 可经协商一致不通过专家组或上诉机构报告中的一项裁决或支撑一项裁决的基本理由。[③]

二、WTO 协定对 DSB 裁决效力的影响

（一）WTO 协定未强制规定成员方在国内法层面的履约方式

《建立世界贸易组织协定》第 16.4 条规定，各成员方应保证其法律、法规和行政程序与所附各协定对其规定的义务相一致。至于具体如何保证一致，交由 WTO 成员方自行决定。

（二）《关于争端解决规则与程序的谅解》在条文上否定通过判例发展 WTO 协定的可能性

《关于争端解决规则与程序的谅解》第 3.2 条规定，DSB 的建议与裁决不能增加或减少涵盖协定所规定的权利与义务。DSB 裁决效力的局限性虚置了其司法制裁性，DSB 裁决既不对各成员方有直接适用的效力，亦不具有判例效力。

---

① 关于中国国际法心态参见何志鹏. 论中国国际法心态的构成因素 [J]. 法学评论, 2014 (1): 82-91.
② Panel Report, United States–Sections 301–310 of the Trade Act of 1974, WT/DS152/R (Dec.22, 1999), 7.72 n.661.
③ Special Session of the Dispute Settlement Body, Report by the Chairman, JOB (08) 81, 18 July 2008, pp.8-11.

（三）"使该措施符合该协定"的 DSB 裁决表达方式为败诉方预留执行方式选择权

在《关于争端解决规则与程序的谅解》制度设计中，并未要求专家组和上诉机构作出"明确"裁决，即未明确裁定败诉方应采取何种具体执行措施。《关于争端解决规则与程序的谅解》第 19.1 条规定的"使该措施符合该协定"，[1] 这一形式主义的建议，简单而程式化，并未要求专家组或上诉机构指出具体的裁决执行方式，为败诉方预留了相当大的执行方式选择权。败诉方可自行决断采取何种措施及如何采取措施。DSB 裁决的性质不同于其他裁决：其他裁决刑事判决明确，民事判决和商事仲裁救济措施内容具体，涵盖停止侵害、赔偿损失和道歉等；DSB 裁决的"使该措施符合该协定"的建议仅创设结果义务，其前瞻性最终沦为制度土壤，导致 DSB 裁决的执行陷入拖延、修改被诉措施、质疑、再拖延、再修改和再质疑的周而复始的循环，例如，美国外国销售公司税收待遇案（DS108）。

《关于争端解决规则与程序的谅解》第 21.5 条规定的执行审查程序，审查败诉方是否采取执行措施及其与 WTO 协定的一致性，[2] 其立法意图在于防止因"模糊"裁决可能引发的败诉方拖延或瑕疵执行，并为申诉方提供救济。为防止败诉方利用违反 WTO 协定的新措施，取代已被确认违反 WTO 协定的措施；为使申诉方免为该违法的替代措施发起一场新的争端解决程序，《关于争端解决规则与程序的谅解》第 21.5 条出于司法经济，规定尽可能地求助于原专家组，以避免同一案件因重复诉讼而浪费司法资源，或不同专家组得出不一致裁决而影响裁决的执行。然而，欧盟香蕉进口、销售和分销体制案（DS27）的实践表明，《关于争端解决规则与程序的谅解》第 21.5 条未能阻止案件的"无限循环"问题。[3]

---

[1] 《关于争端解决规则与程序的谅解》第 19.1 条规定，如专家组或上诉机构认定某一措施与某一适用协定不一致，则应建议有关成员使该措施符合该协定。
[2] 《关于争端解决规则与程序的谅解》第 21.5 条规定，如在是否存在为执行建议和裁决所采取的措施或采取的此类措施是否与适用协定相一致的问题上存在分歧，则此争端应通过援用这些争端解决程序加以决定，包括只要可能即求助于原专家组。专家组应在此事项提交 90 天后公布报告。如专家组认为在此时间内不能提交报告，则应书面通知 DSB 迟延的原因和提交报告的估计期限。
[3] 朱广东. 世贸组织解决贸易争端政策倾向悖论及启示 [J]. 国际贸易问题，2007（2）：34-36.

（四）WTO独特的争端解决机制降低对DSB裁决执行重要性的认知

有学者认为，WTO争端解决机制通过出售"替代性的执行方式"以减少违约的声誉成本，为政府在履行国际义务方面提供极大灵活性。WTO争端解决机制通过两种方式降低因偏离条约制度而导致的声誉成本：（1）使相关"观众"确信，如能得到救济，即使违反条约的实质性条款，亦是可接受的。（2）允许各成员方通过遵守条约救济制度证明合作。替代性的执行方式可能导致人们降低对执行国际DSB裁决重要性的认知，而视遵循制度的违约国为合作方。[①]事实上，贸易官员们早已接受WTO救济机制的价格范式。WTO前总干事拉米（Lamy）在担任欧盟贸易专员时，曾如此描述WTO争端解决机制："只要付罚款，你可继续保持原样。"[②]然而，另有学者认为，WTO争端解决机制灵活，并不强硬，从而降低了均衡合作中贸易协定的脆弱性，强化了合作机制的稳定性。[③]

三、有关DSB裁决效力的争论

（一）国外学者有关DSB裁决效力的观点

有国外学者从WTO协定角度，认为DSB裁决有法律约束力。杰克逊教授认为，《关于争端解决规则与程序的谅解》条款的大意、GATT时期的实践和谈判人员的筹备工作均明确显示，已通过的专家组报告的法律效力，具有执行报告中建议的国际法效力。杰克逊教授援引《关于争端解决规则与程序的谅解》项下11个条款，尤其是第3.7、19.1、22.1、22.8和26.1（b）条，来支持其关于DSB裁决具有法律约束力的论断。[④]有学者认为，给予DSB裁决国内法律效力的做法，可赋予个人权利，该做法将有助于遵守WTO规

---

① BREWSTER R. Pricing compliance when formal remedies displace reputational sanctions [J]. Harvard international law journal, 2013, 54 (2): 261-262.
② MAVROIDIS P C. Remedies in the WTO legal system: between a rock and a hard place [J]. European journal of international law, 2000, 11 (4): 775.
③ ROSENDORFF B P. Stability and rigidity: politics and design of the WTO's dispute resolution procedure [J]. American political science review, 2005, 99 (3): 392-396.
④ JACKSON J H. The WTO dispute settlement understanding: misunderstandings on the nature of legal obligations [J]. American journal of international law, 1997, 91 (1): 63-64.

则，促进对国际贸易法解释和适用的一致性、可预测性和确定性。[1] 亦有学者认为，较之仅关注保持成员方减让平衡的GATT第23条，《关于争端解决规则与程序的谅解》增加了遵守WTO协定和DSB裁决的具有法律约束力的义务。[2]WTO前总干事彼得·萨瑟兰（Peter Sutherland）曾指出："WTO成员采取的实施不利于自己的裁决方法涉及关于主权之'一部分'的判断。某些WTO成员有着阻止WTO争端解决裁决自动成为其国内法一部分的宪法或其他制度机构。"[3] 为维护主权，为应对不负责任的国际入侵提供有意义的"制衡"，采取进一步的国内立法或行政行为可能是必要的，但国内法导致的"不遵守"，并未解除该国遵守DSB裁决的国际义务。

（二）国内学者有关DSB裁决效力的观点

国内大部分学者从WTO协定不直接适用于我国的角度出发，进而得出DSB裁决亦不能直接适用。在考察WTO主要成员方相关立法和司法实践的基础上，有学者认为，国内法院总体拒绝赋予WTO协定和DSB裁决以直接效力和优先效力，是现有WTO成员方（以加拿大、美国、欧盟和日本为代表）的习惯做法。[4] 外国司法机关在对与WTO及其附属协定有关的国内机构的决定或对其行为行使司法审查时，通常采取谨慎、节制的态度。承认DSB裁决报告的直接效力，意味着增强了司法机关对立法权的控制，这与中国现行体制不符。[5] 另有学者认为，回到现实层面，各成员方为维护其主权，一般都不承认WTO协定和DSB裁决的直接效力，这是现实的需要，不能被简单地扣上贸易保护主义的帽子。基于《关于争端解决规则与程序的谅解》第21.3条及第22条的规定，也不应承认DSB裁决的直接效力。至于从所谓的"互惠"角度出发，由于至今尚无一个WTO成员方承认DSB裁决的直接

---

[1] DUNOFF J L. Less than zero: the effects of giving domestic effect to WTO law [J]. Loyola university Chicago international law review, 2008, 6 (1): 281.
[2] PAUWELYN J. The transformation of world trade [J]. Michigan law review, 2005, 104 (1): 14.
[3] 彼得·萨瑟兰.WTO的未来：阐释新千年中的体制性挑战 [M].刘敬东，等译.北京：中国财政经济出版社，2005.转引自：胡建国.WTO争端解决裁决的国内效力问题研究：以国家主权为视角 [J].法学评论，2014 (6): 147.
[4] 李晓郛.私人通过援引DSB裁决在ECJ获得赔偿的可能性分析：以司法判例为视角 [J].国际经济法学刊，2012，19 (3): 38.
[5] 王玉玮.欧共体对WTO争端解决报告直接效力问题的处理及启示 [J].人民司法，2005 (11): 93.

效力，得出的结论应是：不承认DSB裁决的直接效力。否认DSB裁决的直接效力对欧盟来讲是现实的、合理的，对我国来讲也是。①

国内有学者大力支持DSB裁决对争端各方的效力。WTO首位中国籍上诉机构原主席、成员张月姣撰文特别强调："WTO裁决必须执行。成员必须无条件地接受裁决。《关于争端解决规则与程序的谅解》第17.14条规定：上诉机构报告应由DSB通过，争端各方应无条件接受，除非在报告散发各成员后30天内，DSB经协商一致决定不通过该报告。"②有学者补充强调，专家组和上诉机构的报告自身并不具有裁决效力，而是必须经由争端解决机构通过才具有效力。"专家组报告近似于仲裁，而上诉机构报告更具司法性，其报告得出的结论是具有混合性质的'裁定和建议'，其中'裁定'更具司法性，而'建议'则反之；其作出的裁决报告只有经以争端解决机构名义出现的总理事会通过才具有裁决效力，对争端当事方成员产生约束力。"③

但另有学者从维护国家主权角度认为，WTO本身就是一个主权国家和单独关税区通过国际公约建立和维持运转的组织，不管如何发展，国际贸易领域的司法裁决还未发展到要求主权国家让位于该组织的裁决和未经许可的外交审查。④另有学者明确提出，DSB裁决和WTO协定的生成途径和国际法律地位有着显著差异。从其产生过程、自身品质和其他证据来看，DSB裁决可能会对国家主权构成"软侵蚀"，各成员方因此需要"看门人"，以防止DSB裁决的国内不当影响。⑤

关于我国就DSB裁决效力问题的解决方案，有学者提出，总体上排除WTO协定和DSB裁决的直接效力和优先效力，并制定例外情况的处理规则，是目前适宜中国的选择。⑥另有学者建议，从维护国家主权的角度，WTO各成员方都不应轻易地全盘承认DSB裁决在国内法律秩序中的直接效力。国内司法机构可选择间接承认DSB裁决效力的方法。这类方法具有很大的优点：

---

① 李幸祥.我国实施WTO协议的几个主要问题探析[J].福建法学，2002（3）：42.
② 张月姣.WTO争议解决机制改革必须坚持守正创新[J].清华法学，2023，17（6）：90.
③ 赵宏.从"契约"到"准司法"：国际争端解决的发展进路与WTO争端解决机制改革[J].清华法学，2023，17（6）：121.
④ 朱广东.世贸组织解决贸易争端政策倾向悖论及启示[J].国际贸易问题，2007（2）：35.
⑤ 胡建国.WTO争端解决裁决的国内效力问题研究：以国家主权为视角[J].法学评论，2014（6）：144.
⑥ 李晓郛.WTO协议在中国法院的适用问题[J].兰州商学院学报，2013（2）：118.

除保持国际、国内裁决的一致性外，更为重要的是，该方法允许国内司法机构对 DSB 裁决施加必要的控制，起到一定的过滤作用，并以此有效维护国家主权。①

笔者认为，目前一旦在国内法律体系中作出有关 DSB 裁决效力及执行的颠覆性的法律变革，极有可能牵一发而动全身，冲击中国特色社会主义法律体系的和谐性。在过去 200 年的大部分时间里，中国与国际法有着长久而复杂的关系。19 世纪，中国和西方列强签订了一系列不平等条约。制度安排是在事物的发展过程中，由量变到质变逐步衍生出来的。每个国家的法律制度和立法体系的形成，都有其悠久独特的政治、历史传统和渊源。因此，在有关 DSB 裁决效力及执行问题上，需慎之又慎。

四、欧美和中国关于 WTO 协定和 DSB 裁决效力的法律规定和实践

鉴于 WTO 协定未强制规定成员方在国内法层面履行 WTO 义务的具体方式，为防范他国挑战本国的法律和政府规章，WTO 成员方（以美国、欧盟、日本和加拿大为代表）多拒绝赋予 WTO 协定和 DSB 裁决以直接效力和优先效力，反对国内法院直接适用 WTO 协定或 DSB 裁决审理国际贸易案件。

（一）欧盟法律中关于 WTO 协定和 DSB 裁决效力的规定和实践

1. 欧盟法律中有关 WTO 协定和 DSB 裁决效力的规定

1994 年 12 月 22 日，欧盟理事会通过《关于缔结乌拉圭回合协议的决定（第 800/94 号）》，该决定的序言规定，鉴于 WTO 协定的性质，不宜在欧盟或其成员方法院直接援用 WTO 协定。② 实践中，欧盟采用"转化"的方式执行 DSB 裁决，将其国际法上的义务通过欧盟整体层面的立法修改和调查复审加以履行。

---

① 胡建国. WTO 争端解决裁决的国内效力问题研究：以国家主权为视角[J]. 法学评论，2014（6）：148.

② 94/800/EC: Council Decision (of 22 December 1994) concerning the conclusion on behalf of the European Community, as regards matters within its competence, of the agreements reached in the Uruguay Round multilateral negotiations (1986—1994) [S/OL]. [2024-01-18]. http: //eur-lex.europa.eu/legal-content/EN/TXT/? qid=1426564281526&uri=CELEX: 31994D0800.

欧盟与其他国家及国际组织缔结的协定可分为两类：（1）"欧盟独有协定"，由欧盟与对方签订；（2）"混合协定"，由欧盟和其成员方共同作为一方与对方签订，WTO协定在性质上即属于混合协定。理论上，这些协定（含混合协定）均为欧盟法律的组成部分，对欧盟的各机构和成员方均有约束力，在效力上优于欧盟成员方国内法。① 然而事实并非如此，在菲亚姆（Fiamm）和菲登（Fedon）案中，法律顾问曾质疑，国际条约作为欧盟法律体系的一部分，为何不能作为判断欧盟行为合法性的依据。② 正如有学者所言，之所以欧盟法院选择不承认WTO协定的直接效力，是因为对单个成员方而言，就如同GATT时代通过专家组裁决需要协商一致，以起到保障性的政治过滤器作用。③

2. 欧盟有关WTO协定和DSB裁决效力的司法实践

虽然欧盟对国际法的态度相对开放，但WTO协定在欧盟内并无直接效力。美国凭借《乌拉圭回合协议法案》限制WTO协定在其域内法律体系的效力，欧盟并无类似的法律规定。WTO协定在欧盟内的效力受欧盟法院管辖。④ 有学者指出，在欧美WTO协定和DSB裁决并非司法强制执行。⑤ 还有学者认为，在私人能否依据WTO协定或DSB裁决主张欧盟措施违法方面，欧盟法院不断斗争、改变自身观点，以达成一致的立场。在处理WTO协定和DSB裁决的效力方面，较之美国和日本法院，欧盟法院显然面临着更大的困难，其必须在回望自身基因的同时，审慎行事。欧盟法院面临着与另一个超国家（和司法）组织WTO互动的挑战。⑥

---

① 邵景春. 欧洲联盟的法律与制度［M］. 北京：人民法院出版社，1999：53-55.
② DANI M. Remedying European legal pluralism: the Fiamm and Fedon litigation and the judicial protection of international trade bystanders［J］. The European journal of international law，2010，21（2）：322.
③ BRONCKERS M. The effect of the WTO in European court litigation［J］. Texas international law journal，2005，40（1）：443.
④ WILSON E A. Russia in the WTO: will it give full direct effect to WTO law［J］. Pacific McGeorge global business & development law journal，2014（27）：341.
⑤ BRONCKERS M. The effect of the WTO in European court litigation［J］. Texas international law journal，2005，40（1）：443-448.
⑥ ANGELIS E D. Effects of WTO law and rulings into the EC domestic legal order-a critical review of the most recent developments of the ECJ case-law: Part 2［J］. International trade law & regulation，2009，15（4）：143.

在统计了欧盟过往相关的司法判例后，有学者总结，当 WTO 协定有利于欧盟一体化时，欧盟法院倾向于支持成员方法院援引 WTO 协定解释国内法，例如，1998 年赫姆斯（Hems）案[①]中，荷兰法院请求欧盟法院就可否适用《与贸易有关的知识产权协定》解释国内法作出裁决。欧盟法院在该案中作出了肯定性裁决，且在之后的一些案件中反复要求成员国法院依据《与贸易有关的知识产权协定》解释国内法。[②]但当 WTO 协定或 DSB 裁决对欧盟不利时，欧盟法院则拒绝承认其直接效力和优先效力。在菲迪欧（Fediol）案[③]和中岛（Nakajima）案[④]中，欧盟法院创立了援用 WTO 协定审查欧盟措施合法性的两项原则：（1）欧盟旨在实施一项特定的 WTO 义务；（2）欧盟措施明确提及了 WTO 协定的特定条款。[⑤]

（二）美国国内法中关于 WTO 协定和 DSB 裁决效力的规定和实践

1. 美国《乌拉圭回合协议法案》有关 WTO 协定和 DSB 裁决直接效力的规定

有学者指出，关于 WTO 协定的直接效力，美国的做法最具限制性。鉴于美国立场的世界性影响力，许多成员方（如欧盟）明确遵循与其相同的立场。[⑥]美国的 DSB 裁决执行体系，以《美国法典》第 19 章 1994 年《乌拉圭回合协议法案》和《乌拉圭回合协议法案行政行动声明》[⑦]为主要依据。美国作为主要的 WTO 成员方，采取与欧盟类似的做法，通过《乌拉圭回合协议法案》排除了《乌拉圭回合协议》和 DSB 裁决在国内直接适用的效力，秉承了国内法始终高于 WTO 协定的准则。

---

① Case 53/96, Hemes, 1998 E. C. R. I-3603.
② 李晓郛. 私人通过援引 DSB 裁决在 ECJ 获得赔偿的可能性分析：以司法判例为视角［J］. 国际经济法学刊，2012，19（3）：25.
③ Case 70/87, Fediol v. Comm'n, 1989 E. C. R.1781.
④ Case C-69/89, Nakajima All Precision Co. Ltd. v. Council（Nakajima），1991 E. C. R. I-2069.
⑤ Cases C-120/06 & C-121/06, FIAMM and Fedon v. Comm'n and Council（FIAMM），2008 E. C. R. I-6513. 转引自 WILSON E A. Russia in the WTO：will it give full direct effect to WTO law［J］. Pacific McGeorge global business & development law journal，2014（27）：342-343.
⑥ ZHANG X. Direct effect of the WTO agreements：national survey［J］. International trade law & regulation，2003，9（2）：40.
⑦ 《乌拉圭回合协议法案》第 101（c）条规定，《乌拉圭回合协议法案行政行动声明》应被作为在司法程序中解释和适用《乌拉圭回合协议》和《乌拉圭回合协议法案》的权威表述，系美国法院有关 DSB 裁决执行程序司法审查的规定。

在处理WTO协定的国内效力问题上,美国明确采取二元论模式。虽然《美国宪法》第6条规定,本宪法、联邦法律及联邦对外条约,均为国家的最高法律。WTO成立前,美国并未明确规定GATT的直接适用问题;WTO成立后,国会通过《乌拉圭回合协议法案》明确规定,WTO协定在美国法律体系中不属于"自动执行"条约;[①]当WTO协定与美国法发生冲突时,法院不能直接适用WTO协定。《乌拉圭回合协议法案》第102(a)条虽然名为"协定与美国法的关系",但有学者认为,该条并未明确WTO协定在美国法律体系内有无法律效力,不过根据该条规定可以推导出,现有和嗣后的联邦法优先于WTO协定;[②]该条亦未正面明确界定美国法和WTO协定的两者关系,只说明了两者关系不是什么。[③]

关于WTO协定的效力,《乌拉圭回合协议法案》规定如下:(1)《乌拉圭回合协议法案》第102(a)(1)条规定,《乌拉圭回合协定》的任何条款,及该条款对任何人或在任何情况下的适用,若其与美国法律相冲突,均应无效。(2)《乌拉圭回合协议法案》第102(a)(2)条进一步规定,本法不得被视为对任何美国法律的修正或修改……或对任何美国法律授权的限制……本法另有明文规定的除外。[④](3)《乌拉圭回合协议法案》第102(b)(2)(A)条规定,不可根据州法的条款或其适用与《乌拉圭回合协定》不一致,而宣布该州法无效,美国为宣布该法或其适用无效而提起的诉讼除外。[⑤]

关于DSB裁决的效力,《乌拉圭回合协议法案》和《乌拉圭回合协议法案行政行动声明》规定如下:(1)《乌拉圭回合协议法案》第102(b)(2)(B)(i)条规定,在美国针对某一州或州分支机构的诉讼中,专家组或上诉机构就该州或分支机构的法律达成的报告,不应视为有约束力,亦不应以其

---

① 吕晓杰. WTO规则在欧盟法律体系中效力的新发展:统一解释原则的确定与适用[J]. 现代法学, 2008, 30 (1): 111.
② BARCELO J J. The status of WTO rules in U. S. law [J/OL]. Cornell law school research paper, No.06-004: 4 [2015-05-14]. http://ssrn.com/abstract=887757.
③ REED P C. Relationship of WTO obligations to U. S. international trade law: internationalist vision meets domestic reality [J]. Georgetown journal of international law, 2006 (38): 209.
④ 《乌拉圭回合协议法案》第102 (a)(2)条。
⑤ 《乌拉圭回合协议法案》第102 (b)(2)(A)条。

他方式予以尊重。任何州法在上诉法院作出最终判决前,不应被视为无效。[①]（2）《乌拉圭回合协议法案》第102（c）（2）条规定,国会旨在通过《乌拉圭回合协议法案》第102（c）（1）条掌控根据《乌拉圭回合协议》提起的任何诉讼或抗辩,包括除美国政府外的私人针对任何州或政治分支机构提起的诉讼,私人主体无权根据DSB裁决或其他依据寻求救济。[②]《乌拉圭回合协议法案行政行动声明》还规定,专家组报告不具有使联邦机构更改其法规、程序或拒绝执行特定法律或法规的效力,联邦机构和州政府均不受（专家组）报告中任何裁定或建议的约束。[③]

此外,有学者指出,尽管在国际法项下,任何裁定美国违反WTO义务的争端解决裁决均具有法律约束力,但如其未遵循由美国国会及WTO争端解决审查委员会控制的、明确的美国国内执行程序,仍将不被纳入美国法律。WTO争端解决审查委员会由五位联邦上诉法院法官组成,旨在控制和审核"准自动通过"的WTO争端解决报告,审查所有对美国不利的DSB裁决,以确定专家组或上诉机构是否存在违规。[④]

就《乌拉圭回合协议法案》关于DSB裁决效力的规定,有学者指出,根据《乌拉圭回合协议法案》第102（c）（1）条规定,私人不能根据DSB裁决提起国内诉讼起诉政府行为。[⑤]有学者指出,《乌拉圭回合协议法案》明确规定,DSB裁决在美国法律体系内无自动效力。在美国国会对与WTO协定不一致的美国法进行任何修改前,必须按照正常的立法程序进行。此外,行政机构的行政行为一般情况下亦免于自动执行DSB裁决。除非行政机构首脑、美国贸易代表、国会委员会及有关私营部门协商后,行政机构仍不能根据DSB裁决立

---

① 《乌拉圭回合协议法案》第102（b）（2）（B）（i）条。
② 《乌拉圭回合协议法案》第102（c）（2）条。
③ Uruguay Round Agreements Act, Statement of Administrative Action, No.103-316［S/OL］.［2024-01-18］. https: //fairuse. stanford. edu/law/us-code/u-s-copyright-act/appendix-iii-uruguay-round-agreements-act/.
④ 关于WTO争端解决审查委员会审查对美国不利的DSB报告的具体标准参见: PETERSMANN E-U. Constitutionalism and International Organizations［J］. Northwestern journal of international law and business, 1996（17）: 417.
⑤ DUNOFF J L. Less than zero: the effects of giving domestic effect to WTO law［J］. Loyola university Chicago international law review, 2008（6）: 285.

即更正其行为。① 有学者从政治经济学和公共选择理论指出，美国既支持准司法性质、规则导向的 WTO 争端解决机制，又通过《乌拉圭回合协议法案》明确排除 WTO 协定和 DSB 裁决的直接效力，这一貌似矛盾的选择，系基于以下三个因素共同作用的结果：（1）出口商集体行动；（2）进口竞争利益集团和环保主义者反对直接效力；（3）选举产生的官员，希望通过灵活的"软法"承诺，最大限度地两边讨巧自由贸易支持者和贸易保护主义者，从而攫取广泛的国内政治支持。②

2. 美国有关 WTO 协定和 DSB 裁决间接效力的司法实践

美国法院有关 WTO 协定和 DSB 裁决的间接效力的主要立场是：如果美国法律条文与 WTO 协定不一致，该事项严格意义上隶属于国会管辖，由国会颁布法律来处理此冲突，并授权美国贸易代表办公室决定是否执行 DSB 裁决及具体执行的程度。③ 美国的司法实践，一直摇摆于尊重国际法的贝齐（Betsy）原则④和尊重行政机关解释的坎佛隆（Chevron）原则⑤之间。贝齐原则最初的阐述是：假如还存在其他合理解释，一项国会法案不应被解释为违反国际法。后来被解读为：只要可能，国内法应作与国际法一致的解释。WTO 协定作为国际贸易协定，原则上属于贝齐原则的适用范围，除非国会有相反意图，否则行政机关对法案的解释应避免违反 WTO 协定。贝齐原则肯定了行政机关对美国贸易法的解释应符合 WTO 协定，WTO 协定和 DSB 裁决的间接效力本应借助该原则得以实现。但有学者认为，美国担心适用贝齐原则可能会放大 WTO 体系内的司法能动主义倾向，会加剧 WTO 多边谈判之立

---

① WILSON E A. Russia in the WTO: will it give full direct effect to WTO law [J]. Pacific McGeorge global business & development law journal, 2014 (27): 337.
② BARCELO J J. The status of WTO rules in U.S. law [J/OL]. Cornell law school research paper, No.06-004, 2015: 22-25 [2015-05-14]. http: //ssrn.com/abstract=887757.
③ DUNOFF J L. Less than zero: the effects of giving domestic effect to WTO law [J]. Loyola university Chicago international law review, 2008 (6): 288.
④ Murray v. The Schooner Charming Betsy, 6 U.S. (2 Cranch) 64, 118 (1804). Williams F M. Charming besty, chevron, and the World Trade Organization: thoughts on the interpretative effect of international trade law [J]. Law and policy in international business, 2001 (32): 677-711.
⑤ Chevron U.S.A. Inc. v. Natural Res. Def. Council Inc., 467 U.S.837, 866 (1984) [EB/OL]. [2024-01-18]. https: //www.leagle.com/decision/19841304467us83711267.

法功能与争端解决之准司法功能间的不平衡。① 因此，事实上，贝齐原则常常得不到适用。

根据坎佛隆原则，联邦最高法院阐释了审理行政机关对其管理的法案解释的两步调查法：第一步，如法院认为一法案是明确的，国会已表明立法意图，则无须考虑该法案是否符合 WTO 协定；第二步，如法令模棱两可，只要行政机关的解释合理，法院则应予以支持。坎佛隆原则的关键是授权理论，根据该理论，法院推定，当国会授权行政机关管理一项模棱两可的法案时，国会就授予了该行政机关立法权，该授权要求法院尊重行政机关解释。② 事实上，司法机关根据该原则，将部分法律解释权授予了行政机关，淡化了以符合国际条约义务的方式解释国内法的司法部门的作用。

总体上，美国司法实践选择性地结合适用存在潜在冲突的两大原则，即尊重国际法的贝齐原则和尊重行政机关解释的坎佛隆原则。美国国际贸易法院和联邦巡回上诉法院受理的大量私人提起的国际贸易行政诉讼揭示，法院在对待 WTO 协定和 DSB 裁决的间接效力上体现了实用主义取向。事实上，贝齐原则常常得不到适用，尤其当行政机关解释与 WTO 协定或 DSB 裁决不一致时。③

美国司法实践区别对待 WTO 协定和 DSB 裁决，并非基于法律原因，而是基于其三权分立的观念和授权原则，在敏感的政治外交领域，法院须遵从国会和行政机关。对 DSB 裁决作出反应牵扯政治决定，是行政机关而非司法部门的权力，同时也是维护《乌拉圭回合协议法案》程序性规定的必要，应避免因裁决授权而减损政府对 DSB 裁决执行的控制。事实上，正如学者的解释，法院解释行政法规应避免与国际法冲突，是基于在美国由行政机关决定何时及如何违反国际法的理念，三权分立的理念反映出贝齐原则一直以来被用作制动机制，以避免行政法规与国际法的冲突，而非旨在通过法规的方式适用国际法。④

---

① 李晓玲. WTO 争端裁决的执行机制研究［M］. 北京：中国社会科学出版社，2012：254，263.
② 李晓玲. WTO 争端裁决的执行机制研究［M］. 北京：中国社会科学出版社，2012.
③ 李晓玲. WTO 争端裁决的执行机制研究［M］. 北京：中国社会科学出版社，2012：258，261.
④ BRADLEY C A. The 'charming betsy' canon and separation of powers: rethinking the interpretive role of international law［J］. Georgetown law journal，1998（86）：479-537.

（三）中国国内法中关于 WTO 协定和 DSB 裁决效力的规定和实践

2002 年 8 月，最高人民法院颁布了我国第一部有关人民法院审理与 WTO 规则相关的国际贸易行政案件的司法解释——《最高人民法院关于审理国际贸易行政案件若干问题的规定》（法释〔2002〕27 号）。[①] 综合该司法解释第 7、8 和 9 条[②] 的规定，最高法院否定了 WTO 协定的直接效力，规定人民法院在审理国际贸易行政案件时应依据中国的法律、行政法规和地方性法规，参照部门规章和地方政府规章；在法律和行政法规规定存在两种以上合理解释时，应选择与 WTO 协定相一致的解释。该司法解释未明确规定 WTO 协定与部门规章及地方政府规章的效力等级。"应当选择与国际条约的有关规定相一致的解释"的规定，体现了一致解释原则。实践中，国内法院对是否存在两种以上的合理解释及 WTO 协定的条文含义，享有较大自由裁量权，保留了个案中尊重行政机关对法律和法规等解释的回旋余地。2002 年 11 月，最高人民法院颁布《最高人民法院关于审理反倾销行政案件应用法律若干问题的规定》（法释〔2002〕35 号）和《最高人民法院关于审理反补贴行政案件应用法律若干问题的规定》（法释〔2002〕36 号）。[③] 以上三部司法解释的颁布，标志着我国行政审判开始全面调节国际贸易法律关系。

第二节　欧美 WTO 争端案件及 DSB 裁决执行概览

根据《中国对外贸易形势报告（2023 年春季）》，2022 年，我国货物进出口总额 42.1 万亿元，同比（下同）增长 7.7%，连续 6 年保持货物贸易第一大国地位。其中，出口 24.0 万亿元，增长 10.5%；进口 18.1 万亿元，增长 4.3%；

[①] 该司法解释共 12 条，分别就适用范围、诉权保护、管辖、审查标准和法律适用等问题作了规定，将有关国际货物贸易、服务贸易和与贸易有关的知识产权行政案件及其他国际贸易行政案件纳入司法审查范围。

[②] 该司法解释第 9 条规定："人民法院审理国际贸易行政案件所适用的法律、行政法规的具体条文存在两种以上的合理解释，其中有一种解释与中华人民共和国缔结或者参加的国际条约的有关规定相一致的，应当选择与国际条约的有关规定相一致的解释，但中华人民共和国声明保留的条款除外。"

[③] 这两部司法解释分别就司法审查的范围、诉讼参加人、管辖、标准、举证责任和判决方式等方面作出规定。

顺差5.9万亿元，扩大35.4%。数据显示，2022年中国出口国际市场份额为14.4%，连续14年居全球首位。①2022年中国与主要贸易伙伴进出口规模及占比，如图1-1所示。

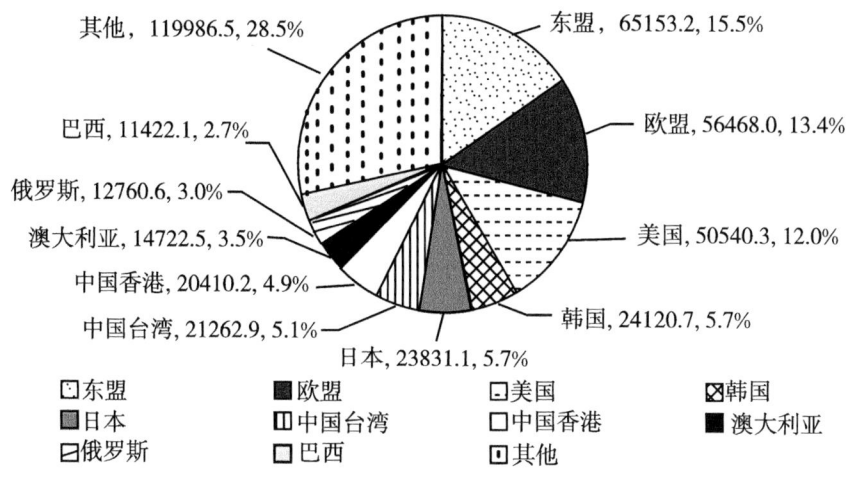

金额单位：亿元

图1-1　2022年中国与主要贸易伙伴进出口规模及占比

资料来源：商务部国际贸易经济合作研究院. 中国对外贸易形势报告：2023年春季［R/OL］.（2023-08-02）［2024-01-18］. http：//opendata. mofcom. gov. cn/front/data/detail?id=DEAC67FDEA9161C0AB80FBC0BC54D048.

欧美系中国最主要的贸易伙伴，根据商务部《中国对外贸易形势报告》，自2006年，欧美已连续多年分居中国第一、第二大进出口贸易伙伴。2018—2022年中国前五大进出口贸易伙伴及占比如表1-1所示。

表1-1　中国前五大进出口贸易伙伴及占比（2018—2022年）

年份	第一	第二	第三	第四	第五
2018	欧盟（14.8%）	美国（13.7%）	东盟（12.7%）	日本（7.1%）	韩国（6.8%）
2019	欧盟（15.4%）	东盟（14.0%）	美国（11.8%）	日本（6.9%）	韩国（6.2%）
2020	东盟（15.0%）	欧盟（14.0%）	美国（13.0%）	日本（7.0%）	韩国（6.0%）

---

① 商务部国际贸易经济合作研究院. 中国对外贸易形势报告：2023年春季［R/OL］.（2023-08-02）［2024-01-18］. http：//opendata. mofcom. gov. cn/front/data/detail?id=DEAC67FDEA9161C0AB80FBC0BC54D048.

续表

年份	第一	第二	第三	第四	第五
2021	东盟（14.5%）	欧盟（13.7%）	美国（12.5%）	日本（6.1%）	韩国（6.0%）
2022	东盟（15.5%）	欧盟（13.4%）	美国（12.0%）	日本（5.7%）	韩国（5.7%）

资料来源：该表系基于 2019 春季至 2023 春季合计五个《中国对外贸易形势报告》中数据，对比总结而成。商务部国际贸易经济合作研究院. 中国对外贸易形势报告［EB/OL］.（2019-06-19 至 2023-08-02）［2024-01-18］. http://opendata.mofcom.gov.cn/front/data/detail?id=DEAC67FDEA9161C0AB80FBC0BC54D048.

一、欧美是 WTO 争端案件最主要的当事方

截至 2023 年底，以 DS 编号计，WTO 争端解决机构受理案件 621 起，美国申诉 123 起、应诉 157 起；欧盟申诉 109 起、应诉 106 起，两者分居申诉和应诉案件量最多的 WTO 成员方的第一位和第二位，申诉和应诉案件合计占比 45.1% 和 34.6%。欧美互诉案件 67 起，占所有申诉案件的 10.8%，占欧美提起申诉案件的 28.9%，如表 1-2、表 1-3、表 1-4、表 1-5 和图 1-2 所示。

表 1-2　WTO 争端前十名申诉方及案件量（1995—2023 年）

序号	申诉案件数量前十名成员方	申诉案件数量/起	申诉案件数量占所有案件比例/%
1	美国	123	19.8
2	欧盟	109	17.6
3	加拿大	40	6.4
4	巴西	34	5.5
5	日本	26	4.2
6	墨西哥	25	4.0
7	印度	24	3.9
8	中国、阿根廷	23	3.7
9	韩国	21	3.4

续表

序号	申诉案件数量前十名成员方	申诉案件数量/起	申诉案件数量占所有案件比例/%
10	泰国、印度尼西亚	14	2.3
合计	12个国家和地区	476	76.8

资料来源：WTO. Disputes by member［EB/OL］.（2023-12-31）［2024-01-18］. https：//www. wto. org/english/tratop_e/dispu_e/dispu_by_country_e. htm. 点击该链接，弹出页面将呈现1995年1月1日至今所有案件，点击按照申诉方分类，将获取按照申诉方国家或组织的英文名称的首字母排序的列表，同时呈现申诉方所有申诉案件的具体案号等。

表1-3 WTO争端前十名应诉方及案件量（1995—2023年）

序号	应诉案件数量前十名成员方	应诉案件数量/起	应诉案件数量占所有案件比例/%
1	美国	157	25.3
2	欧盟	106	17.1
3	中国	49	7.9
4	印度	30	4.8
5	加拿大	24	3.9
6	阿根廷	23	3.7
7	韩国	19	3.1
8	澳大利亚	17	2.7
9	巴西、日本	16	2.6
10	印度尼西亚	15	2.4
合计	11个国家和地区	472	76.2

资料来源：WTO. Dispute by member［EB/OL］.（2023-12-31）［2024-01-18］. https：//www. wto. org/english/tratop_e/dispu_e/dispu_by_country_e. htm. 点击该链接弹出页面将呈现1995年1月1日至今所有案件，点击按照应诉方分类，将获取按照应诉方国家或组织的英文名称的首字母排序的列表，同时呈现应诉方所有被诉案件的具体案号等。

表 1-4 直接参与 WTO 争端前十名的成员方（1995—2023 年）

序号	成员方	申诉/起	应诉/起	参与案件合计/起	占比/%	第三方/起
1	美国	123	157	280	45.1	122
2	欧盟	109	106	215	34.6	216
3	中国	23	49	72	11.6	193
4	加拿大	40	24	64	10.3	173
5	印度	24	30	54	8.7	180
6	巴西	34	16	50	8.1	167
7	阿根廷	23	23	46	7.4	67
8	日本	26	16	42	6.8	228
9	韩国	21	19	40	6.5	142
10	墨西哥	25	14	39	6.3	112
合计	10 个国家和地区	448	454	902	72.6	1600

资料来源：WTO. Dispute by member [EB/OL]. (2023-12-31) [2024-01-18]. https://www.wto.org/english/tratop_e/dispu_e/dispu_by_country_e.htm. 点击该链接弹出页面将呈现 1995 年 1 月 1 日至今所有案件，点击按照成员方分类，将获取按照成员方国家或组织的英文名称的首字母排序的列表，同时呈现成员方作为申诉方、应诉方和第三方参与的案件量和具体案号等。

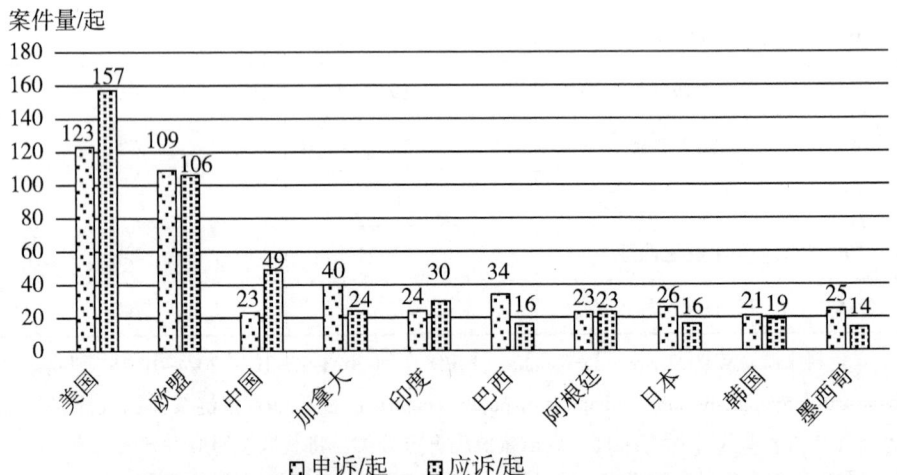

图 1-2 直接参与 WTO 案件前十名的成员方的申诉和应诉案件量对比（1995—2023 年）

资料来源：统计数据基于表 1-4 生成。

表 1-5　欧美利用 WTO 争端解决机制的情况（1995—2023 年）

年份	美国作为申诉方 总数	诉欧盟	诉其他发达国家	欧盟作为申诉方 总数	诉美国	诉其他发达国家	美欧互诉占当年申诉量比	美欧申诉占当年申诉总数比
1995	6	2	1	2	—	2	2∶8	8∶25
1996	17	3	5	7	3	1	6∶24	24∶39
1997	17	7	3	16	2	3	9∶33	33∶50
1998	10	8	—	16	5	3	13∶26	26∶41
1999	10	4	1	6	4	—	8∶16	16∶30
2000	8	1	—	8	6	—	7∶16	16∶34
2001	1	1	—	1	1	—	2∶2	2∶23
2002	4	1	—	4	2	—	3∶8	8∶37
2003	2	1	—	3	1	1	2∶5	5∶26
2004	5	2	—	5	3	1	5∶10	10∶19
2005	1	—	—	2	—	—	0∶3	3∶11
2006	3	1	1	6	2	1	3∶9	9∶21
2007	4	—	—	—	—	—	0∶4	4∶13
2008	3	1	—	3	—	—	1∶6	6∶17
2009	2	1	—	2	—	—	1∶4	4∶14
2010	4	—	—	1	—	—	0∶5	5∶17
2011	1	—	—	3	1	1	1∶4	4∶8
2012	5	—	—	2	—	—	0∶7	7∶27
2013	3	—	—	3	—	—	0∶6	6∶20
2014	1	—	—	5	1	—	1∶6	6∶14
2015	1	—	—	—	—	—	0∶1	1∶9
2016	3	—	—	2	—	—	0∶5	5∶17
2017	3	—	2	—	—	—	0∶3	3∶16

续表

年份	美国作为申诉方 总数	诉欧盟	诉其他发达国家	欧盟作为申诉方 总数	诉美国	诉其他发达国家	美欧互诉占当年申诉量比	美欧申诉占当年申诉总数比
2018	8	1	1	1	1	—	2∶9	9∶40
2019	1	—	—	5	1	—	1∶6	6∶19
2020	—	—	—	—	—	—	0∶0	0∶0
2021	—	—	—	1	—	—	0∶1	1∶9
2022	—	—	—	5	—	—	0∶5	5∶8
2023	—	—	—	—	—	—	0∶0	0∶0
合计	123	34	14	109	33	13	—	231∶621

资料来源：WTO. Dispute by member［EB/OL］.（2023-12-31）［2024-01-18］. https：//www.wto.org/english/tratop_e/dispu_e/dispu_by_country_e.htm. 点击该链接弹出页面将呈现1995年1月1日至今所有案件，点击按照申诉方分类，将获取按照申诉方国家或组织的英文名称的首字母排序的列表，同时呈现申诉方所有申诉案件的具体案号和应诉方等，选取美国和欧盟相关数据，统计对比总结得出该表。

二、欧美是中国 WTO 争端案件最主要的当事方

自中国正式加入WTO，截至2023年12月31日，以DS编号计，中国在WTO争端解决机构被诉案件49起，申诉案件23起。其中，在中国作为被诉方的49起案件中，欧美申诉案件合计34起，占比69.4%；在中国作为申诉方的23起案件中，申诉美国案件17起，占比73.9%，申诉欧盟案件5起，占比21.7%，申诉澳大利亚案件1起，占比4.3%，如表1-6、表1-7和表1-8所示。

表1-6 申诉中国的WTO成员方及其申诉案件量和比率（2001—2023年）

申诉方	案件数量/起	占比/%
美国	23	46.9
欧盟	11	22.4

续表

申诉方	案件数量/起	占比/%
加拿大、墨西哥	4	8.2
日本	3	6.1
澳大利亚	2	4.1
危地马拉、巴西	1	2.0

资料来源：WTO. Dispute by member [EB/OL]. (2023-12-31) [2024-01-18]. https://www.wto.org/english/tratop_e/dispu_e/dispu_by_country_e.htm. 点击该链接弹出页面将呈现1995年1月1日至今所有案件，点击按照应诉方分类，将获取按照应诉方国家或组织的英文名称的首字母排序的列表，同时呈现应诉方所有应诉案件的具体案号和申诉方等，选取中国部分的相关数据，统计对比总结得出该表。

注：该表中占比值为各申诉方各自数值，与正文中合计占比值略有差异。

表 1-7 中国作为应诉方的 WTO 争端概要（2001—2023 年）

序号	案号	申诉方	提出年份	纠纷	状况
1	309	美国	2004	集成电路增值税	和解
2	339	欧盟	2006	影响汽车零部件进口的措施	终结
3	340	美国	2006		
4	342	加拿大	2006		
5	358	美国	2007	对税收和其他费用返还和减免的措施	和解
6	359	墨西哥	2007		
7	362	美国	2007	影响知识产权保护和执法的措施	终结（未上诉）
8	363	美国	2007	影响出版物和音像制品交易权和发行服务的措施	终结
9	372	欧盟	2008	影响金融信息服务和外国金融信息供应商的措施	和解
10	373	美国	2008		
11	378	加拿大	2008		

续表

序号	案号	申诉方	提出年份	纠纷	状况
12	387	美国	2008	赠与、贷款和其他激励措施	和解
13	388	墨西哥	2008		
14	390	危地马拉	2009		
15	394	美国	2009	涉及各种原材料出口的措施	终结
16	395	欧盟	2009		
17	398	墨西哥	2009		
18	407	欧盟	2010	对欧盟某些钢铁紧固件征收临时反倾销税	休眠
19	413	美国	2010	影响电子支付的措施	终结（未上诉）
20	414	美国	2010	对来自美国的取向电工钢征收反倾销和反补贴税的措施	终结
21	419	美国	2010	有关风能设备的措施	和解
22	425	欧盟	2011	对X射线检测设备征收反倾销税的措施	终结（未上诉）
23	427	美国	2011	对肉鸡产品的反倾销和反补贴税的措施	终结（未上诉）
24	431	美国	2012	对稀土、钨和钼的出口限制措施	终结
25	432	欧盟	2012		
26	433	日本	2012		
27	440	美国	2012	对汽车的反倾销和反补贴税的措施	终结（未上诉）
28	450	美国	2012	对汽车产业的补贴等措施	休眠

续表

序号	案号	申诉方	提出年份	纠纷	状况
29	451	墨西哥	2012	支持纺织品和服装生产和出口的措施	休眠
30	454	日本	2012	对高性能不锈钢无缝管征收反倾销税的措施	终结
31	460	欧盟	2013		
32	483	加拿大	2014	对从加拿大进口浆粕的反倾销措施	终结（未上诉）
33	489	美国	2015	与示范基地和公共服务平台项目相关的措施	和解
34	501	美国	2015	对某些国产飞机的税收措施	磋商
35	508	美国	2016	有关某些原材料出口关税和其他措施	专家组未组成
36	509	欧盟	2016		专家组未组成
37	511	美国	2016	对农业生产者的补贴	合规小组未组成
38	517	美国	2016	某些农产品的关税税率配额	合规小组未组成
39	519	美国	2017	对原铝生产者的补贴措施	磋商
40	542	美国	2018	保护知识产权的措施	专家组职权到期
41	549	欧盟	2018	技术转让措施	磋商
42	558	美国	2018	针对美国产品的关税措施	上诉
43	568	巴西	2018	糖进口措施	磋商
44	589	加拿大	2019	对从加拿大进口油菜籽的措施	专家组职权到期
45	598	澳大利亚	2020	对澳大利亚大麦征收反倾销和反补贴税措施	和解
46	601	日本	2021	对日本不锈钢制品的反倾销措施	专家组报告通过

续表

序号	案号	申诉方	提出年份	纠纷	状况
47	602	澳大利亚	2021	对澳大利亚葡萄酒征收反倾销和反补贴税措施	中止
48	610	欧盟	2022	有关货物贸易的措施	专家组组成
49	611	欧盟	2022	知识产权执法	专家组组成

资料来源：WTO. Dispute by member［EB/OL］.（2023-12-31）［2024-01-18］. https：//www.wto.org/english/tratop_e/dispu_e/dispu_by_country_e.htm. 点击该链接弹出页面将呈现1995年1月1日至今所有案件，点击按照应诉方分类，将获取按照应诉方国家或组织的英文名称的首字母排序的列表，并同时呈现应诉方所有应诉案件的具体案号和申诉方等，继续点击案件案号，将获取该案件含专家组报告在内的相关资料文件，选取中国部分的相关数据，统计总结得出该表。

表1–8　中国作为申诉方的WTO争端概要（2001—2023年）

序号	案号	被诉方	申诉年份	纠纷	状况
1	252	美国	2002	对某些钢产品的进口采取最终保障措施	终结
2	368	美国	2007	对铜版纸征收反倾销和反补贴税初裁决定	磋商
3	379	美国	2008	对某些产品征收反倾销和反补贴税的措施	终结
4	392	美国	2009	影响中国禽肉进口的措施	终结（未上诉）
5	397	欧盟	2009	对紧固件的反倾销措施	终结
6	399	美国	2009	影响中国轿车和轻货车轮胎进口的措施	终结
7	405	欧盟	2010	对皮鞋的反倾销措施	终结（未上诉）
8	422	美国	2011	对冷冻温水虾和金刚石锯片的反倾销措施	终结（未上诉）

续表

序号	案号	被诉方	申诉年份	纠纷	状况
9	437	美国	2012	对某些产品征收反补贴税的措施	终结
10	449	美国	2012	对某些产品的反补贴和反倾销措施	终结
11	452	欧盟	2012	影响新能源发电产业的某些措施	磋商
12	471	美国	2013	涉及中国反倾销程序中的方法及其适用	终结
13	492	欧盟	2015	影响禽类产品关税减让的措施	终结（未上诉）
14	515	美国	2016	反倾销价格比较方法	磋商
15	516	欧盟	2016	反倾销价格比较方法	专家组职权到期
16	543	美国	2018	对某些产品的关税措施	上诉
17	544	美国	2018	对钢铁和铝制品的某些措施	上诉
18	562	美国	2018	光伏产品保障措施	上诉
19	563	美国	2018	与可再生能源相关的某些措施	磋商
20	565	美国	2018	对中国产品的关税措施Ⅱ	磋商
21	587	美国	2019	对中国产品的关税措施Ⅲ	磋商
22	603	澳大利亚	2021	对某些产品征收反倾销和反补贴税的措施	专家组组成
23	615	美国	2022	对某些半导体和其他产品以及相关服务和技术的措施	磋商

资料来源：WTO. Dispute by member［EB/OL］.（2023-12-31）[2024-01-18]. https：//www.wto.org/english/tratop_e/dispu_e/dispu_by_country_e.htm. 点击该链接弹出页面将呈现1995年1月1日至今所有案件，点击按照申诉方分类，将获取按照应诉方国家或组织的英文名称的首字母排序的列表，并同时呈现应诉方所有应诉案件的具体案号和应诉方等，继续点击案件案号，将获取该案件含专家组报告在内的相关资料文件，选取中国部分的相关数据，统计总结得出该表。

三、欧美 DSB 裁决执行情况概览

截至 2023 年 12 月 31 日，WTO 争端解决机构针对 249 起案件共通过 223 个 DSB 报告，除自动履行的 27 起案件外，222 起案件须采取执行措施，[①]其中 118 起案件通过当事方协商确定合理执行期，49 起案件通过仲裁确定合理执行期，7 起案件由专家组报告规定合理执行期。其中，45 起案件提起《关于争端解决规则与程序的谅解》第 21.5 条规定的执行审查程序，如表 1-9 所示。18 起案件提起第 22.6 条规定的报复水平仲裁，最终实施报复的案件仅 6 起。[②]

表 1-9　启动《关于争端解决规则与程序的谅解》
第 21.5 条规定的执行情况审查的案件情况汇总（1995—2023 年）

序号	案件编号	初始报告通过日期	第一次执行情况审查报告通过日期	第二次执行情况审查报告通过日期	申诉方	纠纷
1	18	1998 年 11 月 6 日	2000 年 3 月 20 日	—	加拿大	澳大利亚影响鲑鱼进口的措施
2	26、48	1998 年 2 月 13 日	—	—	美国、加拿大	欧盟有关肉类及肉制品（激素）的措施
3	27	1997 年 9 月 25 日	1999 年 5 月 6 日	2008 年 12 月 22 日	危地马拉、洪都拉斯、墨西哥、美国、厄瓜多尔	欧盟香蕉进口、销售和分销体制
4	46	1999 年 8 月 20 日	2000 年 8 月 4 日	2001 年 8 月 23 日	加拿大	巴西飞机出口融资项目

---

① 结合《关于争端解决规则与程序的谅解》第 3.3 条、第 3.7 条和第 21.1 条的规定，迅速解决争端对 WTO 的有效运转和保持各成员方权利和义务的平衡是必要的；如不能达成双方同意的解决办法，则争端解决机制的首要目标通常是保证撤销被认为与任何适用协定的规定不一致的有关措施；为所有成员的利益而有效解决争端，迅速符合 DSB 的建议或裁决是必要的。

② 截至 2023 年底，最终实施报复的 WTO 案件有：欧盟有关肉类及肉制品（激素）的措施案（DS26）、欧盟香蕉进口、销售和分销体制案（DS27）、美国外国销售公司税收待遇案（DS108）、美国影响跨境提供赌博和博彩服务的措施案（DS285）、巴西飞机出口融资项目案（DS46）和加拿大影响民用航空器出口的措施案（DS70）。

第一章 || DSB 裁决的执行概述

续表

序号	案件编号	初始报告通过日期	第一次执行情况审查报告通过日期	第二次执行情况审查报告通过日期	申诉方	纠纷
5	58	1998年11月6日	2001年11月21日	—	泰国、印度、马来西亚、巴基斯坦	美国禁止进口虾及虾制品
6	70	1999年8月20日	2000年8月4日	—	巴西	加拿大影响民用航空器出口的措施
7	99	1999年3月19日	—	—	韩国	美国对韩国1兆及以上动态随机存取存储器征收反倾销税
8	103、113	2000年10月27日	2001年12月18日	2003年1月17日	美国、新西兰	加拿大影响牛奶进口及奶制品出口的措施
9	108	2000年3月20日	2002年1月29日	2006年3月14日	欧盟	美国外国销售公司税收待遇
10	126	1999年6月16日	2000年2月11日	—	美国	澳大利亚车用皮革生产及出口补贴
11	132	2000年2月24日	2001年11月21日	—	美国	墨西哥对美国高果糖玉米糖浆反倾销调查
12	141	2001年3月12日	2003年4月24日	—	印度	欧盟对印度棉质床上用品征收反倾销税
13	207	2002年10月23日	2007年5月22日	—	阿根廷	智利农产品限价制度和保障措施
14	212	2003年1月8日	2005年9月27日	—	欧盟	美国对欧盟某些产品反补贴措施
15	245	2003年12月1日	2005年7月20日	—	美国	日本影响苹果进口的措施
16	257	2004年2月17日	2005年12月20日	—	加拿大	美国对加拿大软木木材最终反补贴税
17	264	2004年8月31日	2006年9月1日	—	加拿大	美国对加拿大软木木材最终反倾销裁决

· 031 ·

续表

序号	案件编号	初始报告通过日期	第一次执行情况审查报告通过日期	第二次执行情况审查报告通过日期	申诉方	纠纷
18	267	2005年3月21日	2008年6月20日	—	巴西	美国陆地棉补贴
19	268	2004年12月17日	2007年5月11日	—	阿根廷	美国对石油国管状产品反倾销措施日落复审
20	277	2004年4月26日	2006年5月9日	—	加拿大	美国国际贸易委员会对加拿大软木木材的反补贴调查
21	282	2005年11月28日	—	—	墨西哥	美国对石油国管状产品反倾销措施
22	285	2005年4月20日	2007年5月22日	—	安提瓜和巴布达	美国影响跨境提供赌博和博彩服务的措施
23	294	2006年5月9日	2009年6月11日	—	欧盟	美国计算倾销幅度的法律、法规和方法（归零法）
24	312	2005年11月28日	2007年10月22日	—	印度尼西亚	韩国对印度尼西亚纸制品征收反倾销税
25	316	2011年6月1日	2018年5月28日	—	美国	欧盟影响大型民用飞机贸易的措施
26	322	2007年1月23日	2009年8月31日	—	日本	美国计算倾销幅度的法律、法规和方法（归零法）
27	336	2007年12月17日	—	—	韩国	日本对韩国动态随机存取存储器的反补贴税
28	344	2008年5月20日	—	—	墨西哥	美国对墨西哥不锈钢最终反倾销措施
29	353	2012年3月23日	2019年4月11日	—	欧盟	美国影响大型民用飞机贸易的措施

续表

序号	案件编号	初始报告通过日期	第一次执行情况审查报告通过日期	第二次执行情况审查报告通过日期	申诉方	纠纷
30	371	2011年7月15日	—	—	泰国	对菲律宾香烟的海关和财税措施
31	381	2012年6月13日	2015年12月3日	2019年1月11日	墨西哥	美国关于金枪鱼及制品进口和销售的措施
32	384、386	2012年7月23日	2015年5月29日	—	加拿大、墨西哥	美国原产国标签要求
33	397	2011年7月28日	2016年2月12日	—	中国	欧盟对中国紧固件的最终反倾销措施
34	414	2012年11月16日	2015年8月31日	—	美国	中国对来自美国的取向电工钢的反补贴税和反倾销税
35	427	2013年9月25日	2018年2月28日	—	美国	中国对来自美国的肉鸡产品的反倾销和反补贴措施
36	430	2015年6月19日	—	—	美国	印度对某些农产品进口的措施
37	436	2014年12月8日	—	—	印度	美国对钢产品的反补贴措施
38	437	2015年1月16日	2019年8月15日	—	中国	美国对来自中国的某些产品征收反补贴税的措施
39	461	2016年1月22日	2017年2月9日	—	巴拿马	哥伦比亚对纺织品、服装和鞋类的边境措施
40	484	2017年11月22日	—	—	巴西	印度尼西亚对鸡肉和鸡肉制品的进口措施
41	517	2019年5月28日	—	—	美国	中国某些农产品的关税税率配额

续表

序号	案件编号	初始报告通过日期	第一次执行情况审查报告通过日期	第二次执行情况审查报告通过日期	申诉方	纠纷
42	577	2021年12月20日	2024年3月19日	—	欧盟	美国对橄榄征收反倾销和反补贴税

资料来源：WTO. Dispute by member［EB/OL］.［2024-01-18］.https：//www.wto.org/english/tratop_e/dispu_e/dispu_status_e. htm. 点击该链接弹出页面将呈现按时间顺序由远及近排序的、从1995年1月1日至今的所有案件，继续点击案件案号，将获取该案件含专家组报告等在内的相关资料文件，阅读各案件资料，选取启动过第21.5条规定的执行情况审查的案件的相关数据，统计总结得出该表。

注：1. 本表中案件26、48、99、344以和解方式结案；案件282、336因专家组职责到期，案件中止；案件316、371、461、484均提出上诉，案件尚未结案，案件430第一次执行情况审查报告尚未公布。

2. 本表中案件371提出两次执行情况审查，在第一次专家组报告尚未下发前，泰国就提出了第二次执行情况审查，专家组针对两次执行情况最终下发了一次审查报告。

执行措施的质量指，DSB裁决是如何被执行的，以及违规措施是否已被撤销；执行的及时性指，执行措施是否在合理期限内完成，以及专家组和上诉机构的审理时间是否符合《关于争端解决规则与程序的谅解》规定的标准。

有学者指出，通过一般的数据统计深入考察DSB裁决执行的质量很耗时，形势并不乐观。在贸易救济类案件中，75%的案件结果是修改措施，而50%的案件在税率方面无较大变化，且执行通常不及时，未产生较大效果。①2001年之后不执行率约为24%，显著高于2001年之前约9%的比例。巨大的差异可得出如下结论：成员方一旦熟悉规则后，则很可能利用执行制度的缺陷，拖延或瑕疵执行DSB裁决。②截至2023年12月31日，被启动《关于争端解决规则与程序的谅解》第21.5条规定的执行审查程序的成员方，如

---

① DAVEY W J. Compliance problems in WTO dispute settlement［J］. Cornell international law journal，2009，42（1）：119-120.
② DAVEY W J. Evaluating WTO dispute settlement：what results have been achieved through consultations and implementation of panel reports［J/OL］.［2015-09-01］. http：//papers. ssrn. com/sol3/papers. cfm?abstract_id=863865##.

表1-9所示。其中，针对美国的执行审查之诉合计20起，在所有启动《关于争端解决规则与程序的谅解》第21.5条规定的执行情况审查的案件中，美国已成为不及时执行DSB裁决的主要来源国。

有学者曾就美国在WTO中作为被诉方的113件磋商请求案件进行实证分析，[1]进而从四个角度考察影响美国如何执行DSB裁决的因素。首先，美国国内因素：国会是否需要采取行动以执行DSB裁决、是否存在分立的政府；[2]其次，申诉方在提出磋商请求年度的国内因素：人均国内生产总值、人口和政体，美国与申诉方的关系；再次，美国对申诉方的出口量、两者是否已建立正式同盟关系；最后，具体贸易争端的性质：是否属于贸易救济争端，以及在磋商请求提出前美国上一轮的选举中，涉案产业利益集团的政治捐款数额。实证研究得出以下结论：当涉及是否执行DSB裁决的决定时，国家并非单一主体，国内政治制度的结构影响着政策问题的执行率；国内政策行动的制度根源，尤其国会是否需要采取执行行动，系决定美国是否执行DSB裁决的重要因素；在确定国家是否会执行DSB裁决及解释执行方面，美国国内具体何种机构拥有撤销或修改违法措施的权能具有重要意义；在执行的可能性及速度方面，行政部门有权执行的案件，显著多于需国会采取执行行动的案件。鉴于此，该学者认为，要理解遵守国际法的原因，需要关注政策制定的需求方和供给方。对于遵守国际法，国内结构（国内法定体制和行政机关享有的政策自由裁量权）和国际条约的制度设计同样重要。国内因素不仅相关，而且是解释国家在国际舞台上行动的最重要的因素。执行DSB裁决的耗时是衡量执行质量的重要标准。鉴于在WTO争端解决过程中，可通过使案件陷入专家组、上诉机构和执行专家组的战术，拖延操纵诉讼过程，因此，DSB裁决的执行不应仅拘泥于最终是否执行，还应关注执行裁决的耗时。

---

[1] 根据该学者研究，截至2011年12月31日，美国在WTO中被诉案件合计113件，合并涉及相同争议措施或重复早期案件话题的案件；排除磋商解决的、美国胜诉无须采取执行措施的及仍在诉讼过程中的案件，该实证研究将余下的美国未在核心问题上获胜的合计37起案件作为实证研究对象。BREWSTER R, CHILTON A. Supplying compliance: why and when the United States complies with WTO rulings [J]. The Yale journal of international law, 2014, 39 (201): 202-246.
[2] 分立的政府通常指白宫由一个政党控制，而国会的参众两院中的至少一院由对立派政党控制。

第二章

《关于争端解决规则与程序的谅解》中有关 DSB 裁决执行的规定及其对欧美执行 DSB 裁决立法的影响

第一节 DSB 裁决的灵活性

一、《关于争端解决规则与程序的谅解》第 19.1 条有关 DSB 裁决的规定

根据《关于争端解决规则与程序的谅解》的规定，只要最终结果使不符合 WTO 协定的措施与该协定相符，败诉方可自由选择执行 DSB 裁决的方式。同时，《关于争端解决规则与程序的谅解》亦未禁止 DSB 裁决规定有关成员方的具体执行措施。事实上，《关于争端解决规则与程序的谅解》第 19.1 条[①]既为各成员方预留了相当大的 DSB 裁决执行的选择权，又为争端解决机构预留一定的裁量空间。虽然 WTO 专家组或上诉机构可根据《关于争端解决规则与程序的谅解》第 19.1 条的规定，向成员方"建议"某些执行 DSB 裁决的方法，但是因为其缺乏修改成员方国内法的权力，最终将由成员方决定在具体情况下究竟如何执行。[②] 鉴于 DSB 裁决多涉及成员方的国内立法或行政措施，

[①] 《关于争端解决规则与程序的谅解》第 19.1 条规定，如专家组或上诉机构认定一措施与一适用协定不一致，则应建议有关成员使该措施符合该协定。除其建议外，专家组或上诉机构还可就有关成员如何执行建议提出方法。

[②] SYKES A O. An economic perspective on as such/facial verse as applied challenges in the WTO and U. S. constitutional systems [J]. Journal of legal analysis, 2014, 6（1）: 23.

但目前 DSB 裁决似乎仅局限于"建议有关成员使该措施符合该协定",而"专家组或上诉机构还可就有关成员方如何执行建议提出办法"基本被弃不用。对该职权的行使,专家组和上诉机构似乎顾虑重重,不敢越雷池一步。[①]

二、DSB 裁决的灵活性对欧美执行 DSB 裁决立法的影响

WTO 救济制度和其他很多制度一样,是人类进步的一种表现,但并非毫无完善空间。在国与国的交往中,如果制度安排不留出空间,则整个制度将不复存在。然而,WTO 救济机制和《关于争端解决规则与程序的谅解》第 19.1 条"使该措施符合该协定"共同导致了败诉方执行措施的过度灵活性。如何对该过度灵活性予以规制,是 WTO 下一步亟须解决的重要问题。

有学者指出,DSB 报告可就执行裁决提出方法,但 WTO 成员方保留就执行方法的最终决定权。[②] 鉴于 WTO 成员方在执行 DSB 裁决方面享有自由处置权,欧美分别制定了执行 DSB 裁决的专门立法:《关于 WTO 争端解决机构通过有关反倾销和反补贴事项报告后共同体可能采取的措施的欧盟理事会第 1515/2001 号条例》(以下简称《欧盟理事会第 1515/2001 号条例》)、《关于行使联盟适用和实施国际贸易规则权利及修订为确保行使联盟适用和实施尤其是 WTO 下国际贸易规则权利的欧盟理事会第 3286/94 号条例的欧洲议会和欧盟理事会第 654/2014 号条例》(以下简称《欧洲议会和欧盟理事会第 654/2014 号条例》)、美国《乌拉圭回合协议法案》。

第二节 前瞻性救济

有法律,就有救济。所谓救济,指实施一项权利或弥补一项损害的手段。从时间维度上讲,救济应具双向性:一是前瞻性,确保未来对权利的行

[①] 常景龙. WTO 争端解决机构报告执行制度的实施现状与实质缺陷 [J]. 厦门大学法律评论, 2008(1): 191.
[②] CAI PHOENIX X F. Making WTO remedies work for developing nations: the need for class actions [J]. Emory international law review, 2011 (25): 167.

使；二是后顾性，对权利已经受到的侵害进行补救。两者相辅相成，在法律逻辑上对权利构成完整的保护。①《国家对国际不法行为的责任条款草案》第二部分"一国国际责任的内容"规定了国际不法行为的两种基本法律后果：停止不法行为和赔偿。停止不法行为是预期性的，不法行为不得继续。赔偿是追溯性的，修复已发生的损害。该草案所确立的救济方式与法律的一般原理是一致的，既前瞻又后顾。②

一、前瞻性救济的实质

（一）《关于争端解决规则与程序的谅解》项下违约救济的前瞻性

WTO作为一种自足的制度，其救济规则既是法律的例外，也是一般国际法的例外。WTO争端解决机制现行的救济方式，主要通过对不执行或不能在合理期限内执行的裁决和建议，实施授权报复措施，该救济方式不涉及以往的损害。

WTO争端解决机制旨在停止而非赔偿，其救济的时间起点为合理期限到期之日，并不追溯到违法措施发生之日，并未实现完全恢复原状。DSB有关撤销违法措施的建议或裁定、补偿和授权中止减让或其他义务，两者都是前瞻性的，均既往不咎。WTO争端解决机制，通过保证未来的贸易机会，来救济已确认的权利义务失衡；并非通过追溯性惩罚措施，来弥补因违法措施已丧失或损害的WTO协定曾给予胜诉方的直接或间接利益。

《关于争端解决规则与程序的谅解》违约救济的前瞻性被认为是WTO领域中"公认的实践"。③实质上，前瞻而不后顾的《关于争端解决规则与程序的谅解》救济规则，为违约方免除了除"停止和不重复"之外的其他责任。根据《关于争端解决规则与程序的谅解》第3.7条，WTO争端解决机制的目

---

① 叶玉.WTO法上救济的前瞻性［J］.兰州学刊，2007（7）：96.
② 余敏友.论世贸组织法律救济的特性［J］.现代法学，2006，28（6）：21.
③ 例如，欧盟香蕉进口、销售和分销体制案（DS27）的第21.5条执行审查程序专家组报告指出："我们并未发现欧盟有对过去的歧视进行救济的义务。"WT/DS27，1999年5月6日通过，第6.105节。转引自叶玉.WTO法上救济的前瞻性［J］.兰州学刊，2007（7）：96.

的是保证争端的"积极解决"。[①]有学者指出，WTO 的裁决是前瞻性的，主要目的是促使违反 WTO 协定的一方修改或撤销其与 WTO 协定不一致的措施。[②]前瞻性救济的目的不是补偿受害者，而是引导违反者遵守现有规则，符合多边贸易体制的目的和宗旨。概言之，以 WTO 成员方权利和义务的平衡为基础的多边贸易体制，致力于保护未来的贸易机会而不是纠正过去的损害。[③]

（二）前瞻性救济减损 DSB 裁决的执行

墨西哥曾在争端解决机构会议上指出，WTO 争端解决机制的根本问题在于，在合理执行期间内，与 WTO 协定不一致的措施可以维持不变，而无须承受丝毫后果。在起诉方获得赔偿、中止减让或其他义务前，非法措施可以维持三年多。实践中，前瞻性的救济方式，对贸易立法的作用较为明显；而对主要涉及具体的贸易救济措施和贸易救济调查行为的 WTO 争端，却很难充分救济，有时甚至意味着无任何救济。[④]

根据《反倾销协定》和《补贴与反补贴措施协定》，反倾销税和反补贴税的实施期限为五年。有学者统计一起与 WTO 协定不符的反倾销或反补贴争端的执行期限，自提起磋商请求之日起，到最终执行完毕用了 30 个月。[⑤]关于 DSB 争端解决各阶段的时限概要，如表 2-1 所示。

表 2-1 DSB 争端解决各阶段时限概要

争端解决各阶段	时限
磋商、调解程序	60 天
成立专家组或由 WTO 总干事指定专家组成员	45 天

[①] 《关于争端解决规则与程序的谅解》第 3.7 条规定，WTO 争端解决机制的目的在于保证争端得到积极解决。争端的解决方式以双方都接受并符合 WTO 相关适用协议为首选。在双方无法达成协议的情况下，争端解决机制的首要目的通常是变更或撤销有关措施。补偿性的救济方式只有在立即撤销措施不可行的情况下，作为一种在撤销措施的过程中临时适用的救济方式而得以适用。
[②] 张月姣. WTO 争议解决机制改革必须坚持守正创新［J］. 清华法学，2023，17（6）：97.
[③] 余敏友. 终止不法行为：世贸组织争端解决机制提供的首要救济［J］. 法学评论，2006（6）：87.
[④] 最典型的案例是 GATT 时代的挪威特隆赫姆市公路收费设备采购一案。挪威在招标程序中违反政府采购协议，但该违约行为已成既往。鉴于《关于争端解决规则与程序的谅解》项下救济的前瞻性，对申诉方而言，在违约行为停止后，实际上意味着并无任何救济。
[⑤] 孙立文. WTO 贸易救济争端解决裁决执行问题分析［J］. 国际商务研究，2010（3）：14.

续表

争端解决各阶段	时限
DSB 向争端当事方散发专家组报告	6 个月
DSB 向 WTO 成员散发专家组报告	3 周
DSB 通过专家组报告	60 天
以上全部时限	1 年
DSB 向争端当事方散发上诉机构报告	60 天至 90 天
DSB 通过上诉机构报告	30 天
总时限	15 个月或者 16 个月

资料来源：李晓郢.中美 DSB 争端案件研究：2001—2013 [J].北京理工大学学报（哲学社会科学版），2014（4）：139.

在合理期限届满前，与 WTO 协定不符的反倾销或反补贴措施可以一直有效，并被实施，其所造成的损害亦会一直持续，且无法得到救济。此外，如果一项反倾销或反补贴措施不能在短期内得到纠正，待五年后其到期时，根据到期复审裁决继续实施的措施，通常不属于原始 DSB 裁决的执行范围，原申诉方仅能通过提起新的申诉对争议复审措施寻求救济。

实践中，有大量针对反倾销、反补贴具体措施的案件，但除美国伯德法案（DS217、DS234）和美国 1916 年反倾销法案（DS136、DS162）外，尚未出现使用授权报复措施的情况。[①] 对争端保障措施，尽管通常在合理期限内可以撤销被裁定违反了 WTO 协定的保障措施，然而基于 WTO 前瞻性的救济规则，在提交 WTO 争端解决机制处理后的至少一年内，该措施可以有效实施。然而，因为在此期间所造成的损害无法得到救济，进而潜在地激励了 WTO 成员方不合理地使用保障措施。

(三) 关于前瞻性救济的学者争论

国内外多数学者反对和批评前瞻性救济。有学者认为，WTO 争端解决

---

① 在美国伯德法案（DS217、DS234）和美国 1916 年反倾销法案（DS136、DS162）中，欧盟和日本分别针对美国无法在合理期限内修改法律措施，实施了中止关税减让义务的授权报复措施。

机制救济规则的明显不足,在于其给予了成员方拖延争端解决和执行程序及重犯的机会。该机制反向激发了败诉方故意裹足不前,尽可能地延长诉讼程序,①导致该体制中延迟执行广泛存在,执行程序常被用作拖延 DSB 裁决执行的战术。②从专家组设立到最终报告通过,平均耗时 3 年,因为违约国无须赔偿合理期限届满前的损失,所以 WTO 前瞻性救济实际上为违约创造了不正当的激励。③前瞻性救济的内在缺陷是,其放弃了追究违法行为应承担的责任。这种既往不咎的做法,实际上不仅使受害方得不到应有的赔偿,而且会激发加害方重犯的动机。④

然而,有学者从另一角度指出,前瞻性救济之所以存续的原因在于:其现实可行性,因为国际法没有像国内法那样的强制性执行机制,停止不法行为执行成本低,简单易行,不仅有助于维护受害国的利益,且有助于维护整个国际社会的法治及其所产生的共同利益;⑤此外,追溯性地重建"丧失的贸易机会",或计算并弥补"丧失的贸易量",通常是不可行的。⑥

二、前瞻性救济对欧美执行 DSB 裁决立法的影响

基于《关于争端解决规则与程序的谅解》项下违约救济所具有的前瞻性,欧美均规定其执行 DSB 裁决的措施自其生效之日起有效,不具有任何溯及既往的法律效力,不构成向其索赔的法律依据。

(一)欧盟有关 DSB 裁决执行措施的时间效力的规定

《欧盟理事会第 1515/2001 号条例》前言(6)规定,诉诸《关于争端解决规则与程序的谅解》并无时限。DSB 通过的报告中的建议仅具前瞻性效力。

---

① BREWSTER R, CHILTON A. Supplying compliance: why and when the United States complies with WTO rulings [J]. The Yale journal of international law, 2014(39): 209-210.
② DAVEY W J. Compliance problems in WTO dispute settlement [J]. Cornell international law journal, 2009(42): 125.
③ TRACHTMAN J P. The WTO Cathedral [J]. Stanford journal of international law, 2007, 43(127): 134-135.
④ 余敏友. 终止不法行为:世贸组织争端解决机制提供的首要救济 [J]. 法学评论, 2006(6): 87.
⑤ 余敏友. 论世贸组织法律救济的特性 [J]. 现代法学, 2006, 28(6): 21.
⑥ PETERSMANN E-U. The GATT/WTO dispute settlement system: international law, international organization and dispute settlement [J]. Kluwer law international, 1997: 78.

该条例第3条规定,根据本条例所采取的任何措施,应自其施行之日起生效,不应作为返还该日之前、已征收的关税的依据,另有规定除外。①

（二）美国有关DSB裁决执行措施的时间效力的规定

《乌拉圭回合协议法案》详细规定了DSB裁决执行措施的时间效力：（1）在涉及立法措施的DSB裁决执行方面,任何州法在上诉及法院作出最终判决前,不应被视为无效。即使在贸易代表署胜诉后,在州政府废除立法之前,私人主体仍无权根据该判决寻求救济。②（2）在涉及行政措施的DSB裁决执行方面,贸易代表署及相关部门或机构的负责人就最后的规章或其他修改的拟议内容与国会相关委员会磋商,自磋商当日起60日后,最后的规章或其修改生效,总统可以因国家利益决定提前生效。③（3）在涉及双方贸易救济措施的DSB裁决执行方面,国际贸易委员会和商务部所作出的新裁定仅适用于在贸易代表署指示执行该裁定的当日及之后进入美国或离开仓库但尚未清关的目标商品。④

第三节 合理期限制度

一、《关于争端解决规则与程序的谅解》第21.3条有关合理期限制度的规定及其缺陷

有学者认为,DSB裁决的执行时间是衡量执行质量的重要标准。鉴于在WTO争端解决过程中,可通过使案件陷入专家组、上诉机构及执行专家组的战术,拖延诉讼进程,因此有关DSB裁决执行的讨论,不应拘泥于最终是否

---

① Council Regulation (EC) no.1515/2001 of 23 July 2001 on the Measures that may be taken by the Community following a report adopted by the WTO Dispute Settlement Body concerning anti-dumping and anti-subsidy matters.
② 《乌拉圭回合协议法案》第102(b)(2)(B)(i)条。
③ 《乌拉圭回合协议法案》第123(g)(2)条。
④ 《乌拉圭回合协议法案》第129(c)(1)条。

执行了裁决，而应更加关注执行所耗费的时间。[1]

（一）《关于争端解决规则与程序的谅解》第 21.3 条有关合理期限的规定

《关于争端解决规则与程序的谅解》第 21.3 条规定，[2] 争端解决机构通过专家组（或上诉机构）报告后的 30 天内，败诉方的首要义务是，通知 DSB 其执行 DSB 建议和裁决的意向。如不可能立即执行，败诉方有权寻求执行 DSB 裁决的合理期限。《关于争端解决规则与程序的谅解》中有关合理期限的要点规定如下：[3]

（1）申请合理期限的前提是，不能立即执行 DSB 建议和裁决，换言之，给予合理期限是例外，立即执行建议或裁决才是准则。

（2）合理期限内，实质豁免败诉方执行 DSB 建议和裁决的义务，即合理期限是宽限期而非执行期，在此期间，败诉方可以继续维持已被 DSB 裁定违反 WTO 协定的措施，且不会因此而需要给予胜诉方补偿或面临其报复。

（3）合理期限的起算时点是，DSB 建议或裁决作出之日或 DSB 通过专家组（或上诉机构）报告之日。

（4）合理期限可通过以下三种方式中任何一种予以确定：①有关成员方提出且获得 DSB 协商一致批准的时间（实践中尚未以该方式确定过合理期限）；②争端当事方相互同意达成的时间，前提是有关成员提议，但未获批

---

[1] BREWSTER R, CHILTON A. Supplying compliance: why and when the United States complies with WTO rulings [J]. The Yale journal of international law, 2014, 39 (201): 232.

[2] 《关于争端解决规则与程序的谅解》第 21.3 条规定，在专家组或上诉机构报告通过后 30 天内召开的 DSB 会议上，有关成员应通知 DSB 关于其执行 DSB 建议和裁决的意向。如果立即遵守建议和裁决不是切实可行，有关成员应有一个合理的执行期限。合理期限应为：(a) 有关成员提议的期限，只要该期限获 DSB 批准；(b) 如未获批准，争端各方在通过建议和裁决之日起 45 天内双方同意的期限；(c) 如未同意，在通过建议和裁决之日起 90 天内通过有约束力的仲裁确定的期限。在该仲裁中，仲裁人的指导方针应为执行专家组或上诉机构建议的合理期限不超过自专家组或上诉机构报告通过之日起 15 个月。但是，此时间可视具体情况缩短或延长。

[3] 《关于争端解决规则与程序的谅解》第 21.3 条关于合理期限的规定并非适用于 WTO 协定所涉及的任何贸易纠纷和争端。其不适用于禁止性补贴。根据《补贴与反补贴措施协定》第 4.7 条，专家组必须建议补贴成员不得拖延撤销禁止性补贴，且必须为此种撤销规定时间期限。根据《关于争端解决规则与程序的谅解》第 26.2 条，其不适用于情势之诉。根据某些 WTO 成员和贸易法专家的观点，《保障措施协定》第 8.2 和 8.3 条亦提供了一种部分偏离《关于争端解决规则与程序的谅解》第 21.3 条的程序。

准，当事方可在 DSB 建议或裁决作出后 45 天内达成（争端当事各方相互同意达成的合理期限至今约为 4~18 个月不等）；③仲裁确定的时间，前提是如争端当事方未能达成协议，仲裁裁定应在 DSB 建议或裁决作出后的 90 天内作出，原则上，仲裁确定的时间不得超过"自专家组或上诉机构报告通过之日起 15 个月"，但此时间可视具体情况延长或缩短。笔者总结了有关第 21.3 条案件的情况，如表 2-2 所示。

表 2-2 《关于争端解决规则与程序的谅解》第 21.3 条合理期限个案确定情况分类汇总（1995—2023 年）

自动执行、措施已撤销或有关单方成员提议期限的案件		
序号	案号	纠纷和状况
1	24	美国限制进口棉花和人造纤维内衣，措施撤销
2	33	美国影响从印度进口针织羊毛衣裤的措施，措施撤销
3	70	加拿大影响民用航空器出口的措施，单方通知合理期限 3 个月
4	108	美国外国销售公司税收待遇，单方要求，DSB 同意合理期限 7 个月 10 天
5	121	阿根廷鞋类保障措施，单方通知合理期限 2 周
6	138	美国对源自英国的碳钢产品征收反补贴税，单方通知合理期限 1 个月
7	156	危地马拉对墨西哥灰色硅酸盐水泥最终反倾销措施，单方通知合理期限 3 个月
8	192	美国对巴基斯坦精梳棉纱过渡期保障措施，单方通知合理期限 5 天
9	213	美国对德国不锈钢板产品征收反补贴税，单方宣布措施已撤销
10	236	美国对加拿大软木木材补贴初步裁定，单方宣布措施已撤销
11	241	阿根廷对巴西禽类征收最终反倾销税，单方通知措施已撤销
12	248、249、251、252、253、254、258、259	美国对某业钢产品的进口采取最终保障措施，单方宣布措施已撤销

续表

自动执行、措施已撤销或有关单方成员提议期限的案件		
序号	案号	纠纷和状况
13	301	欧盟影响商用船舶贸易的措施,单方通知措施到期未延长
14	360	印度对美国产品的额外关税,专家组成立后被诉措施撤销
15	392	美国影响中国禽肉进口的措施,报告通过之前美国已经修改法律
16	415、416、417、418	多米尼加共和国对进口聚丙烯袋和空心纤维的保障措施,3个月内单方通知措施已撤销
17	492	欧盟影响禽类产品关税减让的措施,合理期限至2018年7月19日

协商确定执行期的案件		
序号	案号	纠纷和状况
1	2、4	美国重新配制汽油和常规汽油标准,合理期限15个月
2	31	加拿大有关期刊的措施,合理期限15个月
3	50	印度药品和农用化学产品的专利保护,合理期限15个月
4	56	阿根廷影响鞋、纺织品和服装和其他物品进口的措施,合理期限8个月7天
5	69	欧盟影响禽类产品进口的措施,合理期限8个月
6	79	印度药品及农用化学产品的专利保护,合理期限15个月
7	58	美国禁止进口虾及虾制品,合理期限13个月
8	99	美国对韩国1兆及以上动态随机存取存储器征收反倾销税,合理期限8个月
9	76	日本影响农产品的措施,合理期限9个月12天
10	90	印度对农产品、纺织品及工业品进口数量限制,部分合理期限6个月8天,部分合理期限18个月8天
11	103、113	加拿大影响牛奶进口及奶制品出口的措施,合理期限14个月,可延长1个月
12	34	土耳其对纺织品及服装进口限制,合理期限15个月
13	98	韩国对进口奶制品最终保障措施,合理期限4个月8天

续表

\multicolumn{3}{c	}{协商确定执行期的案件}
序号	案号	纠纷和状况
14	132	墨西哥对美国高果糖玉米糖浆的反倾销调查，合理期限 7 个月
15	161、169	韩国影响新鲜、冷藏和冷冻牛肉进口的措施，合理期限 8 个月
16	166	美国对从欧盟进口小麦面筋的最终保障措施，合理期限 4 个月 14 天
17	179	美国对韩国不锈钢卷材和板材的反倾销措施，合理期限 7 个月
18	141	欧盟对印度棉质床上用品征收反倾销税，合理期限 5 个月 2 天
19	122	泰国对波兰铁及非合金钢等产品征收反倾销税，合理期限 6 个月 15 天
20	177、178	美国对从新西兰、澳大利亚进口新鲜、冷藏和冷冻羊肉的保障措施，一方提出，对方同意合理期限 6 个月
21	189	阿根廷对从意大利进口的瓷砖采取最终反倾销措施，合理期限 5 个月
22	146、175	印度影响汽车工业的措施，合理期限 5 个月
23	176	美国《综合拨款法》第 211 条，合理期限 10 个月，之后同意延长至 2005 年 6 月 30 日
24	202	美国对从韩国进口的弧焊碳管采取最终保障措施，合理期限 4 个月 24 天
25	211	埃及对土耳其的钢材采取反倾销措施，合理期限 9 个月
26	231	欧盟沙丁鱼定义，合理期限 7 个月 20 天
27	206	美国对印度钢板反倾销及反补贴措施，合理期限 6 个月
28	212	美国对欧盟某些产品反补贴措施，合理期限 10 个月
29	238	阿根廷对进口加工过的桃子采取最终保障措施，合理期限至 2003 年底
30	245	日本影响苹果进口的措施，合理期限 6 个月 20 天，至 2004 年 6 月底

续表

\multicolumn{3}{c	}{协商确定执行期的案件}
序号	案号	纠纷和状况
31	257	美国对加拿大软木木材最终反补贴税,合理期限至 2004 年 12 月 17 日
32	219	欧盟对巴西铸铁管和套件征收反倾销税,合理期限 7 个月
33	204	墨西哥影响电信服务的措施,合理期限 13 个月,之后同意延长至 2005 年 7 月 15 日,再次协商同意延长至 2005 年 7 月 29 日
34	277	美国国际贸易委员会对加拿大软木木材的反补贴调查,合理期限 9 个月
35	276	加拿大小麦出口和谷物进口措施,合理期限 10 个月 5 天
36	264	美国对加拿大软木木材最终反倾销裁决,合理期限 7 个半月
37	174、290	欧盟农产品及食品商标及地理标志保护,合理期限 11 个月 14 天
38	302	多米尼加共和国影响香烟进口及国内销售的措施,合理期限 24 个月
39	299	欧盟对韩国动态随机存取存储器芯片的反补贴措施,合理期限 8 个月
40	296	美国对韩国动态随机存取存储器芯片的反补贴调查,合理期限 7 个月 16 天
41	282	美国对墨西哥石油国管状产品反倾销措施,合理期限 6 个月
42	312	韩国对印度尼西亚纸制品征收反倾销税,合理期限 8 个月
43	295	墨西哥对牛肉和大米的最终反倾销措施,合理期限 8 个月、12 个月
44	294	美国计算倾销幅度的法律、法规和方法(归零法),合理期限 11 个月
45	308	墨西哥对软饮料和其他饮料的税收措施,合理期限 9 个月 8 天
46	335	美国对厄瓜多尔虾的反倾销措施,合理期限 6 个月

续表

\multicolumn{3}{c	}{协商确定执行期的案件}
序号	案号	纠纷和状况
47	291、292、293	欧盟影响生物产品批准和销售的措施，合理期限12个月，至2007年11月21日 291案延长至2008年1月11日 292案延长至2008年1月11日，再次延长至2008年6月30日，第3次延长至2008年7月31日，第4次延长至2008年12月31日，第5次延长至2009年3月1日，第6次延长至2009年5月1日，第7次延长至2009年6月30日，第8次延长至2009年7月31日 293案延长至2008年1月11日，再次延长至2008年6月11日，第3次延长至2008年8月12日，第4次延长至2008年12月1日，第5次延长至2009年3月1日，第6次延长至2009年6月30日，第7次延长至2009年12月31日，第8次延长至2010年1月31日，第9次延长至2010年2月28日，第10次延长至2010年3月31日
48	322	美国与归零法和日落复审相关的措施，合理期限11个月
49	331	墨西哥对危地马拉钢管征收反倾销税，合理期限6个月
50	334	土耳其影响大米进口的措施，合理期限6个月
51	337	欧盟对挪威人工喂养鲑鱼采取反倾销措施，合理期限10个月
52	343	美国对泰国进口虾的反倾销措施，合理期限8个月
53	345	美国对被征反倾销税、反补贴税商品的保税指令，合理期限8个月
54	339、340、342	中国影响汽车零部件进口的措施，合理期限7个月20天
55	350	美国持续实施归零法，合理期限10个月
56	362	中国影响知识产权保护和执行的措施，合理期限12个月
57	383	美国对泰国购物袋采取反倾销措施，合理期限6个月，至2010年8月18日

续表

协商确定执行期的案件		
序号	案号	纠纷和状况
58	363	中国影响出版物和音像制品交易权和发行服务的措施,合理期限14个月,至2011年3月19日
59	375、376、377	欧盟对某些信息技术产品的关税待遇,合理期限9个月9天,至2011年6月20日
60	367	澳大利亚影响来自新西兰的进口苹果的措施,合理期限至2011年8月17日
61	382	美国对巴西进口橙汁反倾销行政复审和其他措施,合理期限9个月,至2012年3月17日
62	402	美国在对韩国产品的反倾销措施中使用归零法,合理期限8个月、9个月,至2011年10月24日、2011年11月24日
63	379	美国对来自中国的某些产品征收反倾销和反补贴税的措施,合理期限11个月,至2012年2月25日 2012年1月17日双方同意延长至2012年4月25日
64	397	欧盟对中国紧固件的反倾销措施,合理期限14个月14天,至2012年10月12日
65	371	泰国对菲律宾香烟的海关和财税措施,部分合理期限10个月,部分合理期限15个月,至2012年5月15日
66	404	美国对来自越南的虾的反倾销措施,合理期限10个月,至2012年7月2日
67	396、403	菲律宾蒸馏酒税,合理期限13个月16天,至2013年3月8日
68	405	欧盟对中国皮鞋的反倾销措施,合理期限7个月19天
69	394、395、398	中国涉及各种原材料出口的措施,合理期限10个月9天,至2012年12月31日
70	381	美国关于金枪鱼及制品进口和销售的措施,合理期限13个月,至2013年7月13日
71	406	美国影响丁香烟生产销售的措施,合理期限15个月,至2013年7月24日

续表

\multicolumn{3}{c	}{协商确定执行期的案件}
序号	案号	纠纷和状况
72	422	美国对冷冻温水虾和金刚石锯片的反倾销措施，合理期限8个月，至2013年3月23日
73	413	中国影响电子支付的措施，合理期限11个月，至2013年7月31日
74	412	加拿大影响可再生能源发电行业的措施，合理期限10个月，至2014年3月24日，之后延长至2014年6月5日
75	425	中国对X射线检测设备征收反倾销税的措施，合理期限9个月25天，至2014年2月19日
76	427	中国对来自美国的肉鸡产品的反倾销和反补贴税的措施，合理期限9个月14天，至2014年7月9日
77	400、401	欧盟禁止海豹产品进口和销售的措施，合理期限16个月，至2015年10月18日
78	431、432、433	中国对稀土、钨和钼的出口限制措施，合理期限8个月3天，至2015年5月2日
79	438、444、445	阿根廷影响货物进口的措施，合理期限11个月5天，至2015年12月31日
80	436	美国对来自印度的钢产品的反补贴措施，合理期限15个月，至2016年3月16日
81	449	美国对某些产品的反补贴和反倾销措施，合理期限12个月，至2015年7月22日，延长至2015年8月5日
82	430	印度对某些农产品进口的措施，合理期限12个月，至2016年6月19日
83	485	俄罗斯对某些农产品和制成品的关税措施，合理期限7个月15天，至2017年5月11日
84	473	欧盟对阿根廷生物柴油的反倾销措施，合理期限9个月15天，至2017年8月10日，双方同意延长至2017年9月28日
85	482	加拿大对从中国台湾、澎湖、金门和马祖单独关税区进口某些碳钢管的反倾销措施，合理期限14个月，至2018年3月25日

续表

协商确定执行期的案件		
序号	案号	纠纷和状况
86	456	印度有关太阳能电池和电池板的措施，合理期限14个月，至2017年12月14日
87	492	欧盟影响禽类产品关税减让的措施，合理期限至2018年7月19日
88	477、478	印度尼西亚对园艺产品、动物和动物产品的进口限制措施，合理期限8个月，至2018年7月22日
89	490、496	印度尼西亚对某些钢铁产品的保障措施，合理期限7个月，至2019年3月27日
90	488	美国对来自韩国的石油专用管的反倾销措施，合理期限至2019年1月12日，双方同意延长至2019年7月12日
91	472、497	巴西有关税费的某些措施，合理期限11个月20天，至2019年12月31日
92	511	中国对农业生产者的补贴，合理期限11个月5天，至2020年3月31日
93	504	韩国对来自日本的气动阀征收反倾销税，合理期限8个月，至2020年5月30日
94	517	中国某些农产品的关税税率配额，合理期限至2019年12月31日，2020年3月17日通知协议延长至2020年5月29日，2020年6月4日延长至2020年10月8日，2020年10月19日通知再次延长到2020年11月9日，2020年11月13日通知再次延长至2020年12月31日；2021年1月8日通知再次延长到2021年3月31日，2021年4月12日通知再次延长到2021年6月29日
95	591	哥伦比亚对来自比利时、德国和荷兰的冷冻薯条征收反倾销税，合理期限10个月15天，至2023年11月5日
96	601	中国对日本不锈钢制品的反倾销措施，合理期限9个月10天，至2024年5月8日

续表

专家组报告中建议执行期的案件		
序号	案号	纠纷和状况
1	126	澳大利亚车用皮革生产及出口补贴,合理期限 90 天
2	46	巴西飞机出口融资项目,合理期限 90 天
3	222	加拿大支线飞机出口信贷和贷款担保,合理期限 90 天
4	267	美国陆地棉补贴,合理期限 6 个月
5	273	韩国影响商用船舶贸易的措施,合理期限 90 天
6	316	欧盟影响大型民用飞机贸易的措施,合理期限 90 天
7	353	美国影响大型民用飞机贸易的措施,合理期限 6 个月
通过仲裁确定执行期的案件		
序号	案号	纠纷和状况
1	8、10、11	日本酒精饮料税,合理期限 15 个月
2	27	欧盟香蕉进口、销售和分销体制,合理期限 15 个月 7 天
3	26、48	欧盟有关肉类及肉制品(激素)的措施,合理期限 15 个月
4	54、55、59、64	印度尼西亚影响汽车行业的措施,合理期限 12 个月
5	18	澳大利亚影响鲑鱼进口的措施,合理期限 8 个月
6	75、84	韩国酒精饮料税,合理期限 11 个月 14 天
7	87、110	智利酒精饮料税,合理期限 14 个月 9 天
8	114	加拿大药品专利保护,合理期限 6 个月
9	139、142	加拿大影响汽车行业的措施,合理期限 8 个月
10	160	美国《版权法》第 110.5 条,合理期限 12 个月
11	136、162	美国 1916 年《反倾销法》,合理期限 10 个月

续表

通过仲裁确定执行期的案件		
序号	案号	纠纷和状况
12	170	加拿大专利保护期,合理期限 10 个月
13	155	阿根廷牛皮出口及皮革进口措施,合理期限 12 个月 12 天
14	184	美国对日本热轧钢产品的反倾销措施,合理期限 15 个月
15	207	智利农产品限价制度和保障措施,合理期限 4 个月
16	217、234	美国 2000 年《持续倾销与补贴抵销法》,合理期限 11 个月
17	246	欧盟对发展中国家给予税收优惠的条件,合理期限 14 个月 11 天
18	268	美国对石油国管状产品反倾销措施日落复审,合理期限 12 个月
19	285	美国影响跨境提供赌博和博彩服务的措施,合理期限 11 个月 14 天
20	265、266、283	欧盟糖出口补贴,合理期限 12 个月 3 天
21	269、286	欧盟冷冻无骨鸡块关税分类,合理期限 9 个月
22	336	日本对韩国动态随机存取存储器的反补贴税,合理期限 8 个月 14 天
23	332	巴西翻新轮胎进口措施,合理期限 12 个月
24	344	美国对墨西哥不锈钢最终反倾销措施,合理期限 11 个月 10 天
25	366	哥伦比亚入境港价格指导和限制,合理期限 8 个月 15 天
26	384、386	美国原产国标签要求,合理期限 10 个月
27	414	中国对来自美国的取向电工钢的反补贴和反倾销税,合理期限 8 个月 15 天,至 2013 年 7 月 31 日
28	437	美国对来自中国的某些产品征收反补贴税的措施,合理期限 14 个半月至 2016 年 4 月 1 日
29	429	美国对越南冷冻温水虾的反倾销措施,合理期限 16 个月,至 2016 年 7 月 22 日,于 2016 年 3 月 31 日延长至 2016 年 8 月 22 日

续表

\	\	通过仲裁确定执行期的案件
序号	案号	纠纷和状况
30	457	秘鲁对危地马拉某些农产品的进口征收额外关税，合理期限 7 个月 29 天，至 2016 年 3 月 29 日
31	461	哥伦比亚对纺织品、服装和鞋类的边境措施，合理期限 7 个月，至 2017 年 1 月 22 日
32	464	美国对韩国家用大型洗衣机的反倾销和反补贴措施，合理期限 15 个月，至 2017 年 12 月 26 日
33	471	美国涉及中国的反倾销程序中的方法及其适用，合理期限 15 个月，至 2018 年 8 月 22 日
34	493	乌克兰硫酸铵反倾销措施，合理期限 11 个月 15 天，至 2020 年 9 月 15 日

资料来源：WTO.Chrono logical list of disputes cases［EB/OL］.（2023-12-31）［2024-01-18］. https：//www. wto. org/english/tratop. 点击该链接弹出页面将呈现按时间顺序由远及近排序的、从 1995 年 1 月 1 日至今的所有案件，继续点击案件案号，将获取该案件含专家组报告等在内的相关资料文件，阅读各案件资料，获取各案合理期限的相关数据，统计总结得出该表。

（二）合理期限制度的实质性缺陷

概言之，DSB 裁决执行制度在执行合理期限方面的实质性缺陷包括：时限模糊；时限的确定程序违背程序的不可逆性原则；确定合理期限的过程有违程序的时限规定；延迟和瑕疵执行，以及损失救济的缺位，致使执行期限的约束机制乏力。

（1）《关于争端解决规则与程序的谅解》所使用的"合理期限"缺乏确定性和可操作性。如学者所言，DSB 裁决可以说是不严厉的争端解决终结性文件。DSB 裁决不严厉的表现之一，就是在执行时间上缺乏可操作性。[1]《关于争端解决规则与程序的谅解》项下除了"立即""迅速""毫不迟延"和"尽早"

---

[1] 常景龙. WTO 争端解决机构报告执行制度的实施现状与实质缺陷［J］. 厦门大学法律评论，2008（1）：176.

第二章 ||《关于争端解决规则与程序的谅解》中有关 DSB 裁决执行的规定及其对欧美执行 DSB 裁决立法的影响

等相对清晰的时间概念,"合理期限"则是个模糊的时间概念。尽管《关于争端解决规则与程序的谅解》对其加上了 15 个月的限制,但并非硬性限制,在根本上未能更正其模糊的特性。[①]

(2)时限的确定程序违背程序的不可逆性原则。《关于争端解决规则与程序的谅解》并未禁止修改已确定的合理期限,致使案件的合理期限可能被一再修改,甚至随意修改。有学者指出,程序不可逆性,亦可被称为自缚性,为诉讼法上的程序安定原则所强调,具体指程序中某一环节一旦过去,或整个程序一旦结束,就不能再恢复或重新启动,这是程序有序性的必然延伸和逻辑归结。[②]然而,在 WTO 争端解决实践中,通过协议或仲裁确定的合理期限,在个别案件中存在再三修改,该做法违背了程序法的一般原则,导致 WTO 争端的解决混杂散乱,DSB 裁决的执行不及时。其中,欧盟影响生物产品批准和销售的措施案(DS293)最为极端,该案合理期间的修改情况,如表 2-3 所示。

表 2-3　欧盟影响生物产品批准和销售的措施案(DS293)的合理期限修改情况概要

时间	案件进展情况
2006 年 11 月 21 日	专家组报告散发
2007 年 6 月 21 日	双方就合理执行期达成合意,期限为 12 个月,至 2007 年 11 月 21 日
2007 年 11 月 21 日	双方修改合理执行期至 2008 年 1 月 11 日
2008 年 1 月 11 日	双方修改合理执行期至 2008 年 6 月 11 日
2008 年 6 月 11 日	双方修改合理执行期至 2008 年 8 月 12 日
2008 年 8 月 12 日	双方修改合理执行期至 2008 年 12 月 1 日
2008 年 12 月 1 日	双方修改合理执行期至 2009 年 3 月 1 日
2009 年 2 月 26 日	双方修改合理执行期至 2009 年 6 月 30 日

---

① 《关于争端解决规则与程序的谅解》第 21.4 条规定,除专家组或上诉机构按照第 12.9 条或第 17.5 条延长提交报告的时间外,自 DSB 设立专家组之日起至合理期限的确定之日止的时间不得超过 15 个月,除非争端各方另有议定。
② 陈桂明.程序理念与程序规则[M].北京:中国法制出版社,1999:4.

续表

时间	案件进展情况
2009年6月30日	双方修改合理执行期至2009年12月31日
2009年12月30日	双方修改合理执行期至2010年1月31日
2010年1月29日	双方修改合理执行期至2010年2月28日
2010年2月26日	双方修改合理执行期至2010年3月31日
2010年3月19日	双方达成和解，通报DSB

资料来源：WTO.DS293：European Communities-measures affecting the approval and marketing of biotech products.[EB/OL].（2022-12-31）[2024-01-18]. https：//www.wto.org/english/tratop_e/dispu_e/cases_e/ds293_e.htm.

（3）确定合理期限的过程有违程序的时限规定。程序的时限性，既指争端解决过程中各环节均有时限要求，又指其进程的及时性。例如，美国重新配制汽油和常规汽油标准案（DS2）中，①双方为确定合理期限共耗时6个月13天，远超《关于争端解决规则与程序的谅解》第21.3（b）条规定的45天的时限。可见，在具体实施中，并未严格遵守确定合理期限的程序时限。

（4）针对延迟和瑕疵执行所造成的损失的救济缺位。《关于争端解决规则与程序的谅解》规定了程序性救济和实体性救济，但对延迟执行所造成的损失未提供任何程序或实体救济，败诉方不必承担延迟和瑕疵执行所造成损失的任何法律后果，致使个别成员方乘虚而入，利用国内机制和程序延迟执行。

二、合理期限制度对欧美执行DSB裁决立法的影响

根据《关于争端解决规则与程序的谅解》第21.3（c）条，仲裁确定的时间原则上不得超过自专家组或上诉机构报告通过之日起的15个月，但"此时间可视具体情况缩短或延长"。实践中，仲裁员根据败诉方主张的执行期限

---

① 美国重新配制汽油和常规汽油标准案1996年5月20日上诉机构报告通过，1996年12月3日双方最终确定合理期限。

裁定"合理期限"。①后者负举证责任，证明其所主张的任何执行期限构成"合理期限"，其所主张的执行期限愈长，举证责任就愈重。②有学者指出，合理期限并非给予国内立法和决策程序烦琐冗杂的 WTO 成员方以利益，而是给 WTO 成员方按其正常程序执行 DSB 裁决所真正需要的时间，使其利用任何可利用的灵活性方式，③而非必须采用某种特殊立法程序。④

详查欧美有关执行 DSB 裁决的立法，整体上均并未针对执行程序设定严格的时限。例如，在涉及美国州法的 DSB 裁决的执行程序中，仅就重要事项规定了通知相关州或国会委员会的时限，如收到磋商请求、决定设立专家组、就专家组报告提起上诉或就州法在最高法院提起诉讼等。美国除针对涉及双反救济措施的 DSB 裁决的执行程序外，⑤对其他所有 DSB 裁决的执行程序均未规定整体的执行时限。美国虽然拥有作为一般行政立法规则的《联邦行政程序法》，但是针对 DSB 裁决的执行还进行了专门立法，目的在于凭借《乌拉圭回合协议法案》作为国内法的限制，"合理地"拖延 DSB 裁决的执行。欧美有关 DSB 裁决执行的立法中，关于时限的规定具体如下。

（一）欧盟 DSB 裁决的执行立法中有关程序时限的规定

较之美国详细规定了在涉及双反贸易救济措施的 DSB 裁决执行的过程中，国际贸易委员会和商务部应分别在接到美国贸易代表办公室书面指令的 120 天、180 天内发布新裁定，⑥欧盟，无论是在针对执行涉及双反贸易救济措施 DSB 裁决的《欧盟理事会第 1515/2001 号条例》中，抑或在针对执行涉及立法措施 DSB 裁决的《欧洲联盟运行条约》第 294 条中，均未作出任何有关时限的规定。

---

① WTO：Award of the Arbitrator, Canada-Pharmaceutical Patents, para.43.
② WTO：Award of the Arbitrator, Canada-Pharmaceutical Patents, para.47; Award of the Arbitrator, US-1916 Act, para.32.
③ WTO：Award of the Arbitrator, Canada-Autos, para.47; Award of the Arbitrator, US-Section110（5）Copyright Act, para39; Award of the Arbitrator, US-1916 Act, para.39; Award of the Arbitrator, Canada-Patent Term, para.64; Award of the Arbitrator, Canada-Pharmaceutical Patents, para.63.
④ WTO：Award of the Arbitrator, Korea-Alcoholic Beverages, para.42.
⑤ 根据《乌拉圭回合协议法案》第 129（a）(4) 条和第 129（b）(2) 条的规定，美国国际贸易委员会和商务部分别应在接到美国贸易代表办公室书面指令的 120 天、180 天内发布新裁定。
⑥ 《乌拉圭回合协议法案》第 129（a）(4) 条，《乌拉圭回合协议法案》第 129（b）(2) 条。

（二）美国 DSB 裁决执行立法中有关程序时限的规定

（1）涉及州法的 DSB 裁决执行程序之时限规定。①《乌拉圭回合协议法案》第 102 条规定，美国贸易代表办公室应在接到磋商请求 7 日内，尽可能快速地通知该州州长或该州在白宫的代表，并在接到磋商请求 30 日内，与相关州代表进行磋商。①②美国贸易代表办公室应在 WTO 成员方请求设立专家组或决定就专家组报告提起上诉的 7 日内通知相关州。②③美国贸易代表办公室应在美国就 DSB 裁决涉及的州法提起诉讼至少 30 日之前，向在众议院筹款委员会和参议院财经委员会提交报告，汇报拟议诉讼。③

（2）涉及行政措施的 DSB 裁决执行程序之时限规定。在美国贸易代表办公室及相关部门或机构的负责人与国会相关委员会磋商之日起 60 日后，最后的规章或其他修改的拟议内容生效，总统可以因国家利益决定提前生效。④

（3）涉及双反救济措施的 DSB 裁决执行程序之时限规定。①国际贸易委员会经美国贸易代表办公室指令，向后者递交有关 DSB 裁决执行的评估咨询报告。其中，针对中期报告，应在美国贸易代表办公室指令后的 30 日内递交；针对上诉机构报告，应在美国贸易代表办公室指令后的 21 日内递交。国际贸易委员会须根据《1930 年关税法》或《1974 年贸易法》，评估其是否有权采取与该特定程序有关的步骤，以使其行为不违反 DSB 裁决，并草拟咨询报告。⑤②如果国际贸易委员会多数成员发布了肯定性报告，则经美国贸易代表办公室书面指令，国际贸易委员会应发布新裁定，以使其行为不违反 DSB 裁决。国际贸易委员会应在美国贸易代表办公室指令后 120 天内发布裁定。⑥③与上述国际贸易委员会的执行程序类似，商务部应在收到美国贸易代表办公室书面指令后的 180 天内，发布新裁定。⑦

---

① 《乌拉圭回合协议法案》第 102（b）（1）（C）（ⅰ）（ⅱ）条。
② 《乌拉圭回合协议法案》第 102（b）（1）（C）（ⅲ）（I）条。
③ 《乌拉圭回合协议法案》第 102（b）（2）（C）条。
④ 《乌拉圭回合协议法案》第 123（g）（2）条。
⑤ 《乌拉圭回合协议法案》第 129（a）（2）条。
⑥ 《乌拉圭回合协议法案》第 129（a）（4）条。
⑦ 《乌拉圭回合协议法案》第 129（b）（2）条。

（4）涉及贸易报复授权的 DSB 裁决执行程序之时限规定。美国《1974年贸易法》第 301 条规定，美国贸易代表办公室作出贸易报复裁定的期限为：①对涉及贸易协定（不包括有关补贴和反倾销措施的协定）的案件，在调查发起后的 18 个月内，或争端解决程序结束后的 30 天内，两者中取较早者。②对其他案件，在调查发起后的 12 个月内。①

第四节　报复制度

报复制度，这一 WTO 争端解决的最终救济形式，赋予了 DSB 裁决的执行以更强的可操作性和实践性。正如有学者指出，WTO 争端解决机制是乌拉圭回合多边贸易谈判最具贡献的成就，其中贸易报复机制则是《关于争端解决规则与程序的谅解》中最具特色、最具创造性的部分。②

然而，作为全球性的经济组织，WTO 并非一个凌驾于某个或某些国家之上的具有司法强制力的机构。DSB 裁决执行缺乏力度，也一直是 WTO 的软肋。亦如有学者指出，《关于争端解决规则与程序的谅解》要求各国政府只有获得多边批准后方可中止减让，且报复的程度被限制于前瞻性损害。此外，《关于争端解决规则与程序的谅解》只允许各国政府实施附条件的制裁，仅针对争端解决程序结束后仍继续的侵权。WTO 执行机制导致了救济缺失：在争端解决程序终结前，即使针对明显违约（且仅限于前瞻性损害），成员方政府亦不能作出反应。此种制度设计限制了贸易报复，事实上创建了一个允许国家违反贸易规则的免责条款。③

《关于争端解决规则与程序的谅解》并未直接使用"对抗性措施"或"报复"的措辞，该谅解协议第 22.2 条规定的"中止减让或其他义务"，④ 即通常所称的"贸易报复"。在败诉方未能在合理期限内执行 DSB 裁决时，WTO 争

---

① 19 U.S.C.A.2414（a）（2）（A）（B）．
② 杜玉琼．贸易报复机制的实施：以利益集团理论为视角［J］．现代法学，2012（1）：161．
③ BREWSTER R. The remedy gap: institutional design, retaliation, and trade law enforcement［J］. The George Washington law review, 2011, 80（102）: 158.
④ 针对贸易报复，《补贴与反补贴措施协定》中对应使用"适当的反措施"一词。

端胜诉方可采取临时性救济措施,即实施贸易报复授权。实践中,申请授权报复的时间成本巨大,从请求设立专家组,到最终实施报复,其间可能历经《关于争端解决规则与程序的谅解》第17条项下专家组和上诉、第21.5条项下执行审查及第22.6条项下仲裁等多个程序。

一、《关于争端解决规则与程序的谅解》第22条有关报复制度的规定及其缺陷

《关于争端解决规则与程序的谅解》第22.2条规定,[①] 当败诉方在合理限期内未执行DSB裁决,且在该合理期限期满后20天内争议双方未能就补偿达成协议,胜诉方可请求DSB授权"报复"或"中止减让"。根据《关于争端解决规则与程序的谅解》第22.8条,"补偿和中止减让"是一种"临时"措施,在败诉方不执行或拖延执行DSB裁决时,对胜诉方提供补偿或授权其中止关税减让(或其他义务)。该谅解协议第22条规定的执行程序相当于一种引导遵守的执行程序,具体涵盖补偿和报复的性质(第22.1条)、相互接受的补偿和请求授权报复(第22.2条)、平行和交叉报复(第22.3、22.4、22.5条)、报复的水平(第22.4条)、授权报复(第22.5、22.6、22.7条)及对报复的监督(第22.8、22.9条)等。

(一)报复实施的方式

《关于争端解决规则与程序的谅解》第22.3条规定了平行报复、跨部门报复和跨协定报复,共三种报复实施方式,[②] 并确立了胜诉方在选择报复形式时应遵守的原则、程序和条件。《关于争端解决规则与程序的谅解》首次引进

[①] 《关于争端解决规则与程序的谅解》第22.2条规定,如在合理期限结束期满之日起20天内未能议定令人满意的补偿,则援引争端解决程序的任何一方可向DSB请求授权中止对有关成员实施适用协定项下的减让或其他义务。

[②] 同一协定同一部门下的报复方式称为平行报复[在欧盟香蕉进口、销售和分销体制案(DS27)中,仲裁员界定了以下原则,即在违反义务的同一部门报复应作为申诉方的"最优选择"];跨部门报复指同一协定项下的跨部门交叉报复;跨协定报复指在被诉方违约情况足够严重的前提下,如请求方认为此前措施无成效,其可在其他适用协定项下实施报复措施,后两者通常被称为交叉报复。

了具有适用次序的交叉报复，即跨部门报复和跨协定报复。①

根据《关于争端解决规则与程序的谅解》第 22.3（a）条，应在违法措施或造成利益损害或丧失的其他措施被确认的同一部门中，实施中止减让或其他义务。例如，对专利领域的违法的报复措施，亦应涉及专利；对分销服务领域的违法的报复措施，亦应涉及分销；针对一项在汽车（货物）领域采取的违法的报复措施，亦可针对香水、钢铁或飞机等货物。根据《关于争端解决规则与程序的谅解》第 22.3(b) 条，如胜诉方认为在同一部门中止义务"不可行或无效"，则可在同一协定项下的不同部门实施。如对专利和分销服务领域的违法措施，可分别在版权和金融服务领域采取反措施。根据《关于争端解决规则与程序的谅解》第 22.3（c）条，如胜诉方认为在同一协定项下中止义务"不可行或无效"，且"情势足够严重"，则可在另一个协定项下实施反措施。此种递进式安排，旨在确保中止义务的行动有效，并使对无关部门的影响最小化。然而，《关于争端解决规则与程序的谅解》第 22.3 条并未明确界定条文中的两个关键性条件"不可行或无效"及"情势足够严重"。

（二）报复水平的确定

《关于争端解决规则与程序的谅解》第 22.4 条规定，②报复的程度"应等于利益丧失或减损的程度"。《关于争端解决规则与程序的谅解》规定的报复制度采用"相等性"标准，"等于"意指两者水平相当。③有关《关于争端解决规则与程序的谅解》第 22 条仲裁确定中止减让水平的案件情况，如表 2-4 所示。较之 GATT 中的适当性标准，在 WTO 中，"等于"的概念更为严苛，要推算出"适用不符措施"与"如该措施符合 WTO 协定应获得的贸易量"

---

① 《关于争端解决规则与程序的谅解》第 22.3 条规定，申诉方应寻求对与专家组或上诉机构认定有违反义务或造成其他利益丧失或减损情形的部门相同的部门中止减让或其他义务；如申诉方认为对相同部门中止减让或其他义务不可行或无效，则可寻求中止对同一协议项下的其他部门的减让或其他义务；如申诉方认为对同一协议项下的其他部门中止减让或其他义务不可行或无效，且情势足够严重，则可寻求中止另一适用协议项下的减让或其他义务。
② 《关于争端解决规则与程序的谅解》第 22.4 条规定，DSB 授权的中止减让或其他义务的程度，应等于利益丧失或减损的程度。
③ 关于贸易报复的相关案例，参见商务部产业损害调查局. 关注 WTO 争端解决"后报复问题"（上）[N]. 国际商报，2012-01-19（A05）. 商务部产业损害调查局. 关注 WTO 争端解决"后报复问题"（下）[N]. 国际商报，2012-02-06（A04）.

之差；而后，对照实际导致的利益丧失或减损，确保报复水平严格等于损害水平。然而，《关于争端解决规则与程序的谅解》并未清楚规定如何计算利益减损或丧失（损害水平）。DSB 主张用定量和定性双重标准推算报复水平。例如，在欧盟有关肉类及肉制品（激素）的措施案（DS26）中，DSB 裁决主张，报复水平应等于损害水平，并应采用定量方法确定之。根据过往案例实践，胜诉方间接利益的损失和不能以数量计算的损失，不能被计入报复水平。①

表 2-4 《关于争端解决规则与程序的谅解》第 22 条仲裁确定中止减让水平的案件汇总（1995—2023 年）

序号	案号	纠纷及中止减让水平
1	26	欧盟有关肉类及肉制品（激素）的措施，中止减让 1168 万美元（美国）
2	48	欧盟有关肉类及肉制品（激素）的措施，中止减让 1130 万加元（加拿大）
3	27	欧盟香蕉进口、销售和分销体制，中止减让 2.016 亿美元（厄瓜多尔）
4	46	巴西飞机出口融资项目，中止减让 3.442 亿加元（加拿大）
5	108	美国外国销售公司税收待遇，中止减让 40.4300 亿美元（欧盟）
6	136	美国 1916 年《反倾销法》只决定了原则，没有决定具体数额
7	222	加拿大支线飞机出口信贷和贷款担保，中止减让 24.7797 亿美元（巴西）
8	217、234	美国 2000 年《持续倾销与补贴抵消法》，美国政府公布的、针对某一国在最近一个年度出口产品支付的反倾销、反补贴税所得到的分配乘以 0.72

① 在欧盟香蕉进口、销售和分销体制案（DS27）中，美国提出，本应出口到欧盟的香蕉贸易量，由于不符措施而未能实现，导致拉丁美洲国家缩减香蕉种植量，进而影响美国对拉美的化肥出口量；而该案仲裁员裁定此间接损失不能构成利益减损。此外，不符措施造成的利益减损或丧失必须能以数量计算。在美国 1916 年《反倾销法》案（DS136）中，欧盟主张，1916 年《反倾销法案》造成的最为严重的后果是，在已经活跃于或考虑进入美国市场的欧洲企业中引发了商业活动的"激冷效应"，仲裁员认为"激冷效应"不能有效量化，因而不能被包含在利益减损或丧失的计算之中。

续表

序号	案号	纠纷及中止减让水平
9	267	美国陆地棉补贴，2006 财年可以中止减让 1.4740 亿美元，此后各年的数额根据裁决中公布的公式计算；如果巴西有权终止的数额超过 4.097 亿美元（美国 2007 年向巴西出口的货物额），则巴西可以选择《与贸易有关的知识产权协定》和/或《服务贸易总协定》方面的报复
10	285	美国影响跨境提供赌博和博彩服务的措施，(《与贸易有关的知识产权协定》下）每年中止减让 2100 万美元
11	384、386	美国原产国标签要求，每年中止减让 1.054729 亿加元（DS384）、2.27758 亿美元（DS386）
12	381	美国关于金枪鱼及制品进口和销售的措施，每年中止减让 1.6323 亿美元
13	464	美国对韩国家用大型洗衣机的反倾销及反补贴措施，对家用大型洗衣机每年反倾销和反补贴各 7440 万美元和 1041 万美元，可以逐年调整
14	316	欧盟影响大型民用飞机贸易的措施，每年中止减让 74.96623 亿美元
15	471	涉及中国的反倾销程序中的方法及其适用，每年中止减让 35.79128 亿美元
16	437	美国对来自中国的某些产品征收反补贴税的措施，每年中止减让 6.45121 亿美元
17	353	美国影响大型民用飞机贸易的措施，每年中止减让 3.9930 亿美元
18	505	美国对来自加拿大的超级压光纸的反补贴措施，裁决了计算损失的公式

资料来源：WTO.Chronological list of disputes cases [EB/OL].（2023-12-31）[2024-01-18]. https://www.wto.org/english/tratop_e/dispu_e/dispu_status_e.htm. 点击该链接弹出页面将呈现按时间顺序由远及近排序的、从 1995 年 1 月 1 日至今的所有案件，继续点击案件案号，将获取该案件含专家组报告等在内的相关资料文件，阅读各案件资料，选取启动过第 22 条仲裁确定中止减让水平的案件的相关数据，统计总结得出该表。

注：表 2-4 仅统计已作出中止减让水平裁决的案件。

（三）报复终止的条件

根据《关于争端解决规则与程序的谅解》第 22.8 条，[①]符合以下三个条件之一即可终止报复：被认定与适用协定不一致的措施已取消；执行建议或裁决的成员对利益丧失或减损已提供解决办法；已达成双方满意的解决办法。

在实践中，往往被诉方认为已履行 DSB 裁决，然而胜诉方基于其对《关于争端解决规则与程序的谅解》第 22.8 条中"措施已取消"或"已提供解决办法"的理解，不同于败诉方的主观判断，故最终选择仍维持其报复措施。美国继续中止减让案（DS320）中上诉机构指出，[②]应从整体上理解《关于争端解决规则与程序的谅解》第 22.8 条第 1 句"与适用协定不一致的措施已取消"，其应被理解为"实质上"取消违反措施。如争端方对是否实质执行存在异议，且在通过多边争端程序解决异议前，不能确认第 22.8 条第一个条件是否得以满足，则报复措施应继续。如多边争端解决程序裁定败诉方已实质执行，则原胜诉方应终止报复。[③]上诉机构认为，当败诉方已采取执行措施，但争端方对"被认定与适用协定不一致的措施"是否已被取消存在异议时，寻求第 21.5 条执行审查专家组程序是《关于争端解决规则与程序的谅解》项下的适当做法。[④]

二、报复制度对欧美执行 DSB 裁决立法的影响

中止义务到底是为了要强制实施 DSB 裁决，还是仅仅为了恢复对等贸易利益的平衡。报复制度对于 WTO 而言是一个矛盾的存在。WTO 首要初衷和目标是：尽可能脱离对成员方单方政治外交力量的依赖，建立以规则为基准

---

① 《关于争端解决规则与程序的谅解》第 22.8 条规定，减让或其他义务的中止应是临时性的，且只应维持至被认定与适用协定不一致的措施已取消，或必须执行建议或裁决的成员对利益丧失或减损已提供解决办法，或已达成双方满意的解决办法。
② 本案中欧盟通报其执行措施后，美国和加拿大仍继续报复措施，本案提出了美国和加拿大在《关于争端解决规则与程序的谅解》"后报复"阶段继续报复的合法性问题。
③ US/Canada-Continued Suspension, WT/DS320, 321/AB/R, paras.305-306. 该案的相关分析，参见李晓玲."后报复"阶段的规则研究与多哈 DSU 改革方案：以 US/Canada-Continued Suspension 案为例[J].世界贸易组织动态与研究，2012（5）：53-69.
④ US/Canada-Continued Suspension, WT/DS320, 321/AB/R, para.345.

的经济和法律体系。然而，不得不承认的是，WTO 争端解决机制自身不具备执行 DSB 裁决的能力，这一根本缺陷使其有些"自食其言"，否定自身制定的法律原则。[①] 在 WTO 体制中，涉案双方的经济实力影响着报复措施的有效性，非司法的外交解决手段导致了国力强权外交及不平等的存在，当弱小国家对经济强大的国家采取提高关税或设置进口配额等报复措施时，极可能招致后者在非 WTO 领域的反报复措施，例如，终止迫切需要的发展援助和进口产品。正如有学者指出，当那些不遵守规则的发达国家一路大笑时，试图反击的发展中国家却可能已走到穷途末路。[②]

（一）《关于争端解决规则与程序的谅解》项下报复不具追溯性，"激励"败诉方延迟履行裁决

报复措施的前瞻性特征，激发了违反方通过延长合理期限或诉诸执行审查程序延迟执行 DSB 裁决的行为。中止义务是预期性的，而非追溯性的；其只适用于 DSB 授权后的时段，并不适用于该措施适用的或该争端存续的整个时段。无论是 DSB 有关撤销违法措施的裁决，抑或补偿和授权中止减让或其他义务，均是既往不咎的、前瞻性的。WTO 项下的违约救济，根本不考虑对违法行为的惩罚，仅仅通过保证未来贸易机会，来救济已确认的权利义务失衡；并非通过追溯性的惩罚措施，来恢复因违法措施丧失或损害的、WTO 协定赋予胜诉方的直接或间接利益。

《关于争端解决规则与程序的谅解》第 22 条未明确规定计算利益被抵消或受损程度的时间起算节点。实践中，计算报复水平的时间节点始于合理期限届满之日，对之前造成的损害不予补偿。从违法措施生效到合理期届满的整个期间内，败诉方事实上享受了"顺风车"，故欧美在实践中尽可能设置国内法律，以限制延迟执行 DSB 裁决。

根据有效违约理论，如果一方当事人在因违约补偿对方当事人的期待利益后仍可获利，则此时的违约属于有效违约，从理性选择角度而言，当事人

[①] 王军，粟撒.WTO 争端解决机制中的救济体系框架及改革问题实证研究[J].当代法学，2014(3)：33.

[②] BISHOP A S. The second legal revolution in international trade law: ecuador goes ape in banana trade war with European Union [J]. International legal perspectives, 2001 (12): 17.

此情况下应违约。①因此，败诉方可能甚至完全对报复置之不理，或宁愿承受报复，而不愿纠正其违法措施。有学者认为，对 WTO 现有的前瞻性救济，较之行政部门，国会议员似乎反应并不强烈。立法者可能更加关注不执行裁决将给其选区带来的物质影响。一旦执行 DSB 裁决需要采取立法行动，国会的合作程度，必要时可能取决于不执行裁决将导致的授权报复的水平，即授权报复的水平愈高，包括追溯性或逐步升高的损害赔偿，愈可能有助于为执行 DSB 裁决创造必要的国内条件。②

（二）《关于争端解决规则与程序的谅解》项下报复水平的"相当性"，阻碍其威慑作用的发挥

《关于争端解决规则与程序的谅解》第 22.4 条规定，报复的程度"应等于利益丧失或减损的程度"。鉴于 WTO 项下报复不具追溯性，报复水平与实际利益丧失水平不在同一水平线上，对胜诉方于合理期限届满前因其违法措施所导致的利益抵消或损害，败诉方无须承担任何责任。最终，导致败诉方违法措施所带来的利益远高于违法成本。资金雄厚的发达国家作为败诉方时，报复的威慑力更将大打折扣。为继续维持违法措施，败诉方必要时甚至甘愿接受报复，例如，美国伯德法案（DS217、DS234）。

实践中，欧美通过域内立法转化《关于争端解决规则与程序的谅解》报复制度所采用的相等性标准。

（1）《欧洲议会和欧盟理事会第 654/2014 号条例》中有关报复程度的规定。该条例前言规定，欧盟行动应着眼于维护如同相关国际贸易协定规定的"实质的同等减让"。③该条例中并未使用报复一词，而是对应使用商业政策措施一词。

---

① 董晓雯.论 WTO 争端解决机制中报复制度的缺陷及改革［J］.湖南财政经济学院学报，2011，27（129）：82.有效违约理论是以波斯纳（Posner）为代表的经济分析法学派提出的一种现代合同法理论。进一步详情，参见陈融.经济分析法学合同观的理论疑点与现实启示：以"有效违约理论"为中心［J］.华东师范大学学报（哲学社会科学版），2012（6）：90-96.
② BREWSTER R, CHILTON A. Supplying compliance: why and when the United States complies with WTO rulings［J］.The Yale journal of international law，2014，39（201）：238.
③ Regulation（EC）no.654/2014 of the European Parliament and of the Council，Chapeau（6），The Union's action should be aimed at ensuring the maintenance of a substantially equivalent level of concessions, as laid down in the relevant international trade agreements.

该条例第4.2条规定，根据《关于争端解决规则与程序的谅解》达成的贸易争端裁决，暂停减让或其他义务的程度不得超出WTO争端解决机构授权的程度。① 该条例第4.3条进一步规定，确定商业政策措施的"适当性"标准，系基于"根据可获得的信息和联盟的整体利益"，具体涵盖：该措施引导第三国执行国际贸易裁决的有效性；为受第三国措施影响的联盟内运营商提供救济的潜力；相关货物或服务的可替代来源，以避免或减少对联盟下游产业、承包机构、实体或最终消费者的任何负面影响；在措施的实施过程中，避免不成比例和复杂的行政程序和成本；根据本条例第3条提及的国际贸易协定设立的任何具体标准。② 此外，应保证商业政策措施的暂停减让或其他义务的水平适当，并在成员方间公平分配。③

（2）美国《1974年贸易法》第301条中有关报复程度的规定。美国《1974年贸易法》第301条规定，报复措施对外国货物或服务造成的影响，应在金额上等于该外国限制美国商业或给美国商业造成的负担的价值。该条规定转化了《关于争端解决规则与程序的谅解》第22.4条。

（三）《关于争端解决规则与程序的谅解》项下实施交叉报复的条件宽泛，给予成员方广泛报复部门选择权

根据《关于争端解决规则与程序的谅解》第22.3条的规定，寻求交叉报复的条件是："如申诉方认为对同一协定项下的其他部门中止减让或其他义务不可行或无效，且情势足够严重。"有学者认为，此处"不可行""无效"和"足够严重"用词过于宽泛，其标准系仅基于胜诉方主观衡量，目前尚无具体认定标准。④

鉴于《关于争端解决规则与程序的谅解》中实施交叉报复的条件模糊，在贸易报复中具体报复部门的选择方面，欧美立法均授予了相关行政部门广

---

① Regulation（EC）no.654/2014 of the European Parliament and of the Council，Article 4（2）（a），where concessions or other obligations are suspended following the adjudication of a trade dispute under the WTO Dispute Settlement Understanding, their level shall not exceed the level authorised by the WTO Dispute Settlement Body.
② Regulation（EC）no.654/2014 of the European Parliament and of the Council，Article 4（3）.
③ Regulation（EC）no.654/2014 of the European Parliament and of the Council，Article 5（2）（c）.
④ 郑小敏.论WTO的贸易报复制度［J］.浙江社会科学，2004（6）：86.

泛的自由裁量权。

（1）《欧洲议会和欧盟理事会第 654/2014 号条例》有关报复部门的规定。该条例规定，本条例适用于 WTO 授权欧盟中止 WTO 协定项下的减让或其他义务。① 综合该条例前言之规定：①该条例项下贸易报复仅适用于货物贸易部门和政府采购领域，是否可在知识产权和服务贸易领域采取商业政策措施（贸易报复措施）留待日后考量；②欧盟委员会应在该条例生效后的 5 年内或首次实施报复后的 3 年内（以较早时间节点为准），审查该条例的适用范围、运行和效率，并在考虑各领域特性的前提下，评估扩大该条例适用范围至知识产权和服务贸易领域的可能性及可能采取的措施；③欧盟委员会应将其审查后的评估报告递交欧洲议会和欧盟理事会，并提出相应的立法建议。②

（2）美国《1974 年贸易法》第 301 条有关报复部门的规定。美国《1974 年贸易法》第 301 条授权美国贸易代表办公室可以选择在任何贸易领域内采取报复措施，并享有较大裁量权。第 301（a）条规定，在总统权限范围之内、任何有关的货物或服务贸易领域内，或与该外国相关的任何其他领域内，美国贸易代表办公室均可以采取行动。第 301（c）条规定，在对任何货物或经济部门实施报复时，美国贸易代表办公室不必考虑该货物或经济部门是否已卷入涉案的法律、政策或实践。

（四）《关于争端解决规则与程序的谅解》项下终止报复授权程序不完整，给予成员方修改和终止贸易报复的权利

鉴于《关于争端解决规则与程序的谅解》第 22.8 条仅规定终止贸易报复的条件，③ 并未明确规定在被诉方撤销违法措施后，DSB 是否应主动终止及如何终止其报复授权的具体程序，故欧美通过立法赋予自身修改和终止贸易报复的权利。

（1）欧盟有关贸易报复措施修改或终止的规定。《欧洲议会和欧盟理事会

---

① Regulation（EC）no.654/2014 of the European Parliament and of the Council, Article 3（a）.
② Regulation（EC）no.654/2014 of the European Parliament and of the Council, Chapeau（6）（9）（11）.
③ 《关于争端解决规则与程序的谅解》第 22.8 条规定，减让或其他义务的中止应是临时性的，且只应维持至认定与有关协定不相一致的措施已取消，或必须履行建议或裁决的成员对利益丧失或损害已提供解决办法，或已达成双方满意的解决办法。

第 654/2014 号条例》第 7 条规定，对第三国不执行 WTO 或其他国际贸易协定项下争端裁决之情形，若该第三国与欧盟达成补偿协议，则应在补偿期间中止执行行动（中止报复）；若该第三国已使其措施符合国际贸易规则，或双方已达成和解，则应终止执行行动。[①]

（2）美国有关贸易报复措施修改或终止的规定。《1974 年贸易法》第 307（a）条规定，如外国政府正在采取令人满意的措施，赋予美国贸易协定项下的权利，或同意终止或逐步终止法律、政策或实践，或拒绝权利，或其法律、政策和实践等对美国商业造成的负担或限制增加或削弱等，则美国贸易代表办公室应修改或终止报复行动。在此之前，美国贸易代表办公室应与申请人（如有）和所涉国内产业的代表予以磋商。此外，第 307（c）条规定，如报复行动已持续 4 年，而申请人或国内产业的代表未在该 4 年期限届满前的最后 60 天内书面请求美国贸易代表办公室继续该行动，则该等行动应在 4 年期限届满时终止。

[①] Regulation（EC）no.654/2014 of the European Parliament and of the Council, Article 7（1）（2）.

第三章

欧美执行 DSB 裁决的机制比较

第一节 涉及立法和行政措施的 DSB 裁决的执行问题

WTO 基于强制管辖权,影响着与贸易相关的国内法的方方面面。实践中,作出涉案措施的主体往往是具有公权力的国家机关,如立法机关和行政机关。有学者将 WTO 争端的涉案措施分为具有普遍适用性的立法、执行规则、行政实践做法,不具有普遍适用性的行政决定及方针(不具有强制力)。[1]

(1)立法,指 WTO 成员方的中央立法机关制定的法律,有时也包括地方立法机关制定的法律。DSB 裁决中曾多次涉及立法措施,例如,美国禁止进口虾及虾制品案(DS58)中的《濒危物种法》和相关法律,韩国酒精饮料案(DS75/84)中的《酒税法》,日本影响农产品的措施案(DS76)中的《植物保护法》及美国外国销售公司税收待遇案(DS108)中的《撤销外国销售公司及域外收入排除法》等。

(2)执行规则,指政府执行机构颁布的具有普遍适用性的正式的规则和规范。不同的 WTO 成员方对其称谓各有不同,例如,法规、法令、决定和条例等;其共同特征是各成员方政府及其下属机构颁布的、旨在执行法律的

---

[1] YANOCICH A, VOON T. What is the measure at issue? challenges and prospects for the WTO [M]. London: Cameron May Ltd, 2005.

普遍适用的规则，亦可称为"行政规则"。[①]DSB 裁决中曾多次涉及行政措施，例如，美国重新配制汽油和常规汽油标准案（DS2）中的汽油规则，欧盟有关肉类及肉制品（激素）的措施案（DS26/48）中的禁止进口、销售带有激素的肉或肉制品的指令，欧盟香蕉进口、销售和分销体制案（DS27）中的香蕉进口、批发和销售条例和加拿大有关期刊的措施案（DS31）中的进口期刊的关税税则等。[②]

（3）行政实践做法，指政府执行机关或机构为处理特定事项而采取的固定方法，该方法在一定时期内被反复使用。其与执行规则的不同之处在于，行政实践做法并未专门以某个法律文件的形式加以规定，其存在、内容和拘束力需通过观察一系列的行政决定而加以证明，并需充分证据加以支持。DSB 裁决中曾多次涉及行政实践做法，例如，印度药品和农用化学产品的专利保护案中（DS50）有关行政行为和印度对农产品、纺织品及工业品进口数量限制案（DS90）中农产品、纺织品及工业品进口的数量限制措施。

（4）行政决定，指行政机关就某一特定事实作出的决定。行政决定与执行规则的差别是其不能在未来适用，亦不能普遍适用。WTO 项下被诉的行政决定多为与贸易救济措施相关的决定，例如，是否存在倾销或补贴和是否存在损害等行政决定等，例如，澳大利亚影响鲑鱼进口的措施案（DS18）中检疫部门禁止鲑鱼进口的决定和澳大利亚车用皮革生产及出口补贴案（DS126）中车用皮革生产及出口补贴等。

（5）方针，不具有强制力，指规定某些建议性的标准和指示性内容的文件。下文将基于 WTO 争端的不同涉案措施，分类比较考察欧美有关 DSB 裁决执行的域内立法和机制。

一、欧盟执行涉及立法和行政措施的 DSB 裁决的机制和实践

有学者指出，欧盟对外贸易立法包含自主性立法和契约性立法两种形

---

① 执行规则有时单独被诉，有时则与相关法律和其他执行规则一同被诉。
② 张乃根. 论 WTO 争端解决的国内法审查 [J]. 法学家, 2008（3）: 148.

式。自主性立法指欧盟立法机关根据欧盟基本条约规定的程序，单方面采取条例、指令或决定等立法形式调整对外贸易关系。契约性立法指欧盟通过与第三国或国际组织签订双边或多边条约调整对外贸易关系。①

目前，欧盟的主要机构有：欧盟委员会（欧盟的行政机构）、②欧盟理事会（亦可称为部长理事会，欧盟最高立法机构上议院，由各成员国部长级官员组成）、欧洲议会（欧盟最高立法机构下议院，直选产生的民意机构）及欧洲理事会（亦可称为欧盟首脑会议，由成员国国家或政府首脑组成，事实上的最高决策机构）。

（一）欧盟执行涉及立法和行政措施的 DSB 裁决的机制

在欧盟，以条例为立法载体实施共同商业政策（对外贸易政策），如反倾销条例、反补贴条例、出口条例、农产品出口补贴政策和原产地规则等。执行涉及立法和行政措施的 DSB 裁决，适用《欧洲联盟运行条约》第 294 条项下欧盟理事会和欧洲议会共同决策的普通立法程序。

（1）共同商业政策。根据《里斯本条约》，③原则上凡是目前 WTO 的主题范围都属于欧盟的专属权能。④欧盟对外贸易法律制度的基础是《欧洲联盟运行条约》第 207.1 条规定的共同商业政策，具体指主权国家对外贸易政策与法规的管理权。《欧洲联盟运行条约》第 3 条明确规定，共同商业政策属于

---

① 蒋小红.《里斯本条约》对欧盟对外贸易法律制度的影响［J］.国际贸易，2010（3）：60.
② 根据 2003 年生效的《尼斯条约》，欧盟成员国各选派 1 名委员经欧洲议会同意组成欧盟委员会，在彼此平等的基础上共同制定政策。欧盟委员会每届任期 5 年。其中，经欧盟理事会和成员国政府首脑共同决定，欧洲议会同意，产生 1 名委员会主席。欧盟委员会成员需事先宣誓放弃对其所在国的效忠。因委员不通过选举产生，不向选民负责，故不会被选民意见所左右或解散。
③ 2009 年，《里斯本条约》修订了《欧洲联盟条约》和《欧洲共同体成立条约》，并将后者重新命名为《欧洲联盟运行条约》。
④ 统一的对外贸易法律制度是欧盟一体化建设的基础和前沿，是其一体化建设最彻底和最成功的部分。自 1958 年《罗马条约》实施以来，对外贸易政策就一直属于欧盟层面管理的领域，成员国不能制定和执行本国独立的贸易政策。欧盟贸易政策必须经由共同体程序作出，即欧盟委员会提出立法建议，后经欧盟理事会以特定多数表决方式制定贸易法规，各成员国的对外贸易法律制度逐步统一为单一的欧盟对外贸易法律制度。蒋小红.《里斯本条约》对欧盟对外贸易法律制度的影响［J］.国际贸易，2010（3）：62.

欧盟的专属权能。①《欧洲联盟运行条约》第2.1条规定了只有联盟可以在专属权能领域立法和通过具有法律约束力的法令。②

（2）普通立法程序。欧盟委员会作为主要常设执行机构，是整个欧盟在国际舞台上的代表和行政体系的发动机。《欧洲联盟条约》第221条规定，欧盟委员会享有排他的立法提案权。③《欧洲联盟运行条约》第207.2条规定，欧洲议会和欧盟理事会应按照"普通立法程序"，经由条例的方式，采取措施确定实施共同商业政策的框架。④《欧洲联盟运行条约》第294条详细规定，实行欧盟贸易领域立法的普通立法程序。⑤普通立法程序相当于以往欧盟条约中规定的"共同决策程序"，2009年，《里斯本条约》生效之后，"共同决策程序"的适用范围增加了40多个新条款，已占到欧盟决策领域的95%。⑥欧洲议会和欧盟理事会享有平等的立法权，⑦简言之，涉及立法和行政措施的DSB裁决执行应适用普通立法程序，欧盟委员会向欧洲议会和欧盟理事会提交立法提案，须经后两者的"共同决策"，方可生效。"共同决策"程序最多

---

① 《欧洲联盟运行条约》第3条规定，欧盟在下列领域享有专属权能：（1）关税同盟；（2）确立内部市场运作所必需的竞争政策；（3）欧元区成员国的货币政策；（4）共同渔业政策下海洋生物资源的保护；（5）共同商业政策；（6）特定国际协定的缔结，即如有关协定的缔结在欧盟立法中作了规定，或为欧盟能够行使其内部权能所必要，或其缔结可能影响共同规则或修改其范围。本书中对《里斯本条约》具体条款的翻译均参考：欧洲联盟基础条约：经《里斯本条约》修订［M］．程卫东，李靖堃，译．北京：社会科学文献出版社，2010.
② 《欧洲联盟运行条约》第2.1条规定，当《欧洲联盟条约》和《欧洲联盟运行条约》赋予联盟在某一特定领域专属权能时，只有联盟可在此领域立法和通过具有法律约束力的法令，成员国仅在获得联盟授权或为实施联盟法令的情况下，才可在此等领域立法或通过具有法律约束力的法令。
③ 《欧洲联盟条约》第221条规定，欧盟委员会的职责为：（1）法律文件的建议权，为欧洲议会和欧盟理事会准备法律文件，并可随时撤回未获得决议的法律提案。（2）作为欧盟执行机构，负责欧盟各项法律文件（指令、条例、决定）的具体贯彻执行及预算和项目执行。（3）和欧洲法院一起保障共同体法律被切实遵守。
④ European Union. The treaty on the functioning of the European Union，Article 207.2［EB/OL］．［2024-01-18］．https：//www.doc88.com/p-9953171489525.html.
⑤ 《欧洲联盟运行条约》第294.1条规定，根据两部条约，如某项法令以普通立法程序通过，则需适用下列程序。
⑥ 欧洲联盟基础条约：经《里斯本条约》修订［M］．程卫东，李靖堃，译．北京：社会科学文献出版社，2010：19.
⑦ 《欧洲联盟运行条约》第297条规定，依照普通立法程序通过的立法性法令，应由欧洲议会会长和欧盟理事会主席共同签署。

需要通过"三读"实现。

根据《欧洲联盟运行条约》第294条，普通立法程序具体如下：①欧盟委员会向欧洲议会和欧盟理事会同时提交立法提案。②"一读"，包括两个步骤：首先是欧洲议会审议提案，审议结果为同意提案或提出修正案；后由欧盟理事会审议欧洲议会的立法决议，如其同意欧洲议会的全部立法决议，则提案获得通过；如其不同意欧洲议会的立法决议，则将形成自身的修改意见，并将其通报给欧洲议会。③"二读"，即欧洲议会在3个月内审议欧盟理事会提出的修改意见，结果有三种：同意欧盟理事会的修改意见或未作出任何决定，则提案按照欧盟理事会的修改意见通过；否决欧盟理事会的修改意见，则立法程序终止；对欧盟理事会的修改意见提出修正案，将修正案交由欧盟理事会再次审议。如欧盟理事会同意欧洲议会的全部修正案，则立法提案通过；如若不同意，则召开调解委员会会议。④"三读"，由同等数量的欧盟理事会成员和欧洲议会成员组成调解委员会，若能在6周内就立法提案达成共同文本，并在文本通过后6周内获得欧盟理事会和欧洲议会分别表决通过，则立法提案通过，否则不管哪一方未通过该提案，均被视为未获通过。[①]关于欧盟执行涉及立法和行政措施的DSB裁决的程序，如图3–1所示。

实践中，欧盟执行DSB裁决往往涉及修改贸易条例，因旧条例须由新条例加以修改，修改条例所能选用的立法载体只能是条例。欧盟委员会负责制定涉及立法和行政措施的DSB裁决执行的法律建议稿。相对而言，欧盟委员会作为纯粹的行政机构，代表欧洲整体利益，其享有排他的立法提议权，有利于从源头上过滤执行DSB裁决过程中可能被个别国家所垄断的政府主义倾向。欧洲议会在实施共同商业政策领域享有与欧盟理事会平等的立法权，增加了DSB裁决执行的复杂性和政治性。

---

① 李靖堃. "去议会化"还是"再议会化"：欧盟的双重民主建构[J]. 欧洲研究，2014（6）：106.

第三章 ‖ 欧美执行 DSB 裁决的机制比较

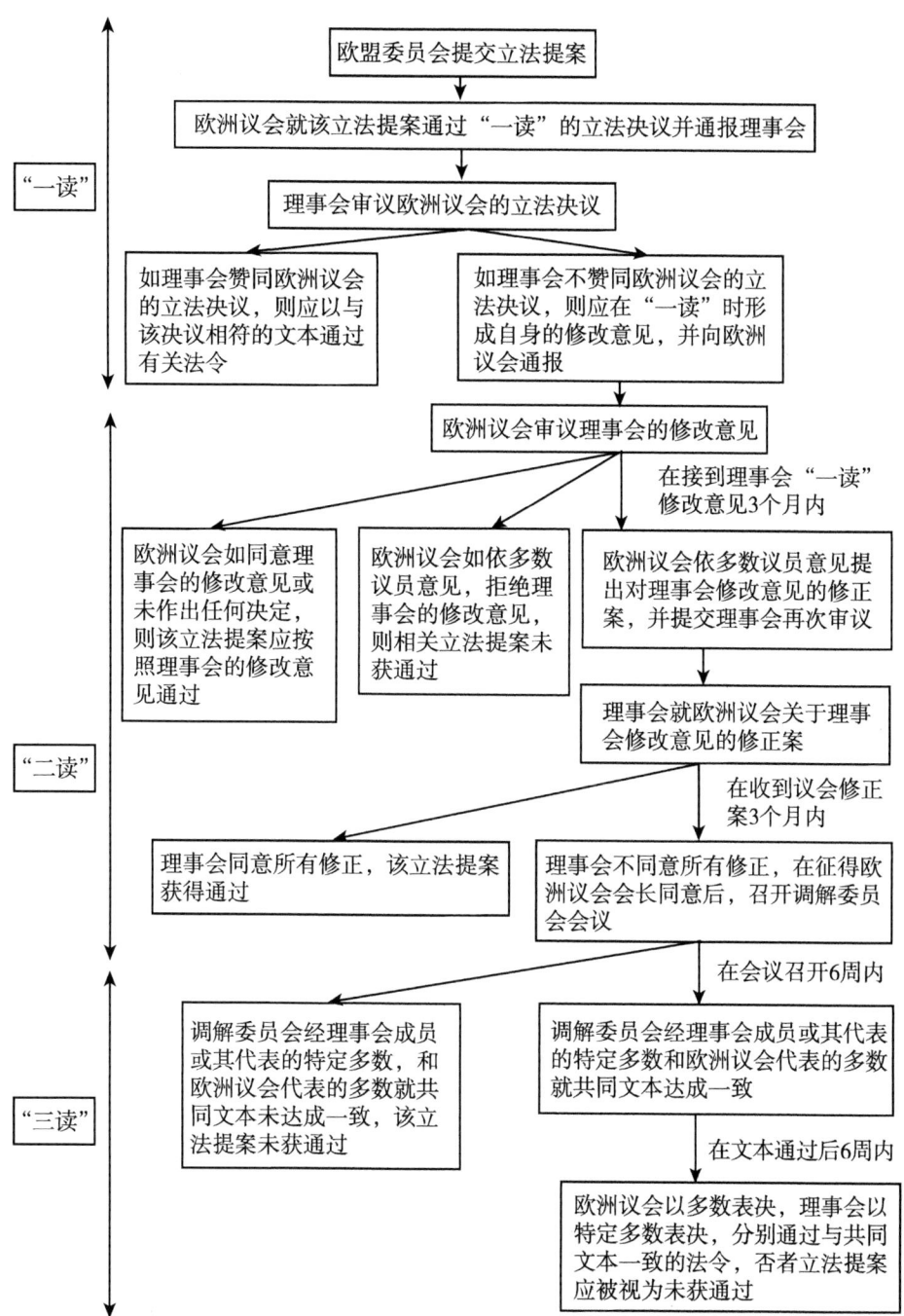

图 3-1 《欧洲联盟运行条约》第 294 条涉及立法和行政措施的 DSB 裁决的执行程序
注：本图中欧盟理事会简称理事会，欧盟委员会简称委员会。

(二)欧盟共同商业政策之范围和实质

有学者认为,共同商业政策实质上是主权国家制定与实施的对外贸易政策与法规的管理权,在欧盟这一区域一体化组织特定背景下的一种变通表述。①

《欧洲共同体成立条约》第133条规定了"共同商业政策",但并未明确界定其内涵和外延,只列举性地规定了五个必须遵循共同原则的领域,包括调整税率、缔结关税和贸易协定、贸易自由化措施的一致性、出口政策及在出现倾销和补贴等情况下采取的贸易救济措施。

《欧洲联盟运行条约》第207.1条修正了《欧洲共同体成立条约》第133条。根据第207.1条,欧盟机构对外贸易权能大幅拓展,涵盖所有贸易政策领域。关税税率、货物贸易、服务贸易和贸易保护措施,甚至知识产权贸易和投资,均成为欧盟专属权能。②较之欧盟法院的司法解释,该条拓展欧盟外贸主体的专属权能,扩大欧盟对外贸易法的调整范围,基本解决了欧盟和其成员国在贸易政策领域持久的权责重叠模糊问题。

(三)案件例证

2011年7月,DSB通过欧盟对中国紧固件的反倾销措施案(DS397)的上诉机构报告,裁定《欧洲经济共同体理事会关于抵制来自非共同体成员国的进口产品倾销的第384/96号条例》(以下简称《欧盟反倾销条例》)第9.5条违反《反倾销协定》第6.10条和第9.2条。

2011年8月8日,欧盟通知DSB其愿意执行DSB裁决、修改《欧盟反倾销条例》第9.5条之规定,以履行其在WTO协定项下的义务。2012年1月19日,欧盟和中国达成共识,合理执行期限为14个月14天,即2012年10月12日截止。

2012年2月7日,欧盟委员会根据《欧洲联盟运行条约》第294.2条之

---

① 蒋小红.《里斯本条约》对欧盟对外贸易法律制度的影响[J].国际贸易,2010(3):59.
② 《欧洲联盟运行条约》第207.1条规定,共同商业政策应建立在统一原则的基础之上,特别是应考虑关税税率的变化、涉及货物与服务贸易的关税与贸易协定的缔结、知识产权的商业方面、外国直接投资、贸易自由化措施的统一、出口政策,以及在倾销或补贴等情况下采取的贸易保护措施。共同商业政策应在联盟对外行动的远景与目标框架内实施。

规定，完成了修改《欧盟反倾销条例》的建议稿，^①同时分别递交欧盟理事会和欧洲议会，开始进行共同决策的"普通立法程序"。2012年5月10日，欧洲议会无任何修改，"一读"通过该条例的建议稿。^②2012年5月30日，欧洲理事会"一读"通过建议稿，普通立法程序进行完毕。2012年6月13日，欧洲议会会长和理事会主席签署法令。^③

2012年9月3日，欧盟理事会正式公布该条例，即修改《欧盟反倾销条例》第9.5条的《欧洲议会和欧盟理事会第765/2012号条例》。2012年9月6日，修改措施正式生效。

2012年10月，《欧盟公报》公布《欧盟理事会第924/2012号执行条例》，修改对中国部分钢铁紧固件施加最终反倾销税的《欧盟理事会第91/2009号条例》。2013年10月，由于认为欧盟未完全执行对紧固件的反倾销措施案（DS397）的DSB裁决，中国提起《关于争端解决规则与程序的谅解》第21.5条执行情况审查之诉。

二、美国执行涉及立法和行政措施的DSB裁决的机制和实践

《乌拉圭回合协议法案》旨在控制美国行政当局的行为，并未规定涉及国会立法的DSB裁决的执行程序。《乌拉圭回合协议法案》第102(b)(1)(C)条规定了涉及美国州法的DSB裁决的执行程序，但较为原则模糊，缺乏透明度。《乌拉圭回合协议法案》第123(g)条规定了涉及行政法规或行政实践

---

① European Union. Proposal for a regulation of the European Parliament and of the council amending council regulation (EC) no.1225/2009 of 30 November 2009 on protection against dumped imports from countries not members of the European Community/* COM/2012/041 final-2012/0019 (COD) [EB/OL]. [2024-01-18]. http://eur-lex.europa.eu/legal-content/EN/TXT/?qid=1435301798064&uri=CELEX:52012PC0041.

② European Union. European Parliament legislative resolution of 10 May 2012 on the proposal for a regulation of the European Parliament and of the council amending council regulation (EC) no.1225/2009 of 30 November 2009 on protection against dumped imports from countries not members of the European Community [EB/OL]. [2024-01-18]. http://eur-lex.europa.eu/legal-content/EN/TXT/?qid=1435305265578&uri=CELEX:52012AP0148.

③ European Union. Regulation (EU) no.765/2012 of the European Parliament and of the council of 13 June 2012 amending council regulation (EC) no.1225/2009 on protection against dumped imports from countries not members of the European Community [EB/OL]. [2024-01-18]. http://eur-lex.europa.eu/legal-content/EN/TXT/?uri=uriserv:OJ.L_.2012.237.01.0001.01.ENG.

的 DSB 裁决的执行程序。较之涉及立法措施的 DSB 裁决的执行程序,《乌拉圭回合协议法案》针对涉及行政措施的 DSB 裁决执行程序的规定,更为明确具体,更有透明度。

(一)美国执行涉及立法措施的 DSB 裁决的机制和实践

(1)DSB 裁决对联邦立法与州立法的效力。根据《乌拉圭回合协议法案》第 102(a)条,修改美国法律以执行 DSB 裁决,适用美国一般立法程序,必须经国会批准,除非该项法律本身被授权修改。《乌拉圭回合协议法案》第 102(a)(1)条规定,WTO 协定的任何条款,及该条款对任何人或在任何情况下的适用,若其与美国法律相冲突,均应无效。《乌拉圭回合协议法案》第 102(a)(2)条规定,本法不得被视为对任何美国法律的修正或修改……或……对任何美国法律授权的限制……本法另有明文规定的除外。①

(2)州法违反 DSB 裁决时,联邦与州之间的执行程序。根据《乌拉圭回合协议法案》第 102(b)(1)(C)条,针对美国州法② 与其在 WTO 协定项下承担的义务不一致,当 WTO 成员方请求根据《关于争端解决规则与程序的谅解》第 4 条进行磋商时,美国贸易代表办公室应在接到磋商请求 7 日内,尽可能快地通知该州州长或该州在白宫的代表;并在收到磋商请求 30 日内,与相关州代表进行磋商。③ 在磋商和接下来的争端解决程序的各个阶段中,美国贸易代表办公室须尽一切努力确保相关州就相关问题参与形成美国的立场。在 WTO 成员方请求设立专家组,或决定就专家组报告提起上诉的 7 日内,美国贸易代表办公室应特别通知相关州;④ 美国贸易代表办公室应为相关州提供机会、建议以协助自身准备:事实信息、论证,以及用于磋商、专家组及上诉机构程序中的任何书面或口头报告。

---

① 《乌拉圭回合协议法案》第 102(a)条。
② 《乌拉圭回合协议法案》第 102(b)(3)条规定,州法之定义,为本款之目的(A)州法包括:(i)州分支机构之法律;(ii)规范或对保险业务征税之州法。
③ 《乌拉圭回合协议法案》第 102(b)(1)(C)(i)(ii)条。
④ 《乌拉圭回合协议法案》第 102(b)(1)(C)(iii)(I)条。

如专家组或上诉机构裁定某一州法违反 WTO 协定，美国贸易代表办公室与相关州应就专家组或上诉机构报告，努力达成双方均可接受的解决方式，并尽一切努力确保相关州参与形成美国就该问题的立场。① 如果双方不能达成一致，美国贸易代表办公室可到最高法院起诉该州，请求认定 DSB 裁决所涉法律无效。② 但这种方式只能作为双方无法通过协商达成一致时的最后手段，国会并不鼓励通过这种方式解决联邦与州的法律冲突。美国贸易代表办公室应在美国提起诉讼至少 30 日之前，向众议院筹款委员会和参议院财经委员会提交报告并进行汇报：拟议的诉讼；其为解决该问题通过其他手段所作出的努力；其已充分履行法律的规定及与相关州的合作。在报告提交后、提起诉讼前，美国贸易代表办公室应与委员会进行磋商。③

在诉讼中，WTO 协定或 DSB 裁决的任何条款都不能作为有约束力的依据。美国贸易代表办公室应有充分的国内法依据，证明该州立法违反宪法或法律。不能根据州法的条款或其适用与 WTO 协定不一致，而宣布该州法无效，美国为宣布该法或其适用无效而提起的诉讼除外。④ 在美国针对某一州或州分支机构的诉讼中，专家组或上诉机构就该州或分支机构的法律达成的报告，不应被视为有约束力，亦不应以其他方式予以尊重。⑤ 任何州法在上诉法院作出最终判决前，不应被视为无效。⑥ 即使在美国贸易代表办公室胜诉后，私人主体在州政府废除立法前，仍然无权根据该判决寻求救济。实践中，出于政治体制原因，这类诉讼在美国非常少见。⑦ 美国涉及州法的 DSB 裁决的执行程序如图 3-2 所示。

---

① 《乌拉圭回合协议法案》第 102（b）(1)(C)(iv) 条。
② 《乌拉圭回合协议法案》第 102（b）(2)(A) 条。
③ 《乌拉圭回合协议法案》第 102（b）(2)(C) 条。
④ 《乌拉圭回合协议法案》第 102（b）(2)(A) 条。
⑤ 《乌拉圭回合协议法案》第 102（b）(2)(B)(i) 条。
⑥ 《乌拉圭回合协议法案》第 102（b）(2)(B)(iv) 条。
⑦ GRIMMETT J J. World Trade Organization（WTO）decisions and their effect in U. S. law, CRS Report RS22154. 转引自许青滕. 美国执行 WTO 争端解决机构裁决制度研究 [D]. 上海：华东政法大学，2013：5.

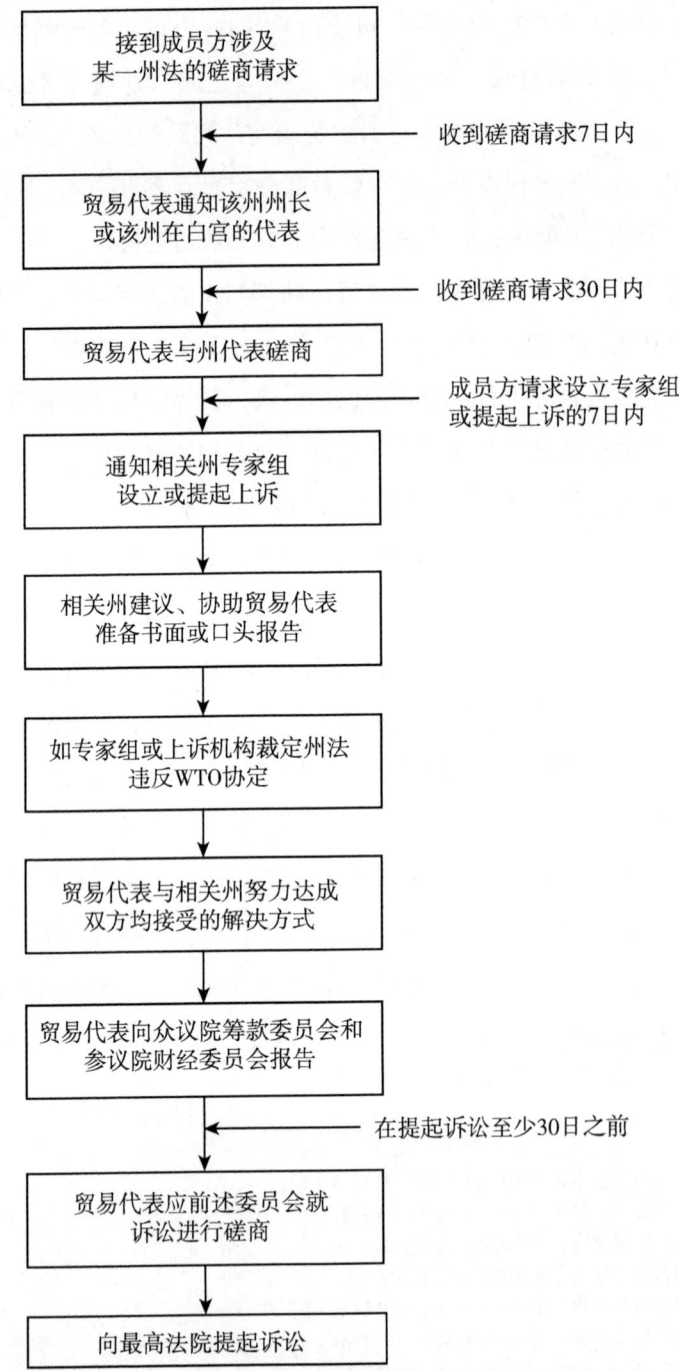

图 3-2 美国涉及州法的 DSB 裁决的执行程序

（二）美国执行涉及行政措施的 DSB 裁决的机制和实践

在美国，主要由行政机关负责处理贸易问题，具体方式包括采取反倾销和反补贴措施及制定一系列具有国际贸易影响的规章。[①] 例如，美国商务部负责发布关于反倾销和反补贴税计算方法的规章，该规章往往引发对美国不利的 DSB 裁决。因美国《贸易促进授权法案》并未规定计算反倾销和反补贴税的具体方法，商务部在发布此类规则方面便享有很大的自由裁量权，其可以通过制定内部规则和程序来改变计算方法。美国 DSB 裁决执行可能涉及的其他行政部门还包括：国务院、环境保护部和农业部等。

《乌拉圭回合协议法案》第 123（g）条详细规定了涉及行政法规或行政实践的 DSB 裁决执行程序。[②] 即使行政机关通常有修改法规的自由裁量权，《乌拉圭回合协议法案》仍规定了 DSB 裁决执行必须遵循的前提条件：（1）针对是否执行不利的专家组报告，美国贸易代表办公室和国会相关委员会已进行磋商，且后者选择予以执行[《乌拉圭回合协议法案》第 123（f）(3) 条]；[③]（2）直至符合该条规定的所有特定条件前，美国行政机关可自由裁量是否修改或废除有争议的规章或做法[《乌拉圭回合协议法案》第 123（g）(1) 条前言]。[④]

根据《乌拉圭回合协议法案》第 123（g）(1) 条，行政规章或行政实践的 DSB 裁决的具体修改程序如下：（1）根据第 123（f）条与国会相关委员会磋商；（2）美国贸易代表办公室向根据《1974 年贸易法》设立的相关私人部门顾问委员会寻求修改建议；（3）相关部门或机构的负责人在《联邦公

[①] 目前，美国联邦层面共有 58 个部门实施经济和社会管制职能，包括 14 个内阁部门，29 个行政管理局和 15 个独立管制委员会，每年共发布约 4500 个规章。
[②] 《乌拉圭回合协议法案》第 123（g）(4) 条规定，《乌拉圭回合协议法案》第 123（g）条项下执行涉及行政法规或行政实践的 DSB 裁决的具体程序，不得适用于国际贸易委员会的规章或做法。
[③] 《乌拉圭回合协议法案》第 123（f）条规定，报告发布后，如出现第 123（d）条描述的 WTO 专家组或上诉机构报告的发布程序，美国贸易代表办公室必须迅速：（1）将报告通知国会相关委员会；（2）对专家组报告，就其可能提出的任何上诉的性质与国会相关委员会磋商；（3）如专家组报告不利于美国，应就是否执行报告之建议与国会相关委员会进行磋商，如选择执行，则磋商执行的方式及其所需时间。
[④] 《乌拉圭回合协议法案》第 123（g）(1) 条前言规定，在争端解决专家组或上诉机构裁定美国部门或机构的规章或做法与 WTO 协定不符的任何案件的报告执行过程中，该规章或做法可不予修改或废除，直至符合以下条件除外。

报》上公布拟议的修改及其理由，提供公众评议的机会；（4）美国贸易代表办公室向国会相关委员会提交报告，汇报拟议的修改、修改理由及根据前述第 2 项获得的关于修改的建议概要；（5）美国贸易代表办公室及相关部门或机构的负责人就最后的规章或其他拟议修改的内容，与国会相关委员会磋商；（6）在《联邦公报》上公布最后的规章或其他修改。《乌拉圭回合协议法案》第 123（g）（2）条规定，自美国贸易代表办公室及相关部门或机构的负责人与国会相关委员会磋商之日起 60 日后，最后的规章或修改生效，总统可因国家利益决定提前生效。

概言之，根据《乌拉圭回合协议法案》第 123（f）、（g）条，美国行政机关执行有关行政法规或实践的 DSB 裁决须经：

（1）美国贸易代表办公室向国会相关委员会报告。

（2）针对是否执行 DSB 裁决，美国贸易代表办公室与国会相关委员会进行首次磋商。

（3）针对是否执行 DSB 裁决，如果美国贸易代表办公室与国会相关委员会首次磋商的结果是选择执行，则美国贸易代表办公室向私人部门顾问委员会寻求修改建议。

（4）相关部门或机构负责人在《联邦公报》上公布拟议的修改及其理由，为公众提供评议机会。

（5）美国贸易代表办公室向国会相关委员会汇报：拟议的修改内容和理由，及私人部门顾问委员会的修改建议。

（6）针对最后的修改方案，美国贸易代表办公室及相关部门或机构负责人与国会相关委员会进行最终磋商。

（7）经修改的规章或其他拟议修改，自前述第 6 项规定的最终磋商之日起 60 日后生效。另众议院筹款委员会和参议院财经委员会，可于前述第 6 项规定的最终磋商之日起 60 日内，投票支持或反对最后的规章或其他拟议修改的内容，但投票结果对正在实施该规章或其他修改的部门或机构无约束力。[①] 美国涉及行政措施的 DSB 裁决的执行程序，如图 3-3 所示。

---

① 《乌拉圭回合协议法案》第 123（g）（3）条。

第三章 ‖ 欧美执行 DSB 裁决的机制比较

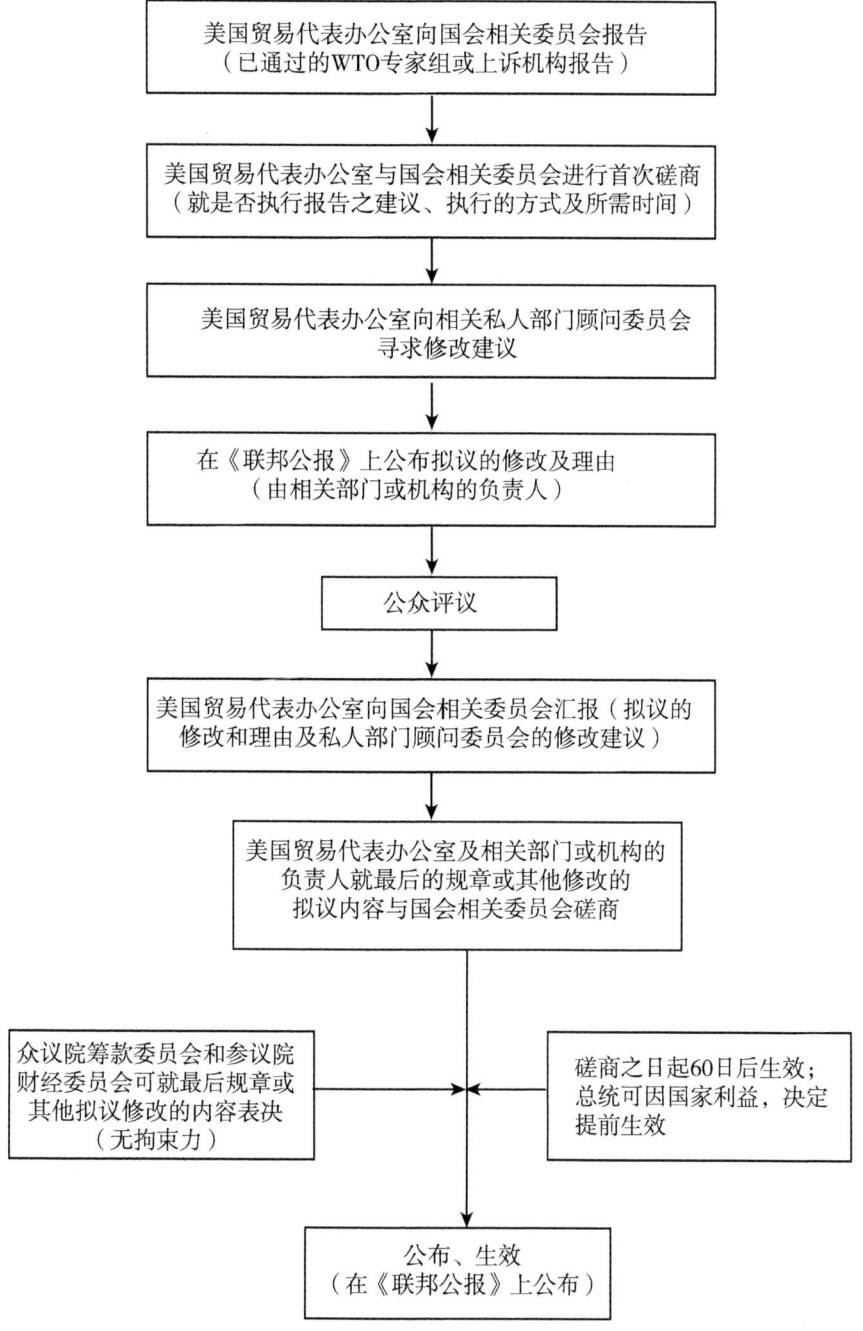

图 3-3　美国涉及行政措施的 DSB 裁决的执行程序

· 083 ·

（三）案件例证

《美国宪法》赋予国会管理国际贸易的重要权力。[①]国会必须直接参与执行涉及立法措施的 DSB 裁决以修订法律，通常须国会直接行动的贸易领域包括：知识产权、税法和农业补贴。美国的 DSB 裁决执行实践中，并非所有与 WTO 协定不符的立法措施均得到立即执行，针对涉及核心利益的立法措施的 DSB 裁决执行，美国通常采取以下三种方案予以应对。

（1）拖延执行，久拖不决。例如，美国《综合拨款法》第 211 条案（DS176）中，2000 年 9 月，欧盟申请成立专家组。2002 年 1 月，上诉机构裁定涉案措施违反《与贸易有关的知识产权协定》之国民待遇和最惠国待遇条款。2012 年 7 月，美国在 DSB 会议上，宣称其已用十几年的时间执行该案的 DSB 裁决。虽有包括中国在内的 12 个国家敦促，事实上美国仍未修改其法律。[②]

（2）维持不变，支付额外费用，甚至久拖不付。美国《版权法》第 110.5 条案（DS160）中，2000 年 7 月专家组报告通过，美欧最终达成和解，美国无须修改其违反 WTO 协定的美国《版权法》第 110.5 条，但需在 3 年内共支付欧盟 330 万美元，此后无须支付任何额外费用。[③] 2009 年，欧盟在 DSB 例会上表达了其对美国未执行该案 DSB 裁决的关切。[④]

（3）屡次修订，换汤不换药。例如，美国外国销售公司税收待遇案（DS108）中，美国对外国销售公司源自国外的与出口相关的收入免税。[⑤] 2000 年，上诉机构裁定该措施违反《补贴与反补贴措施协定》第 1 条和第 3 条及

[①] U. S. Const. art.1, § 8, cl.1 ("the Congress shall have power to lay and collect taxes, duties, imposts, and excises"); U. S. Const. art.1, § 8, cl.3 ("the Congress shall have power... to regulate commerce with foreign nations").

[②] WTO DSB, Minutes of Meeting WT/DSB/M/316, July 20, 2012, paras.22-33.

[③] Notification of Mutually Acceptable Temporary Arrangement, United States-Section 110 (5) of the US Copyright Act, WT/DS160/23, June 23, 2003; O'CONNOR B, DJORDJEVIC M. Practical aspects of monetary compensation: the US-copyright case[J]. Journal of international economic law, 2005, 8(1): 127.

[④] WTO DSB, Minutes of Meeting WT/DSB/M/273, Nov.6, 2009, para.23.

[⑤] 外国销售公司指从事特别活动的外国公司，负责在美国境外销售和发行在美国生产的产品，实践中，许多外国销售公司由美国公司的外国子公司控制，附属于美国供应商的外国销售公司可从该计划得到更大利益。该案详情参见世界贸易组织法律事务部. WTO 争端解决案件概要：1995—2007 [M]. 朱榄叶，译. 北京：法律出版社，2009：80-87.

《农业协定》第 8 条和第 10 条，美国同意于 2000 年 11 月撤销对外国销售公司的措施。同年，美国颁布《撤销外国销售公司及域外收入排除法》以执行裁决，欧盟提起执行之诉；2000 年 12 月，执行专家组成立；2002 年 1 月，上诉机构裁定修改后的《撤销外国销售公司及域外收入排除法》仍违反《补贴与反补贴措施协定》第 1、3 和 4 条及《农业协定》第 3、8 和 10 条。2004 年，美国颁布《就业促进法》声称撤销《撤销外国销售公司及域外收入排除法》的免税；2005 年 2 月，针对《撤销外国销售公司及域外收入排除法》及在第一次执行情况审查中已经被确认构成禁止性补贴的《撤销外国销售公司及域外收入排除法》第 5 条的继续实施，①欧盟提起了第二次执行审查之诉；2005 年 2 月，执行专家组成立；2006 年 2 月，上诉机构裁定《就业促进法》第 101 条通过过渡措施和祖父条款继续实施被禁止的外国销售公司减税措施和《撤销外国销售公司及域外收入排除法》规定的措施，美国未能执行 DSB 裁决，即根据《补贴与反补贴措施协定》第 4.7 条要求立即撤销补贴，使其措施符合其在相关协定下的义务，如表 3-1 所示。

表 3-1　美国外国销售公司税收待遇案（DS108）执行情况概要

时间	争端进展情况
1999 年 10 月 8 日	专家组报告散发
2000 年 2 月 24 日	上诉机构报告散发
2000 年 10 月 2 日	双方达成关于第 21 条和第 22 条的顺序协议
2000 年 10 月 12 日	应美国要求，DSB 修改合理执行期至 2000 年 11 月 1 日
2000 年 11 月 1 日	美国宣布已通过颁布《撤销外国销售公司及域外收入排除法》，执行了裁决；欧盟提出异议，提起第 21.5 条磋商程序
2000 年 11 月 27 日	美国提起第 22.6 条下的仲裁请求
2000 年 12 月 7 日	欧盟申请进入第 21.5 条专家组程序

---

① 美国《就业促进法》有关内容包括：(1) 第 101 (d) 条的过渡性措施，《撤销外国销售公司及域外收入排除法》对 2005 年 1 月 1 日至 2006 年 12 月 31 日的某些交易仍然有效，但免除率降低（2005 年为 80%，2006 年为 60%）；(2) 第 101(f) 条是对某些过渡性措施的祖父条款规定。此外，美国未撤销《撤销外国销售公司及域外收入排除法》第 5 (c)(1) 条，把某些外国销售公司补贴无限期地作为祖父条款例外（某些产品继续得到无期限的外国销售公司补贴）。

续表

时间	争端进展情况
2000年12月21日	双方申请中止第22.6条仲裁
2001年8月20日	专家组裁定美国未执行
2001年10月15日	美国就专家组关于裁决的执行提出上诉
2002年1月14日	上诉机构维持专家组裁决
2002年1月29日	DSB通过专家组和上诉机构的裁决,第22.6条仲裁自动重启
2002年8月30日	仲裁裁定报复水平为每年最高金额40.43亿美元
2003年4月24日	欧盟请求DSB授权报复
2003年5月7日	DSB授权欧盟进行报复
2004年10月22日	美国颁布《就业促进法》以执行裁决
2004年11月5日	欧盟提出异议,提起第21.5条磋商程序
2005年1月13日	欧盟申请进入第21.5条专家组程序
2005年9月30日	专家组报告散发,裁定美国未执行
2005年11月24日	美国提起上诉
2006年2月13日	上诉机构报告散发,维持专家组裁决
2006年3月14日	DSB通过专家组和上诉机构报告
2006年3月17日	美国与欧盟和解,通报DSB

资料来源:WTO. United Stated-tax treatment for "foreign sales corporations" [EB/OL]. (2006-03-17)[2024-01-18]. https://www.wto.org/english/tratop_e/dispu_e/cases_e/ds108_e.htm. 点击该链接将获取该案件含专家组报告等在内的所有相关资料文件,阅读统计汇总后,归纳出该表。

第二节 涉及双反贸易救济措施的 DSB 裁决的执行问题

一、欧盟执行涉及双反贸易救济措施的 DSB 裁决的机制和实践

《欧盟理事会第1515/2001号条例》是欧盟执行涉及反倾销、反补贴贸易救济措施的 DSB 裁决的立法。[①]该条例一直被称为"WTO 执行条例"。该条例序言规定：首先，立法依据是《欧洲共同体成立条约》（特别是第 133 条共同商业政策）、《欧盟反倾销条例》、《欧盟反补贴条例》、《建立世界贸易组织协定》及《关于争端解决规则与程序的谅解》；其次，立法宗旨是使根据《欧盟反倾销条例》或《欧盟反补贴条例》采取的措施符合 DSB 报告中的建议和裁决，共同体可酌情撤销、修改或通过任何必要措施；再次，共同体机构可酌情中止或复审根据《欧盟反倾销条例》或《欧盟反补贴条例》采取的措施（包括并未成为《关于争端解决规则与程序的谅解》项下争端解决对象的非争议措施）；最后，时效诉诸《关于争端解决规则与程序的谅解》无时限要求，DSB 报告中的建议仅具有前瞻性效力，本条例项下采取的任何措施仅自其实施之日起生效，另有规定的除外，不能作为返还生效之日前已征收的税收的依据。

（一）欧盟执行涉及双反贸易救济措施 DSB 裁决之相应主体和程序

根据《欧盟理事会第 1515/2001 号条例》，欧盟执行涉及双反贸易救济措施的 DSB 裁决，需遵循以下三个步骤。

（1）欧盟委员会应与咨询委员会磋商。一旦 DSB 通过涉及根据《欧盟反倾销条例》或《欧盟反补贴条例》或该条例采取的共同体措施的报告，欧盟委员会应与根据《欧盟反倾销条例》第 15 条或《欧盟反补贴条例》第 25 条设立的咨询委员会磋商后，向欧盟理事会递交建议。[②]

其中，《欧盟反补贴条例》第 25 条规定：①本条例所指的磋商，除在第 10.9 和第 11.10 条中所指的之外，应在咨询委员会中进行，咨询委员会应包括每一成员国的代表，并由委员会的一名代表担任主席。应成员国的请求或委员会的提议，磋商应立即举行。任何情况下，磋商应在本规则规定的期限所允许的一段时间内举行。②一经主席召集，委员会即应举行会议，主席应最迟在会议前 10 个工作日内及时向成员国提供相关信息。③如必要，磋商

---

① 2001 年 3 月 12 日，DSB 通过欧盟对印度棉质床上用品征收反倾销税案（DS141）上诉机构报告，这是 GATT/WTO 历史上第一起针对欧盟反倾销措施的不利裁决，为执行该案裁决，同年 7 月 26 日欧盟通过《欧盟理事会第 1515/2001 号条例》。

② Council Regulation（EC）no.1515/2001，Article 1.1.

可采用书面形式。委员会应通知成员国并确定一时间段，在该时段内各成员国有权表达意见，也可请求进行口头磋商。如能在本条例规定的一段时间内举行口头磋商，主席应予以安排。④磋商应特别包括以下内容：（a）可采取反补贴措施的补贴是否存在及确定其数额的方法；（b）损害是否存在及其程度；（c）补贴进口与损害间的因果关系；（d）在这些情况下，可以防止或补救补贴带来损害的适当措施及使该类措施生效的途径和方法。①

（2）欧盟委员会应基于与咨询委员会的磋商结果，向欧盟理事会递交建议稿或草案。根据《欧洲共同体成立条约》第133.2条②和第211条③的规定，欧盟委员会应向理事会提交关于共同商业政策的建议或意见，参与理事会和欧洲议会的文件起草。针对根据《欧盟理事会第1515/2001号条例》第1.1条采取的措施，欧盟委员会可请求利害关系方提供所有必要信息，以完善导致采取争议措施的调查中所获得的信息；④如果在采取任何措施前进行复审，或同时进行复审，是适当的，欧盟委员会应在与咨询委员会磋商后启动复审。⑤

（3）针对欧盟委员会递交的建议，欧盟理事会可经简单多数票酌情采取以下一种或多种措施：①撤销或修改争议措施；②采取该情势下视为适当的任何其他特别措施。⑥此外，如果中止或修改争议措施是适当的，欧盟理事会应于欧盟委员会和咨询委员会磋商后递交建议，经简单多数票在有限期限内准许此类中止。⑦此外，《欧盟理事会第1515/2001号条例》第2条规定，针对DSB裁决法律解释涉及的"非争议措施"，欧盟理事会同样有权采取上述针对争议的任何措施。对将采取的措施，欧盟委员会有权要求利害关系方提供所有必要信息，以完善导致采取非争议措施的调查中所获得的信息；欧盟委员会应在与咨询委员会磋商后，酌情启动复审；基于欧盟委员会和咨询委员会磋商后递交的建议，欧盟理事会应在有限期限内经简单多数票，酌情

---

① Council Regulation（EC）no.2026/1997, Article 25.
② The Treaty Establishing the European Community, Title IX Common Commercial Policy, Article 133.
③ The Treaty Establishing the European Community, Article 211.
④ Council Regulation（EC）no.1515/2001, Article 1.2.
⑤ Council Regulation（EC）no.1515/2001, Article 1.3.
⑥ Council Regulation（EC）no.1515/2001, Article 1.1.
⑦ Council Regulation（EC）no.1515/2001, Article 1.4.

中止措施，如图3-4所示。①

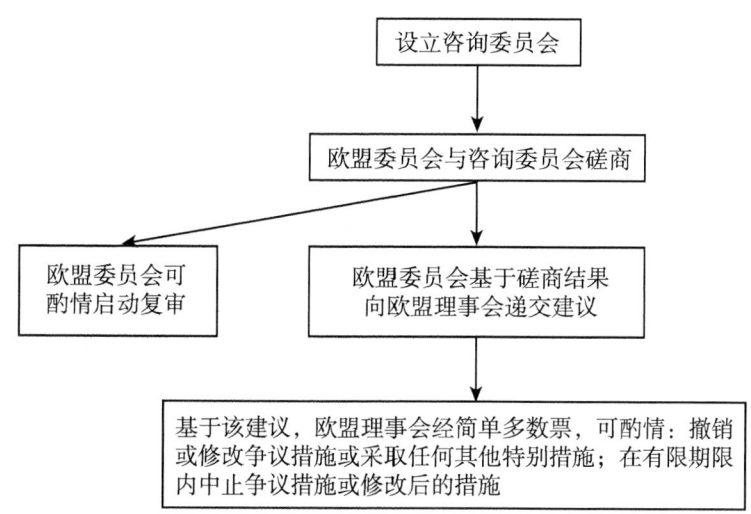

图3-4 涉及双反贸易救济措施的DSB裁决的执行程序

《欧盟理事会第1515/2001号条例》转化WTO项下前瞻性救济原则。该条例第3条规定，根据本条例采取的任何措施应自其施行之日起生效，不应作为返还该日之前已征收的关税的依据，另有规定除外。②该条例第4条规定，本条例应自其在欧盟官方公报上公布之日起生效。本条例适用于2001年1月1日后DSB通过的报告。本条例应对所有成员国具有全面约束力，并直接适用。③

（二）案件例证

2007年9月，欧盟工业紧固件协会根据当时有效的《欧盟反倾销条例》，向欧盟委员会提出对来自中国的紧固件产品发起反倾销调查。后者展开调查，裁定中国紧固件产品存在倾销，部分征收高达77.5%的最终反倾销税。④

2009年7月，中国政府就欧盟紧固件反倾销裁决及其相关法律在WTO

---

① Council Regulation (EC) no.1515/2001, Article 2.
② Council Regulation (EC) no.1515/2001, Article 3.
③ Council Regulation (EC) no.1515/2001, Article 4.
④ 紧固件是"工业之米"，欧盟是中国最大的紧固件出口市场。2007年9月，欧盟对中国出口欧盟的碳钢紧固件发起反倾销，2009年1月，欧盟对应诉抽样企业作出最终裁决，两家欧盟独资公司零税率，一家港资企业税率26.5%，其余几十家国内企业税率63.1%~77.5%。

提起争端解决程序,即欧盟对中国紧固件的反倾销措施案(DS397)。2010年12月,专家组报告通过,裁定欧盟措施违反WTO协定(一审);2011年7月,上诉机构报告通过(二审),[①]2012年3月,欧盟委员会发布复审通知(2012/C66/06)以执行裁决;2015年8月,执行专家组报告通过(三审)。

欧盟对中国紧固件的反倾销措施案(DS397)充分暴露了WTO争端解决机制的主要问题:(1)WTO争端解决机制的效率问题,争端解决已非两审终审,实际上已演变为四审终审。(2)WTO旷日持久的争端解决程序和前瞻性救济原则,致使胜诉方贸易利益丧失殆尽。自2007年,欧盟针对我国紧固件征收反倾销税,中国企业在此后近10年时间里被迫中断向欧盟出口紧固件,欧盟的措施造成中国紧固件企业丧失了百亿美元的出口利益,且无法得以弥补。(3)WTO争端解决机制无法避免被非善意地利用。

二、美国执行涉及双反贸易救济措施的DSB裁决的机制和实践

《乌拉圭回合协议法案》第129条专门规定涉及双反贸易救济措施的DSB裁决的执行程序。实践中,DSB裁决的执行,可能既需要根据《乌拉圭回合协议法案》第123条修改行政机关的法规和实践做法,又需要根据《乌拉圭回合协议法案》第129条执行个案中与WTO协定相符的裁定。[②]针对贸易救济措施,通常美国国际贸易委员会负责损害调查;商务部负责倾销和补贴调查。一项与WTO协定不符的贸易救济措施,可能需要同时修改商务部或国际贸易委员会的裁定。《乌拉圭回合协议法案》第129(a)条和第129(b)条分别处理美国国际贸易委员会和商务部与DSB裁决不符的裁定。实践中,完成第129(a)条和第129(b)条的执行程序所需要的时间大致相同,均至少需6个月;两条所规定的程序均具强制性,其中有些程序被设定了严格的时限。

---

① 上诉机构推翻专家组部分裁决,支持中方立场,裁定欧盟对中国碳钢紧固件实施的反倾销措施,在产业认定、正常价值和出口价格的公平比较等方面违反WTO协定。
② REED P C. Relationship of WTO obligations to U. S. international trade law: internationalist vision meets domestic reality [J]. Georgetown journal of international Law, 2009 (38): 218.

(一)国际贸易委员会执行涉及双反贸易救济措施的 DSB 裁决的程序和机制

(1)美国贸易代表办公室指令国际贸易委员会出具咨询报告。如专家组中期报告或上诉机构报告裁定,国际贸易委员会与特定程序有关的行动与美国在《反倾销协定》《保障措施协定》或《补贴与反补贴措施协定》项下的义务不符,美国贸易代表办公室可指令国际贸易委员会出具咨询报告,说明:根据《1930 年关税法》或《1974 年贸易法》,国际贸易委员会是否有权采取与该特定程序有关的步骤,以使其行为"不违反"DSB 裁决。[1] 与此同时,美国贸易代表办公室将该指令通知国会委员会。针对中期报告,国际贸易委员会应在美国贸易代表办公室指令后 30 日内提交咨询报告;针对上诉机构报告,国际贸易委员会应在美国贸易代表办公室指令后 21 日内提交咨询报告。[2]

(2)美国贸易代表办公室就肯定性咨询报告与国会委员会磋商。如国际贸易委员会多数成员认为,根据《1930 年关税法》或《1974 年贸易法》判定其有权采取措施使其行为不违反 DSB 裁决,并就此向美国贸易代表办公室递交了肯定性报告,则美国贸易代表办公室应就该事项与国会委员会磋商。[3]

(3)国际贸易委员会裁定。如国际贸易委员会多数成员发布肯定性报告,则国际贸易委员会应于接到美国贸易代表办公室书面指令后 120 日内,发布一项与特定程序有关的裁定。[4]

(4)关于实施国际贸易委员会裁定的磋商。美国贸易代表办公室应在国际贸易委员会裁定实施前,与国会相关委员会就实施该裁定磋商。[5]

(5)撤销税令。如根据国际贸易委员会的新裁定,反倾销或反补贴税令不再受到委员会肯定性裁定的支持,美国贸易代表办公室可在与国会委员会磋商后,指示行政当局全部或部分撤销该反倾销或反补贴税令。国际贸易委

---

[1] 《乌拉圭回合协议法案》第 129(a)(1)条。
[2] 《乌拉圭回合协议法案》第 129(a)(2)条。
[3] 《乌拉圭回合协议法案》第 129(a)(3)条。
[4] 《乌拉圭回合协议法案》第 129(a)(4)条。
[5] 《乌拉圭回合协议法案》第 129(a)(5)条。

员会涉及双反贸易救济措施的 DSB 裁决的执行程序如图 3-5 所示。①

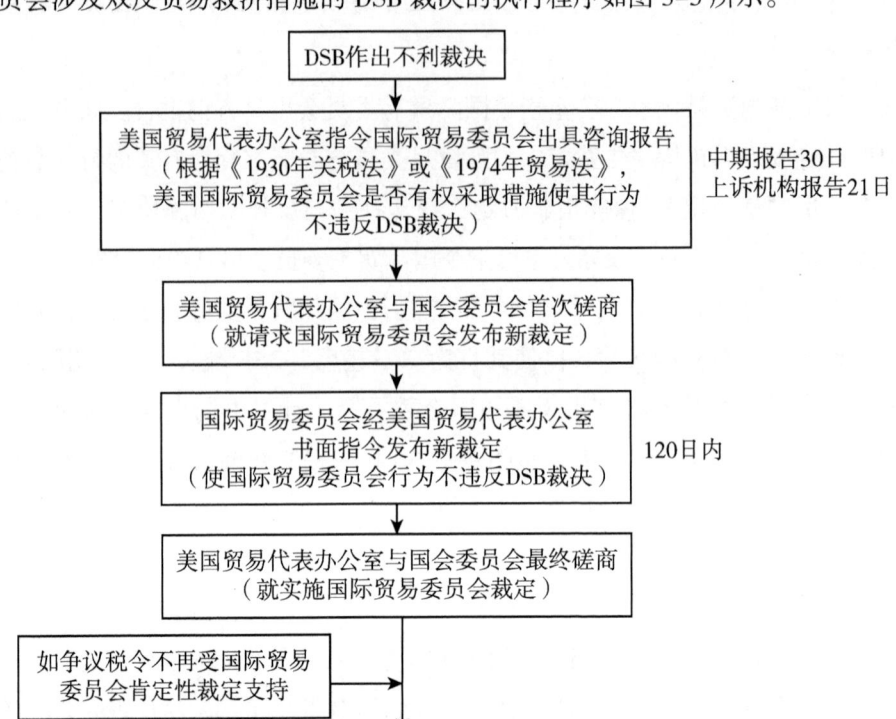

图 3-5　美国国际贸易委员会涉及双反贸易救济措施的 DSB 裁决的执行程序

（二）商务部执行涉及双反贸易救济措施的 DSB 裁决的程序和机制

商务部在双反贸易救济程序中主要负责：调查进口产品价格是否低于公平价值；是否存在倾销和补贴及其相关幅度；通知海关征收反倾销税和反补贴税。DSB 裁决执行过程中，商务部负责消除其在之前倾销、补贴认定中的不符性。与上述国际贸易委员会的执行程序类似，商务部的具体执行程序如下。

（1）行政当局与国会委员会磋商。如专家组或上诉机构发布报告裁定美国行政当局根据《1930 年关税法》第 7 章所采取的行政行为，与其在《反倾销协定》或《补贴与反补贴措施协定》项下的义务不符，美国贸易代表办公室应迅速就该事项与行政当局和国会委员会磋商。②

---

① 《乌拉圭回合协议法案》第 129（a）(5）条。
② 《乌拉圭回合协议法案》第 129（b）(1）条。

（2）行政当局发布裁定。不论《1930年关税法》任何条款如何规定，行政当局应在收到美国贸易代表办公室书面请求后180日内发布与特定程序有关的裁定，以使其行为不违反专家组或上诉机构报告。①

（3）裁定实施前的磋商。在行政当局实施任何裁定前，美国贸易代表办公室应就该裁定与行政当局和国会委员会进行磋商。②

（4）实施裁定。美国贸易代表办公室可在与行政当局和国会委员会磋商后，指示行政当局全部或部分实施裁定。③ 涉及双反贸易救济措施的DSB裁决执行程序，如图3-6所示。

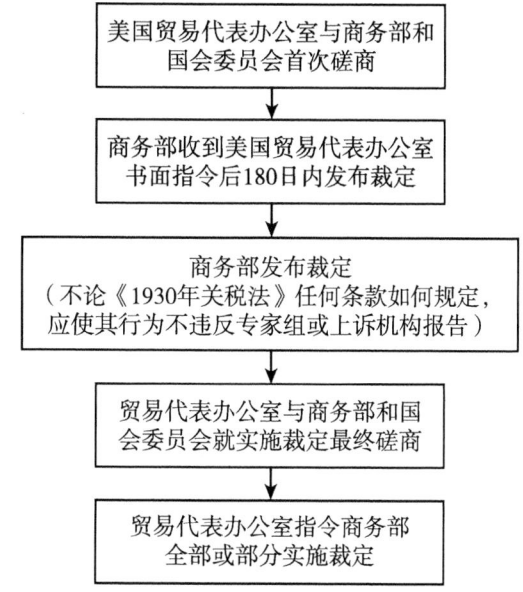

图3-6 美国商务部涉及双反贸易救济措施的DSB裁决的执行程序

根据相关立法解释，美国贸易代表办公室与商务部先后两次磋商的目的在于，使其在剖析DSB裁决和抉择其执行方式时，可全面运用商务部在该领域的经验优势。磋商过程中，商务部可从以下三方面给予美国贸易代表办公室信息支持：（1）现有的反倾销法和反补贴法是否许可相关执行措施；（2）与执行措施相关的反倾销法和反补贴法的解释；（3）执行DSB裁决的最

---

① 《乌拉圭回合协议法案》第129（b）(2)条。
② 《乌拉圭回合协议法案》第129（b）(3)条。
③ 《乌拉圭回合协议法案》第129（b）(4)条。

理想方式及所需时间。

（三）涉及双反贸易救济措施的 DSB 裁决执行措施的时间效力

国际贸易委员会和商务部分别根据《乌拉圭回合协议法案》第 129（a）条和第 129（b）条作出的新裁定，仅适用于："美国贸易代表办公室指令执行该裁定的当日及之后进入美国的或离开仓库但尚未清关的目标商品。"[①] 实践中，在 DSB 作出最终裁决前，违反 WTO 协定的政策或措施已被实施一段时间，且早已实现其保护国内产业或企业利益的目的。

（四）涉及保障措施的 DSB 裁决执行的法律依据

根据美国《1974 年贸易法》，基于行政部门的宪法权力或因国会授权，总统有权单方面决定采取行动，即可不通过行政机构遵守对美国不利的裁定。在之前的贸易法案中，国会授予了总统适用和撤回保障措施的专有权，[②] 总统可单独行动解决保障措施争端。[③] 例如，2002 年，时任总统布什为钢铁行业提供保障措施保护；2003 年，撤回钢铁保障措施，其间无须经国会同意或任何机构裁定。国际贸易委员会作为一个由六个两党成员组成的独立机构，可就施加保障措施的建议进行投票。在保障措施实施与否、针对何种市场实施及保障程度方面，总统拥有最后决定权，并享有在任何时候修改、消除保障措施的专有的自由裁量权。[④]

第三节　涉及贸易报复授权的 DSB 裁决的执行问题

贸易报复是胜诉方促使败诉方执行 DSB 裁决的最后手段。《关于争端解决规则与程序的谅解》第 22 条明确规定贸易报复授权的原则、条件和程序等。在遵守《关于争端解决规则与程序的谅解》的前提下，在具体实施报复

---

① 《乌拉圭回合协议法案》第 129（c）条。
② Trade Act of 1974 SEC. 201, 19 U. S. C. 2251（2012）.
③ Trade Act of 1974 SEC. 201, 301, 19 U. S. C. 2251, 2411（2012）.
④ Trade Act of 1974 SEC. 204, 19 U. S. C. 2254（2012）.

授权方面，成员方拥有很大的自由裁量权，可基于个案情况和报复目的的不同，自主拟定报复方案和国内实施程序。

一、欧盟实施贸易报复授权的 DSB 裁决的法律依据和实践

2014 年 5 月 15 日，根据《欧洲联盟运行条约》第 207 条，[1] 欧盟委员会起草立法草案，欧洲议会和欧盟理事会经普通立法程序共同通过《欧洲议会和欧盟理事会第 654/2014 号条例》，该条例中并未直接使用"贸易报复措施"一词，而是使用"商业政策措施"予以指代。[2]

（一）立法宗旨

欧盟须拥有适当的法律文件，以确保联盟有效行使其在国际贸易协定项下的权力，并保护其经济利益。特别是在第三国实施贸易限制措施，减损联盟内运营商在国际贸易协定项下应获得的利益的情况下。联盟应根据国际贸易协定规定的程序和时限灵活迅速应对，故有必要明确欧盟在某些特定情况下行使权力的规则框架。[3]

（二）主体

《欧洲议会和欧盟理事会第 654/2014 号条例》前言明确规定，为保证该条例实施的一致性，应授予欧盟委员会实施本条例的权力。行使该权力应依据《欧洲议会和欧盟理事会第 182/2011 号条例》。为保障欧盟利益，如存在正当的、势在必行的紧迫理由须针对第三方行为调整商业政策措施（贸易报复措施），欧盟委员会应立即采取可适用的行动。确保欧盟委员会、欧洲议会和欧盟理事会三者有效沟通交流至关重要，特别是在贸易纠纷可能导致适

---

[1] 根据《欧洲联盟运行条约》第 207 条，欧洲议会和欧盟理事会应按照普通立法程序，以条例的方式制定实施共同贸易政策的必要措施。该条规定意味着欧洲议会和欧盟理事会成为共同立法者。
[2] Regulation (EC) no.654/2014 of the European Parliament and of the Council concerning the exercise of the Union's rights for the application and enforcement of international trade rules and amending Council Regulation (EC) no.3286/94 laying down Community procedures in the field of the common commercial policy in order to ensure the exercise of the Community's rights under international trade rules, in particular those established under the auspices of the World Trade Organization.
[3] Regulation (EC) no.654/2014 of the European Parliament and of the Council, Chapeau (2).

用本条例采取措施的情况下。①

（三）适用范围

《欧洲议会和欧盟理事会第654/2014号条例》第3条规定，该条例的适用范围：（1）WTO授权欧盟中止WTO协定项下的减让或其他义务时；（2）根据区域或双边贸易协定的争端解决机制，欧盟有权中止该协定下的减让或其他义务时；（3）第三国采取了保障措施，根据《保障措施协定》或其他国际贸易协定之保障条款，欧盟有权采取措施以使协定下的减让或其他义务重获平衡时；（4）当某一WTO成员方根据GATT1994第28条修改减让，但未能就补偿调整达成一致时。②

（四）报复部门

综合《欧洲议会和欧盟理事会第654/2014号条例》前言的规定，该条例目前仅适用于货物贸易和政府采购领域。能否在服务贸易和知识产权领域采取商业政策措施，留待日后考量。若贸易伙伴未能遵守其在WTO《政府采购协定》或其他国际贸易协定项下的承诺时，欧盟将可能在公共采购领域行使其权力。审查该条例的运作情况时，可在考虑各领域特性的前提下，评估扩大该条例的适用范围至知识产权和服务贸易领域的可能性。该条例就此进一步规定，欧盟委员会应在该条例生效后五年内或首次实施后的三年内（以较早时间节点为准），审查该条例的适用范围、运行和效率，以及在知识产权和服务贸易领域可能采取的措施。欧盟委员会应向欧洲议会和欧盟理事会报告评估结果，并可在审查后提出相应的立法建议。③

《欧洲议会和欧盟理事会第654/2014号条例》中，规定有关报复部门仅限于货物贸易和政府采购领域，暂未扩展至服务贸易和知识产权领域，其背后有深层次的制度思考。服务贸易、知识产权和投资向来是涉及国家经济主权的敏感领域，故欧盟极其谨慎地将可否在服务贸易和知识产权领域采取贸易报复措施留待日后考量。正如有学者指出，欧盟贸易政策创立之初，欧盟

---

① Regulation (EC) no.654/2014 of the European Parliament and of the Council, Chapeau (12)(14)(16).
② Regulation (EC) no.654/2014 of the European Parliament and of the Council, Article 3.
③ Regulation (EC) no.654/2014 of the European Parliament and of the Council, Chapeau (6)(9)(11).

的专属权能并未涵盖所有与贸易相关的政策领域,仅在如关税及农业领域享有专属权能,可独立与第三国签署贸易协定;有些领域属于欧盟与成员国共享或成员国自身保有的权能,如服务业、知识产权及外国直接投资等。[①]

概言之,欧盟已拥有包括投资在内的所有关键贸易领域的专属权能,成员国虽不再拥有单独的立法或决策权,但仍拥有一票否决权。《欧洲联盟运行条约》第207.1条首次明确规定,"共同商业政策"不仅包括货物贸易,还包括服务贸易、知识产权及投资。[②] 然而,服务贸易协定、有关知识产权商业方面的协定和对外投资协定,均被设定为须采取全体一致通过表决机制的例外情况。

(五)报复措施

《欧洲议会和欧盟理事会第654/2014号条例》前言阐明,采取贸易报复措施旨在引导相关第三国执行裁决以恢复互惠。[③] 该条例第5条"商业政策措施"具体规定可采取的措施形式:暂停关税减让、数量限制措施(如配额和进出口许可证等)和政府采购措施等。[④] 商业政策措施应保证暂停减让或其他义务的水平适当,并在成员国间公平分配。[⑤]

关于设计商业政策措施时的考虑因素,《欧洲议会和欧盟理事会第654/2014号条例》前言规定,应基于客观标准设计根据本条例所采用的商业政策措施,尽量减少对联盟经济的负面影响,包括考虑重要的原材料。[⑥] 该条例第4.3条进一步规定,商业政策措施的"适当性标准"应"基于可获得的信息和联盟的整体利益",具体涵盖:引导第三国执行国际贸易裁决措施的有效性;为受第三国措施影响的联盟内运营商提供救济的潜力;寻找相关货物或服务的可替代来源,以避免或减少对联盟下游产业、承包机构、实体

---

① 张健.《里斯本条约》对欧盟贸易政策影响探析[J].现代国际关系,2010(3):23.
② 《欧洲联盟运行条约》第207.1条规定,共同商业政策应建立在统一原则的基础之上,特别是应考虑关税税率的变化、涉及货物与服务贸易的关税与贸易协定的缔结、知识产权的商业方面、外国直接投资、贸易自由化措施的统一、出口政策,以及在倾销或补贴等情况下采取的贸易保护措施。共同商业政策应在联盟对外行动的远景与目标框架内实施。
③ Regulation (EC) no.654/2014 of the European Parliament and of the Council, Chapeau (3).
④ Regulation (EC) no.654/2014 of the European Parliament and of the Council, Article 5 (1).
⑤ Regulation (EC) no.654/2014 of the European Parliament and of the Council, Article 5 (2)(c).
⑥ Regulation (EC) no.654/2014 of the European Parliament and of the Council, Chapeau (8).

或最终消费者的任何负面影响；避免措施实施过程中不成比例的复杂行政程序和成本；根据该条例第3条中涉及的国际贸易协定设立的任何具体标准。①

（六）报复程度

《欧洲议会和欧盟理事会第654/2014号条例》前言规定，欧盟行动应着眼于维护如同相关国际贸易协定中规定的实质的同等减让。②关于报复程度，该条例第4.2条规定，基于《关于争端解决规则与程序的谅解》作出的贸易争端裁决所实施的"暂停减让或其他义务的水平"，不得超出WTO争端解决机构的授权。③

（七）报复措施的暂停、修改或终止

关于报复措施的中止和终止的条件，《欧洲议会和欧盟理事会第654/2014号条例》第7条规定，对第三国不执行WTO或其他国际贸易协定项下争端裁决之情形，如该第三国与欧盟达成补偿协议，则应在补偿期间内中止执行行动（中止报复）；如该第三国已经使其措施符合国际贸易规则，或双方已达成和解，则应终止执行行动。④关于修改报复措施的标准，该条例第7.3条规定，当有调整商业政策措施之必要时，基于第4.2条和第4.3条规定的条件和标准（商业政策措施的"程度"和"适当性"标准），欧盟委员会可作出任何适当的修改。关于修改或终止报复措施的程序，根据该条例第7.2条和第7.3条，应适用《欧洲议会和欧盟理事会第182/2011号条例》第5条规定。若针对欧盟委员会实施行为草案，特别委员会未提出任何意见，则适用《欧洲议会和欧盟理事会第182/2011号条例》第5.4条的规定。⑤

（八）其他

《欧洲议会和欧盟理事会第654/2014号条例》前言规定，鉴于根据本条例所采取的商业政策措施可能造成极其复杂的多种影响，为提供足够机会获

---

① Regulation (EC) no.654/2014 of the European Parliament and of the Council, Article 4 (3).
② Regulation (EC) no.654/2014 of the European Parliament and of the Council, Chapeau (6).
③ Regulation (EC) no.654/2014 of the European Parliament and of the Council, Article 4 (2)(a).
④ Regulation (EC) no.654/2014 of the European Parliament and of the Council, Article 7 (1)(2).
⑤ Regulation (EC) no.654/2014 of the European Parliament and of the Council, Chapeau (15).

得尽可能广泛的支持,如果本条例提及的特别委员会,针对欧盟委员会的实施草案未提出任何意见,则不得采取任何实施行为。①关于信息收集及保密义务,该条例第9条规定,欧盟委员会在适用本条例时应在欧盟官方公报或其他适当媒体发布通知,就联盟在特定产品或部门的经济利益寻求信息意见。收到的信息仅可用于被请求的目的。②

二、美国实施贸易报复授权的 DSB 裁决的法律依据和实践

美国《1974年贸易法》第301条和第306条(经《2000年贸易和发展法》第407条修改)具体规定了监督其他成员方执行DSB裁决和实施报复的程序,是美国实施DSB贸易报复授权的国内法律依据。根据该法第306条,美国贸易代表办公室负责监督外国政府DSB裁决的执行情况,如认为他国未能执行裁决,可在合理执行期届满后30日内,决定采取第301(a)条项下的行动,即实施贸易报复。

(一)报复部门、报复方案的确定和报复产品的选择

1.确定报复清单产品的考虑因素

美国《1974年贸易法》第301条授权美国贸易代表办公室在涉案产业之外的其他领域实施报复,并享有较大裁量权。《1974年贸易法》第301(a)条授权美国贸易代表办公室,可在"总统权限范围之内、任何有关货物或服务贸易,或与该外国相关的任何其他领域内"采取行动。该法第301(c)条规定,在对任何货物或经济部门实施报复时,美国贸易代表办公室不必考虑该货物或经济部门是否卷入涉案法律、政策或实践,故美国贸易代表办公室可选择在涉案产业之外的其他领域实施报复。

2.与国内产业磋商和征求利害关系方意见

根据《1974年贸易法》第306(c)条和第304(b)条,美国贸易代表办公室应就有关问题向利害关系人征求意见,具体涵盖:被诉方的执行措施本身、美国贸易代表办公室关于执行措施未能执行DSB裁决的认定、适当的

---

① Regulation (EC) no.654/2014 of the European Parliament and of the Council, Chapeau (15).
② Regulation (EC) no.654/2014 of the European Parliament and of the Council, Article 9 (1)(2).

报复行动和报复清单等。

（二）报复措施和程度

《1974年贸易法》第301（c）条列举了可采取的报复措施，包括：（1）中止、撤回或阻止适用贸易协定项下的减让或减让带来的利益；（2）对来自该外国的货物征税或采取其他进口限制措施；（3）对该外国的服务征收费用或施加限制。美国贸易代表办公室可依其认为适当的方式、在适当限度内，限制服务部门准入许可的条件，或拒绝颁发任何许可。关于报复措施的具体形式，如美国贸易代表办公室决定限制进口，则应优先考虑征税，而非其他进口限制措施；如须采取征税之外的进口限制措施，则应考虑以逐渐增加的等量征税取代。在报复程度上，报复措施对外国货物或服务造成的影响，应在金额上等于该外国限制美国商业或给美国商业造成的负担的价值。

（三）轮番报复

由于欧盟在香蕉进口、销售和分销体制案（DS27）和有关肉类及肉制品（激素）的措施案（DS26）中反复拖延、变相不履行 DSB 裁决，美国建议实施《1999年轮番报复法案》。2000年5月，该法案经美国总统签署成为法律（《2000年贸易和发展法》第407条），该条规定报复清单和行动的修改问题。同时，美国在《1974年贸易法》第306（b）(2)条项下添加（B）(F)目。

概言之，为达到预期效果，该报复类型可定期修改报复产品清单，不断变化产品种类。美国贸易代表办公室应在报复清单公布日或首次采取《1974年贸易法》第301（a）条项下行动后的120日内，审查并全部或部分地修改报复清单或行动，并在此后每180日进行审查和修改，旨在扩大对被诉方其他产品的影响。美国贸易代表办公室亦可在以下情况下选择不修改报复清单：美国贸易代表办公室认为被诉方即将执行；美国贸易代表办公室和原调查程序的申请人认为没有必要修改；当不存在申请人时，受影响的美国产业认为没有必要修改。有学者认为，对于美国贸易代表办公室而言，轮番报复本身是一个潜在的、在商业和政治上都难以驾驭控制的执行工具。①

---

① BOWN C P, PAUWELYN J. The law, economics and politics of retaliation in WTO dispute settlement [M]. Cambridge: Cambridge University Press, 2010: 237.

2000年6月5日，欧盟将轮番报复条款诉诸WTO争端解决机构，指控其是单边贸易报复措施，持续改变报复清单将导致报复产生的损害超出争端解决机构授权的程度，违反《关于争端解决规则与程序的谅解》、GATT等协定条款。[①] 实践中，美国并未付诸过轮番报复，故轮番报复与WTO规则的相符性，至今仍悬而未决。

（四）报复措施的修改或终止

《1974年贸易法》第307（a）条规定，如外国政府正在采取令人满意的措施，赋予美国贸易协定下的权力，同意终止或逐步终止法律、政策或实践，或该外国拒绝权力，或其法律、政策和实践等对美国商业造成的负担或限制增加或削弱等，美国贸易代表办公室应修改或终止报复行动。在此之前，美国贸易代表办公室应与申请人（如有）和所涉国内产业代表磋商。该法第307（c）条规定，如报复行动已持续4年，而申请人或国内产业代表未在该4年期到期前的最后60天内书面请求美国贸易代表办公室继续该报复行动，则该等行动应在4年期届满时终止。

---

① Request for Consultations by the European Communities, US-Section 306 of the Trade Act of 1974 and Amendments thereto. WTO/DS/200.

第四章

欧美执行 DSB 裁决的特征比较

第一节　DSB 裁决执行规则的立法层级问题

欧美均制定了层级高、专门的执行 DSB 裁决的立法。欧盟执行涉及双反贸易救济措施的 DSB 裁决的《欧盟理事会第 1515/2001 号条例》及实施 DSB 贸易报复授权的《欧洲议会和欧盟理事会第 654/2014 号条例》，均属欧盟二级立法。在欧盟的法律规范等级中，一级立法指成员国间或共同体与其他国家缔结的条约，二级立法指共同体内部立法，以条例的位阶最高，具有在欧盟所有成员国内直接适用的效力。在美国，《乌拉圭回合协议法案》属于国会立法，与《1930 年关税法》和《1974 年贸易法》融为一体，适用于 DSB 裁决的执行。

一、欧盟执行 DSB 裁决的法律依据

（一）《欧洲联盟运行条约》

《欧洲联盟运行条约》第 207.2 条规定，欧洲议会和欧盟理事会应按照普通立法程序，经由条例的形式，采取措施确定实施共同商业政策的框架。执行涉及立法和行政措施的 DSB 裁决，适用《欧洲联盟运行条约》第 294 条项下的普通立法程序。简言之，欧盟委员会负责制定执行涉及立法和行政措施的 DSB 裁决的法律提案后，须经欧洲议会和欧洲理事会的"共同决策"程序，方可生效。"共同决策"程序最多需要通过"三读"实现。实践中，欧盟执行 DSB 裁决，往往涉及修改贸易条例，因旧条例须经新条例加以修改，故所能选用的立法载体只能是条例。

（二）《欧盟理事会第 1515/2001 号条例》

2001 年 7 月，欧盟理事会通过《欧盟理事会第 1515/2001 号条例》。该条例规定自 2001 年 1 月 1 日起，欧盟在执行涉及双反贸易救济措施的 DSB 裁决时，应按本条例规定的程序废止、修改原争议措施或制定新措施。该条例规定了，欧盟执行 DSB 裁决的原则、规则和程序，亦被称为"WTO 执行条例"。

《欧盟理事会第 1515/2001 号条例》仅针对涉及双反贸易救济措施的 DSB 裁决执行而制定。欧盟作为一个依靠国际条约建立起来的国际法主体，不同于美国的立法取向，欧盟在立法上没有类似于美国涵盖立法、行政和双反贸易救济措施执行的大而全的《乌拉圭回合协议法案》，仅制定了针对双反贸易救济措施的 DSB 裁决的执行条例。笔者认为其原因可能在于：（1）贸易救济类案件在 WTO 诉讼中占很大比例，较容易出台条例以规制；（2）非贸易救济类案件的执行涉及各方面的诸多程序，欧盟独特的成员国体制和政治架构，极易导致繁杂的利益纠葛，不仅涉及政府、产业和企业，甚至可能触及欧盟层面上整体多边架构和成员国政府之间的利益取向冲突，例如，欧盟香蕉进口、销售和分销体制案（DS27）。

（三）《欧洲议会和欧盟理事会第 654/2014 号条例》

2014 年 5 月 15 日，根据《欧洲联盟运行条约》第 207 条，[1] 欧盟委员会起草立法草案，经欧洲议会和欧盟理事会的普通立法程序通过《欧洲议会和欧盟理事会第 654/2014 号条例》。[2] 该条例第 3（a）条规定，本条例适用于 WTO 授权欧盟中止的 WTO 协定项下的减让或其他义务。[3]

《欧洲议会和欧盟理事会第 654/2014 号条例》体现了，自《里斯本条约》

---

[1] 《欧洲联盟运行条约》第 207 条规定，欧洲议会和理事会应按照普通立法程序，以条例的方式制定实施共同贸易政策的必要措施。

[2] Regulation (EU) no.654/2014 of the European Parliament and of the Council concerning the exercise of the Union's rights for the application and enforcement of international trade rules and amending Council Regulation (EC) no.3286/94 laying down Community procedures in the field of the common commercial policy in order to ensure the exercise of the Community's rights under international trade rules, in particular those established under the auspices of the World Trade Organization.

[3] Regulation (EU) no.654/2014 of the European Parliament and of the Council, Article 3 (a).

生效后,欧盟在政治架构和立法程序方面的最新变化。根据该条例,如执行 DSB 裁决需修改法律或申请贸易报复授权,则必须通过议会,整个程序将至少耗时一年左右。例如,欧盟对中国紧固件的反倾销措施案(DS397)中,欧洲议会和欧盟理事会历时约 11 个月通过的修改《欧盟反倾销条例》第 9 (5)条的《第 765/2012 号(欧盟)条例》。① 根据《欧洲议会和欧盟理事会第 654/2014 号条例》,欧盟委员会可通过快速通道起草条例,无须经议会批准。该条例改革了欧盟内部的决策程序,投票机制由简单多数改为有效(绝对)多数,不再一国一票,进而使贸易政策更加由大国主导。

二、美国执行 DSB 裁决的法律依据

(一)《乌拉圭回合协议法案》和《乌拉圭回合协议法案行政行动声明》

美国拥有一套完整、专门的执行 DSB 裁决的程序法,涵盖贸易救济类裁决和非贸易救济类裁决。美国 DSB 裁决执行体系以《美国法典》第 19 章《乌拉圭回合协议法案》及《乌拉圭回合协议法案行政行动声明》②为主要依据,内容涉及总统、国会相关委员会、③国际贸易委员会、商务部、司法机关和海关等各部门间有关 DSB 裁决执行的权责分工和程序规定。《乌拉圭回合协议法案》明确规定相关条款的适用范围、各部门的授权范围和 DSB 裁决在美国法律体系中的效力。《乌拉圭回合协议法案》第 102(a)条、第 123(g)条和第 129 条分别规定了涉及美国联邦法和州法、行政措施和贸易救济措施的 DSB 裁决

---

① 欧盟对中国紧固件的反倾销措施案(DS379)涉及欧盟法律及其具体适用,具体指《欧盟反倾销条例》第 9.5 条和对中国原产紧固件征收最终反倾销税的《第 91/2009 号理事会条例》。2011 年 7 月 28 日,DSB 通过上诉机构报告,裁定《欧盟反倾销条例》第 9.5 条违反《反倾销协定》第 6.10 条和第 9.2 条。2012 年 1 月 19 日,中国和欧盟同意,欧盟实施本案 DSB 裁决的合理期限为 14 个月 14 天,2012 年 10 月 12 日到期。为执行该案 DSB 裁决,欧洲议会和欧盟理事会于 2012 年 6 月 13 日通过修改《欧盟反倾销条例》第 9.5 条的《第 765/2012 号(欧盟)条例》。2012 年 9 月 3 日,《欧盟公报》公布《第 765/2012 号(欧盟)条例》,并于 2012 年 9 月 6 日生效。
② 《乌拉圭回合协议法案》第 101(c)条规定,《乌拉圭回合协议法案行政行动声明》应被作为在司法程序中解释和适用 WTO 协定及《乌拉圭回合协议法案》的权威表述。
③ 美国国会委员会是国会内部的分支机构,包括众议院的 22 个常设委员会和 5 个联合委员会及参议院的 16 个常设委员会。国会大部分立法工作由这些常设委员会及其下属委员会进行。各委员会分别负责某个或某些领域的立法工作,例如,农业、国防及贸易等。按照美国国会的一般立法程序,一项法案只有经国会相关委员会的批准后,才可付诸两院表决。

的执行程序。

《乌拉圭回合协议法案》第 102（a）条规定，修改美国法律以执行 DSB 裁决，必须经国会批准，适用美国一般立法程序，除非该项法律本身授权修改。《乌拉圭回合协议法案》建立了一套以美国贸易代表办公室为协调中心的执行机制，将违反 WTO 协定的措施分为如下三类。

（1）立法措施，《乌拉圭回合协议法案》第 102（b）（1）（C）条规定：美国执行涉及层级较高的联邦法、州法的 DSB 裁决执行程序。

（2）行政法规和行政行为，《乌拉圭回合协议法案》第 123（g）条规定：美国行政机关[①]执行涉及行政法规或行政实践的 DSB 裁决的程序。

（3）贸易救济程序中行政机关的具体行政行为，《乌拉圭回合协议法案》第 129（a）条和第 129（b）条分别规定了美国国际贸易委员会和商务部执行涉及贸易救济措施的 DSB 裁决的程序。[②]

笔者认为，美国国会为执行 DSB 裁决，制定特定的国内法定程序，旨在为执行 DSB 裁决设置国内法限制和缓冲机制。如有学者所言，将国内现有关于执行的政治体系分解为具体的法定程序，在事实上忽略了比修改联邦立法更容易的 DSB 裁决执行方式。联邦立法程序中实现政策变化的难度非常高。在立法议程中加入某些问题需要重大政治资本，且极可能被否决。故将所有 DSB 裁决执行转换为立法程序，忽视了长期以来政府执行国际裁定的一贯做法。[③]

（二）《1974 年贸易法》

美国《1974 年贸易法》是其实施 DSB 贸易报复授权的国内法律依据，具体规定美国监督其他成员方执行 DSB 裁决和实施贸易报复的程序。美国《1974 年贸易法》第 301（a）条规定美国贸易代表办公室实施贸易报复的权限、报复部门和报复方案的确定及报复产品的选择；第 301（c）条列举可采取的报复措施；第 306（b）（2）条规定轮番报复中报复清单和行动的修改问题；

---

① 《乌拉圭回合协议法案》第 123（g）（4）条规定，本条不适用于国际贸易委员会的任何法规和实践。
② 对贸易救济措施，美国商务部负责倾销、补贴调查；国际贸易委员会负责损害调查。
③ BREWSTER R, CHILTON A. Supplying compliance: why and when the United States complies with WTO Rulings [J]. The Yale journal of international law, 2014, 39 (201): 13.

第306（c）条和第304（b）条规定美国贸易代表办公室应就有关问题与国内产业磋商和征求利害关系方意见；第307（a）条规定报复措施的修改或终止。

第二节 DSB裁决执行的协调机构问题

一、欧盟执行DSB裁决的协调机构

（一）欧盟共同外交与安全政策高级代表

《里斯本条约》将贸易政策纳入欧盟总体对外行动框架，该条约第21.3条规定，贸易政策应符合欧盟对外行动的"一致性原则"。[①] 欧盟贸易政策被首次明确赋予外交使命，欧盟有法律上的义务规定使用贸易这一政策工具为其外交服务。"欧盟共同外交与安全政策高级代表"参与贸易决策，可能导致DSB裁决执行受到外交战略的影响干扰，增加DSB裁决执行的政治性和复杂性。

"欧盟共同外交与安全政策高级代表"系由《里斯本条约》设立的一个全新职位，[②] 其接管以往轮值主席国外交部长、共同外交与安全政策高级代

[①] 《里斯本条约》第21.3条规定，贸易政策应与欧盟共同外交及安全政策、技术和发展援助等对外行动政策工具一样，符合欧盟对外行动的一致性原则。

[②] 在经《里斯本条约》修订后的《欧洲联盟条约》中，有关欧盟共同外交与安全政策高级代表（本脚注中以下简称高级代表）的规定主要有：欧洲理事会应包括各成员国的国家元首或政府首脑或其主席及欧盟委员会主席。高级代表也应参与部分工作（第15条）；高级代表实施联盟共同外交与安全政策；高级代表主持外交事务理事会；高级代表的任命须经委员会主席同意，和委员会全体委员作为一个集体一起经由欧洲议会投票同意，并在此基础上由欧盟理事会以特定多数程序批准。高级代表是欧盟委员会副主席之一。高级代表应确保联盟对外行动的一致性。在委员会内，高级代表负责由委员会承担的对外关系方面的责任，并负责协调联盟对外行动的其他方面（第18条）；有关共同外交与安全政策的事项上，高级代表代表联盟（第22.2条）；在履行其职责时，高级代表由欧盟对外行动署予以协助。该部门与成员国外交部门合作，其工作人员由来自欧盟理事会总秘书处和欧盟委员会相关部门的官员，及成员国外交部门调派的工作人员组成。欧盟对外行动署的组织和运行应根据欧盟理事会的决定确立。欧盟理事会应基于高级代表的提案，在同欧洲议会磋商并征得欧盟委员会的同意后采取行动（第27.3条）。部分转引自：陈志敏，王磊. 欧盟对外行动署的制度建设及运行评估 [J]. 欧洲研究，2012（3）：66-83. 本书中涉及经《里斯本条约》生效之后修订过的《欧洲联盟条约》和《欧洲联盟运行条约》具体条款的翻译均参考对照：程卫东，李靖堃. 欧洲联盟基础条约：经《里斯本条约》修订 [M]. 北京：社会科学文献出版社，2010.

和欧盟委员会对外关系委员三个职位的权限。"欧盟共同外交与安全政策高级代表"同时兼任欧盟委员会副主席和外交事务理事会主席,全面负责欧盟对外政策,拥有统领、协调欧盟所有对外关系部门(包括贸易部门)的更大政治裁量空间,可支配新设立的欧盟对外行动署,①其相当于一位拥有行政机关和专门外交使团的准外交部长。

实践中,贸易和政治往往盘根错节,"欧盟共同外交与安全政策高级代表"同时在欧盟理事会和欧盟委员会任职。此种身兼三职的制度设计旨在实行统一的外交政策,协调包括贸易、发展合作和人道主义救援等内容的对外事务,确保实现《欧洲联盟条约》第21.3条规定的欧盟理事会和欧盟委员会在对外行动的不同领域及政策间的"一致性"。

(二)欧盟理事会"207委员会"和欧洲议会国际贸易委员会

《里斯本条约》首次从法律上明确规定,欧盟委员会应定期向特别委员会(欧盟理事会批准成立的"207委员会")和欧洲议会的国际贸易委员会报告其国际协定谈判的进展情况。此前,欧盟委员会在代表欧盟进行国际贸易谈判时,只须向"133条款委员会"报告谈判进展。国际贸易委员会由2004-2009年届欧洲议会正式成立,此前仅是议会内小规模、地位较低的机构。随着《里斯本条约》生效,该委员会获得较大权力,具体负责贸易方面的提案及与欧盟委员会和欧盟理事会的沟通。

---

① 欧盟对外行动署是《里斯本条约》生效后欧盟建立的一个全新专职外交机构,与主权国家的专职外交部门类似。欧盟对外行动署作为一个"功能独立自主的欧盟机构",不隶属于欧盟委员会或欧盟理事会总秘书处,具有行使其职责所必需的法律能力,由欧盟外交与安全政策高级代表领导,其建立一定程度上加强了欧盟外交的延续性、一致性和有效性。2010年12月1日,对外行动署正式开始运行,总部位于布鲁塞尔,组织框架由中央总部和驻外使团组成。目前,对外行动署设有由一位执行秘书长、两位副秘书长、一位首席运营官和联盟外交与安全政策高级代表一起组成的对外行动署管理委员会,作为该部门的最高政策和管理机构。对外行动署管理委员会由五位助理秘书长协助管理对外行动署事务,其分别负责政策协调、战略规划、委员会秘书处、法律事务和战略沟通等事务。在对外行动署管理委员会之下,对外行动署按照地区和议题领域设有七个业务总司,分别由一位总司长负责管理。参见陈志敏,王磊.欧盟对外行动署的制度建设及运行评估[J].欧洲研究,2012(3):66-83.

二、美国执行 DSB 裁决的协调机构

（一）美国贸易代表办公室的成立背景及实质

美国贸易代表办公室作为美国国际贸易政策的主要制定者和执行者，同时对总统和国会负责。实践中，美国贸易代表办公室是一个由技术性贸易专家组成的、不具鲜明党派色彩的实务部门。美国贸易代表办公室隶属于白宫总统执行办公室，有雇员200多名，其中来自华盛顿约170名，来自日内瓦约30名。贸易谈判代表经总统和参议院任命，担任美国贸易代表办公室负责人、内阁成员以及总统的首席贸易与投资政策顾问、谈判代表和发言人。[①]

如有学者指出，在美国三权分立的政治体制下，以总统为中心的行政体系和以国会为中心的立法体系，是美国国际贸易政策领域的两大决策中心。[②]由于选民基础不同，总统和国会各自的利益诉求和战略目标并非完全一致，甚至对立诸多。当总统和国会的多数席位分属不同政党时，分裂的政治现象尤甚。[③]《美国宪法》对两者在国际贸易领域中的权力分配重叠，形成分权制衡的架构。根据《美国宪法》第2.2条，总统有权代表国家同任何外国政府进行谈判，并签订国际协定作为行政协定；[④]《美国宪法》第1.8条赋予国会管制本国和外国商业往来及提高或降低本国税率（包括关税）的权力。

美国国会最初推动设立美国贸易代表办公室的初衷是：使特别贸易代表

[①] 美国贸易代表办公室另设3名副代表（2名在华盛顿，1名在日内瓦）、1名首席农业谈判大使及负责不同地区区域事务和不同贸易领域事务的助理谈判代表。美国贸易代表办公室在华盛顿的雇员不派往世界各地，而是按地理区域分工负责各地事务。概括而言，美国贸易代表办公室的职责和功能主要包括三个方面。（1）跨部门利益协调。作为"非党派"和技术专家性质的美国贸易代表办公室承担着无法替代的政策协调任务：统筹总统贸易政策上的战略性考量、行政体系内各部门、国会及产业间的利益诉求。（2）核心统筹、制定贸易政策。美国贸易代表办公室收编之前分散于行政体系各部门（如国务院、商务部和财政部等行政部门）的贸易政策制定权，强化在贸易问题上的部门间合作，集中负责制定、调整美国国际贸易及与贸易有关的投资、服务等领域的政策。（3）开展国际谈判。美国贸易代表办公室作为总统在贸易领域唯一合法的谈判代表，负责美国与其他国家的多边和双边谈判事务。

[②] 孙哲，李巍. 美国贸易代表办公室与美国国际贸易政策 [J]. 美国研究，2007（1）：87.

[③] KAROL D. Divided government and U. S. trade policy: much ado about nothing [J]. International organization, 2000（54）：825–844.

[④] 本书引用的《美国宪法》条款的翻译来自：李道揆. 美国政府和美国政治（下册）[M]. 北京：商务印书馆，2004：775–799.

办公室成为国会和利益集团向行政部门施压的途径，便于国会监督总统发布的贸易政策，防止其刚愎自用。对此，美国众议院贸易小组委员曾言，每任总统一上台都想把美国贸易代表办公室扔出白宫。[1]国会凭借《1962年扩大贸易法》的附加条款，要求总统设立新的谈判机构取代国务院，即美国贸易代表办公室的前身"特别贸易代表办公室"，以便政府在更快推动自由贸易谈判的同时，能更加真切地反映国内的利益诉求。[2]该法打破了美国"1934年体制"[3]下总统和行政机构垄断国际贸易权的形势，建立了新型府会共管的国际贸易制度。此后，在国会推动下，历经《1974年贸易法》及《1988年综合贸易和竞争法》，[4]美国贸易代表办公室的地位权限不断提升。根据《1974年贸易法》第141条，特别贸易代表办公室成为总统行政部门的一个内阁级的法定机构。自此特别贸易代表办公室开始接受总统和国会的双重领导，既是总统手下的正式部门，又是反映国会声音的机构。

（二）美国贸易代表办公室协调执行DSB裁决工作

最初，美国贸易代表办公室挣扎于总统行政与国会立法夹缝间，异常尴尬，挣扎求存；目前，其已从该状态中成功转型。较之普通行政立法程序，《乌拉圭回合协议法案》项下DSB裁决执行程序的突出特点在于，以美国贸易代表办公室为中心的协调机制和国会相关委员会的参与。在DSB裁决执行过程中，美国贸易代表办公室集中美国贸易政策权，灵活协调沟通行政和国会两大权力体系，传递汇总美国关于DSB裁决执行的国际影响因素和国内利益团体诉求，开拓了国会相关委员会、总统、商务部和国际贸易委员会等立

---

[1] DESTLER I M. American Trade Politics [M]. Washington D. C.: Institute for International Economics.2005: 118.
[2] 孙哲，李巍. 美国贸易代表办公室与美国国际贸易政策 [J]. 美国研究，2007（1）：94.
[3] 自1789年到《1930年关税法》出台，美国国会主导贸易政策达142年。自《1934年互惠贸易法案》到1974年，以总统为核心的行政部门主导贸易政策达41年。该法授权总统负责与外国政府进行谈判并就调整关税税率签订贸易协议的权力，故大部分贸易政策的制定权从国会转移到总统手中，标志着国会对关税制定权的垄断结束。"1934年体制"下，国务院处于美国国际贸易政策制定和实施的绝对核心地位。
[4] 根据《1988年综合贸易和竞争法》，美国贸易代表办公室在任何一个由总统建立的与国际贸易政策有关的经济机构中都应该成为高级代表，彻底根除总统借助行政资源排挤美国贸易代表办公室的可能性。

法、行政部门与私营部门顾问委员会之间的沟通渠道。如有学者所言,设立美国贸易代表办公室是美国政治体系对方兴未艾的全球化浪潮的回应。[①] 美国贸易代表办公室反映了美国社会对全球化的矛盾态度。一方面,设立美国贸易代表办公室反映了美国的全球经济目标是推动自由贸易;另一方面,美国贸易代表办公室是国会为过滤全球化消极影响、最大程度保护国内社会利益而设计使用的"稳压阀"。[②]

在 DSB 裁决执行过程中,美国贸易代表办公室作为启动程序的主体,对外代表美国政府;对内及时通知涉及美国的 WTO 争端事项,连接国际贸易委员会或商务部与国会相关委员会,在联邦政府和州政府间进行磋商协作。在 DSB 裁决执行过程中,美国贸易代表办公室作为美国内阁 19 个部门中负责国际贸易的主要职能部门,兼具三重职责:

(1)根据国会授权法案,美国贸易代表办公室担负向美国国会参、众两院相关委员会报告、沟通的职责,随时向国会和国会议员通报关于 DSB 裁决执行的相关情况。例如,对执行涉及美国联邦法、州法的 DSB 裁决,美国贸易代表办公室负责协调众议院负责国际贸易、税收事务的筹款委员会、参议院财经委员会及视个案案情可能涉及的农业委员会和食品健康委员会等。

(2)美国贸易代表办公室负责协调商务部、国际贸易委员会、财政部和国务院等行政部门,开展有关 DSB 裁决执行的磋商协作。

(3)美国贸易代表办公室通过与私人部门顾问委员会沟通,使得贸易政策制定者能"亲密接触"国内社会不同主体的利益诉求,并决定是否及如何执行 DSB 裁决。

针对 DSB 裁决执行的立场及落实等问题,以美国贸易代表办公室为代表的政府部门与私人顾问委员会保持沟通。该制度安排既使得有关政府官员获得各种信息建议,增加其决策科学性,又使得私人顾问委员会成员有机会积极参与 DSB 裁决执行过程,有助于其了解支持贸易政策。在该机制下,DSB 裁决的执行得以建立在信息比较全面、考虑比较周全、程序比较科学的基础

[①] MUNDO P A. National politics in a global economy: the domestic sources of U. S. trade policy [M]. Georgetown: Georgetown university press, 1999: 56.
[②] 孙哲,李巍. 美国贸易代表办公室与美国国际贸易政策 [J]. 美国研究,2007(1): 99.

上，因而更加切合实际，更能体现美国国家和企业的经济利益，也更容易为国内各界所理解和接受。

第三节　DSB 裁决执行中立法机关的作用问题

一、欧盟理事会和欧洲议会共同决策程序掌控 DSB 裁决执行

DSB 裁决的执行，往往牵扯 WTO 成员方敏感的经济主权。欧盟顶层机构多元治理及共同决策程序，从某种程度上有利于延缓规避 DSB 裁决的执行。《欧洲议会和欧盟理事会第 654/2014 号条例》前言规定，确保欧盟委员会、欧盟理事会和欧洲议会三者有效沟通和交流至关重要，特别是在贸易纠纷可能导致适用该条例采取措施的情况下。[①] 欧盟机构中，欧洲议会作为直选议会，被认为是纯粹的欧盟机构，代表超国家主义派的欧盟整体利益；欧盟理事会由各成员国部长级官员组成，代表政府间主义派的各成员国利益。欧盟贸易政策自运作以来一直争议不断，争议问题的实质是，欧盟内部超国家主义派与政府间主义派就欧洲一体化发展方向的分歧，即欧盟和成员国在贸易领域的管辖权限问题。有学者指出，共同决策程序使欧洲议会成为与欧盟理事会共享立法审议权的双头权威之一。[②] 据此，决策权由欧盟理事会向欧洲议会逐渐转移，体现出欧盟权力由国家间逐渐向超国家转化。

（一）欧盟机构顶层设计多元治理框架为应对 DSB 裁决执行压力设置减压阀

欧盟权力中心缺失、中央协调机制缺位、顶层多元治理框架，三者共同加重了治理负担。然而，当面临执行不利的 DSB 裁决时，以上种种却无形中成为欧盟缓冲国际压力的"减压阀"，此种设计将从某种程度上有利于延缓阻碍 DSB 裁决的执行。随着欧洲一体化覆盖的领域日渐宽泛，《里斯本条约》强化多元治理框架，欧盟机构顶层设计中现有众位主席，包括：欧盟委员会

[①] Regulation (EC) no.654/2014 of the European Parliament and of the Council, Chapeau (12)(14)(16).
[②] 刘文秀，科什纳，等. 欧洲联盟政策及政策过程研究[M]. 北京：法律出版社，2003：147.

主席、部长理事会主席、欧盟理事会主席、欧盟共同外交与安全政策高级代表和欧洲议会议长。若干机构多层级治理，融合了多元主义民主的两个基本要素，即由选举产生的机构和对法治国家的尊重。

欧盟决策过程中，多层级治理体系[①]、网络状复杂结构及各行为体多层面的"政治交织"，生成众多否决点，导致了欧盟主导的互动模式是谈判与协商，此种设计将从某种程度上延缓和阻碍 DSB 裁决的执行。欧盟多层级治理体系的特征是，各层面间政治交织和动态性，欧洲一体化方向辗转演变，体系内权限推移和制度变迁，每次条约修改，原机构与新机构间的力量平衡新老交替。[②] 有学者认为，欧盟治理发生转向，正向着网络治理模式演进；[③] 多层治理框架下，中央协调机制缺位或极其薄弱，具有多边组合和行为体网络，各成员国政府拒绝多层治理凌驾其上。[④]

（二）欧盟理事会与欧洲议会的共同决策程序

欧盟执行涉及立法和行政措施的 DSB 裁决，需经欧盟委员会、欧盟理事会及欧洲议会三重机关审核批准，如图 3-1 所示，该执行程序事实上充当延缓欧盟执行 DSB 裁决的国内法缓冲机制。在执行 DSB 裁决方面，欧盟理事会和欧洲议会共同决策下的普通立法程序有助于协调、平衡各成员国外交事务的特定利益和欧盟的整体利益，同时亦增加了欧盟 DSB 裁决执行的政治性

---

① 20 世纪 80 年代末以来，欧共体/欧盟日益被认为由众多纵向（指按地域定义）和横向（指按功能定义）的不同政治机构和谈判机制网络组成，意指各层面间紧密合作与协调才能促使决策产生。多层级治理学说虽未否认成员国政府的重要作用，但主要反驳以国家为中心的政府间主义；并断言成员国政府不再能垄断欧洲层面的政治决策或国家偏好。根据该理论，（欧共体/欧盟）决策权是在超国家层面、国家层面与次国家（地区/地方）层面的行为体之间分布的，具体分布情况视决策过程的不同阶段而有所不同。郑春荣.欧盟多层级治理体系中的德国利益集团[J].德国研究，2008（2）：12.其他具体分析，参见张健.《里斯本条约》对欧盟贸易政策影响探析[J].现代国际关系，2010（3）：22-27.

② MARKS G, HOOGHE L, BLANK K. European integration from the 1980s: state-centric v. multi-level governance [J]. Journal of common market studies, 1996, 34 (3): 341-378; Hooghe L, Gary Marks. Multi-level governance and European integration [M]. Washington D.C.: Rowman & Littlefield Publishers, 2001.

③ KOHLER-KOCH B. Catching up with change: the transformation of governance in the European Union [J]. Journal of European public policy, 1996, 3: 359-380.

④ HOOGHE L, MARKS G. Unraveling the central state, but how? types of multi-level governance [J]. American Political Science Review, 2003 (97): 233-235.

和复杂性。

（1）欧盟理事会之表决权及决议规则对DSB裁决执行的影响。欧盟理事会由各成员国部长级官员作为代表组成，是欧盟组织机构内最主要的决策与立法机构，负责协调欧盟各国间事务，制定欧盟法律和法规。各成员国在欧盟理事会内均有1名服从其来自国政府指挥的理事代表该国投票，但不同国家的理事所拥有的投票数不同。在涉及立法和行政措施的DSB裁决执行方面，欧盟理事会虽无立法提案权，但其有就欧盟委员会的法律提案能否最终通过进行投票的权力，从而影响DSB裁决执行的效率。无论执行涉及立法和行政措施抑或贸易救济措施的DSB裁决，均须经欧盟理事会表决通过，欧盟理事会的表决权和决议规则不断演化，无疑增加了DSB裁决执行与否及执行时间上的不确定性。

欧盟理事会内的表决机制，按照欧盟活动领域的具体事项，在基础条约的有关实质条款中分别作出规定。具体而言，欧盟理事会可依据三种决策方式通过决议：简单多数、[①]全体一致[②]和特定多数。[③]特定多数决策方式下，各国根据其国力和人口数分配表决权（投票数）。绝大多数情况下，条约会要求使用特定多数的决策方式。[④]2007年通过的《里斯本条约》第9（c）条规定，除条约中列出的例外，理事会表决采用特定多数程序。《欧洲联盟运行条约》第207.4条规定，特定多数表决机制作为谈判和缔结国际贸易协定的主要模式。

[①] 简单多数指每个成员国仅有1票，当赞成票多于反对票时决议即可通过。简单多数的表决方式仅当条约未规定其他决策方式时才被采用。实践中，极少数的程序性或无争议的决策以简单多数方式通过。

[②] 全体一致的适用范围亦相对有限，仅适用于关乎国家根本利益的领域，如税收和社会政策等。

[③] 2004年《欧盟宪法条约》第I-24条定义了欧洲理事会和部长理事会中的特定多数程序。（1）特定多数指理事会成员国数的55%（超过15个成员国）及超过欧盟总人口数的65%，阻止决议通过的条件是至少有4个成员国反对。（2）当理事会不是作出来自欧盟委员会和外交部长联盟提案的决议，特定多数的定义是至少72%的成员国，代表至少65%的欧盟人口数。

[④] 自1966年1月，特定多数程序的适用范围大规模扩展：1986年，特定多数作为标准程序适用于预算等大多数领域；1987年，《单一欧洲法案》扩大特定多数的适用范围，将其引入至12项条款；1992年，《马斯特里赫特条约》将其引入至30项条款；1997年，《阿姆斯特丹条约》将欧洲经济货币联盟早期阶段涉及的要求适用全体一致条款改为特定多数；2000年，《尼斯条约》将特定多数引入至46项条款。

针对除涉及双反贸易救济措施外的其他 DSB 裁决执行，欧盟理事会均采用多数表决方式，针对涉及双反贸易救济措施执行的 DSB 裁决，《欧盟理事会第 1515/2001 号条例》第 1.1 条和第 1.4 条规定，欧盟理事会拥有经简单多数表决机制最终撤销、修改和中止争议措施及采取任何其他特别措施的最终决定权。①《里斯本条约》事实上增强了贸易保护主义者在欧盟委员会和欧盟理事会内的影响力。较之自由派的北方成员国，一直倾向支持保护主义的欧盟南部和中东部成员国占据数量优势。尽管《里斯本条约》提高欧盟决策效率，扩大特定多数表决机制的适用范围，但同一程序中仍保留诸多需成员国代表一致通过的决策程序。此外，随着欧盟的扩张，特定多数虽已成为决议规则的主流，但每轮扩张必将导致理事会投票总数及通过和否决决议所需票数比例的变化。

（2）欧洲议会中的贸易保护主义倾向对 DSB 裁决执行的影响。欧洲议会作为欧盟两院制立法机关的下议院，是欧盟组织架构中唯一通过直接选举产生的机构。②《欧洲联盟运行条约》第 294 条详细规定，欧盟贸易领域立法实行的"普通立法程序"。③普通立法程序相当于以前欧盟条约中规定的"共同决策程序"，赋予欧洲议会和欧盟理事会平等的立法权，使两者均有权否决欧盟委员会提出的一项制定某一条例的立法建议。④《里斯本条约》大幅提高欧洲议会在欧盟立法中的作用，使其首次获得实质性参与欧盟贸易政策的权力。

欧洲议会在共同商业政策领域享有与欧盟理事会平等的立法权，前者的贸易保护主义倾向将有力阻碍违反 WTO 规则的法规（如《欧盟反倾销条

---

① Council Regulation（EC）No.1515/2001, Article 1.1, 1.4.《欧盟理事会第 1515/2001 号条例》第 1.1 条规定，欧盟理事会就基于欧盟委员会与咨询委员会磋商之后递交的建议经简单多数票，酌情采取以下一种或多种措施：（1）撤销或修改争议措施；（2）采取该情势下视为适当的任何其他特别措施。该条例第 1.4 条规定，如中止争议措施或修改后的措施是适当的，欧盟理事会应就该建议，经简单多数票在有限期限内准许此类中止。
② 自 1979 年，欧洲议会是欧盟组织框架内成员唯一由欧盟成员国人民直选产生的机构。
③ 《欧洲联盟运行条约》第 294.1 条规定，根据两部条约，如某项法令以普通立法程序通过，则需适用下列程序。
④ 《欧洲联盟运行条约》第 294 条规定，依照普通立法程序通过的立法性法令，应由欧洲议会会长和欧盟理事会主席签署。

例》)的修订,将给 DSB 裁决执行与否及执行的效率质量造成不利影响。目前,欧洲议会虽未能获得立法提案权(仍为欧盟委员会所垄断),但欧洲议会与欧盟理事会间业已存在的共同决策程序扩展到 41 个新领域。① 当执行 DSB 裁决须修改欧盟贸易条例时,② 由 700 多名议员组成的欧洲议会的辩论决策程序,往往复杂冗长,故欧洲议会参与 DSB 裁决执行将影响 DSB 裁决执行的可能性和时间进展,进而降低裁决执行的质量、效率。拥有立法权的欧洲议会可能会受特殊利益集团的影响,借此附加其他非贸易问题,如人权、民主和劳工标准等所谓"欧洲价值观",增加欧盟 DSB 裁决执行的政治性和复杂性。欧洲议会还可能以投票反对 DSB 裁决执行的具体措施为砝码,向欧盟委员会和欧盟理事会施压,增加欧盟与 WTO 争端申诉方达成妥协的难度。

《里斯本条约》生效后,欧洲议会对 DSB 裁决执行质量、效率的影响力大幅增加。有学者指出,《里斯本条约》生效前,欧盟贸易政策基本只牵涉欧盟委员会和欧盟理事会两大机构及各成员国。③ 欧洲议会名义上为欧盟民众的代表,在欧盟四大机构中一直是实权最小的,在包括贸易领域等很多问题上无发言权,既不能参与贸易政策立法,也不能有效影响欧盟对外贸易谈判。但《里斯本条约》大幅提高欧洲议会在欧盟立法中的作用,使其首次获得实质性参与欧盟贸易政策的权力,即在共同商业政策领域的立法权。有学者认为,《里斯本条约》生效后,欧洲议会取代成员国议会成为体现欧盟贸易政策民主性的主体。④

具有贸易保护主义倾向的欧洲议会参与涉及立法和行政措施的 DSB 裁决执行,欧盟未来修正保护性极强的条例的难度将陡增。根据《里斯本条约》第 14 条,欧洲议员必须是欧盟成员国公民,总数不超过 750 名(不包括议长

---

① 皮埃尔·维考特伦. 从《里斯本条约》考察欧盟"统治-治理"现状[J]. 王程乐, 译. 德国研究, 2012(2): 45.
② 在欧盟, 以条例为立法载体实施共同商业政策(对外贸易政策), 如《欧盟反倾销条例》《欧盟反补贴条例》等。
③ 张健.《里斯本条约》对欧盟贸易政策影响探析[J]. 现代国际关系, 2010(3): 23.
④ 例如, 欧盟与韩国的自由贸易协定此前需经欧盟 27 个成员国议会批准, 但按《里斯本条约》规定, 今后只需欧洲议会批准即可。

在内），各成员国所分配的议员人数按该国人口数递增。[①] 总体上，在欧洲议会中，欧盟各成员国在贸易问题上的立场并不一致，自由贸易派国家（如荷兰和北欧等国）秉持自由贸易有利于本国消费者和经济发展，常抵御欧盟贸易保护主义，故对具有明显保护主义特征的欧洲议会强势介入贸易政策决策保持谨慎；[②] 以农业及传统劳动密集型产业为主的成员国（如法国、意大利、西班牙和波兰等国）和摇摆派国家的保护主义倾向均很强，且占据数量优势。[③] 在欧洲议会中，贸易保护主义倾向突出的欧盟南部及中东部成员国占据数量优势，不利于 DSB 裁决执行的质量、效率。

二、美国国会相关委员会掌控 DSB 裁决执行

根据《乌拉圭回合协议法案》，DSB 裁决必须经美国国内相关部门的评估、咨询及磋商等国内立法和行政程序，才能得以执行。在并无根据《乌拉圭回合协议法案》第 102 条、第 123 条和第 129 条实行的具体国内执行程序的情况下，任何 DSB 裁决都不能被并入美国法。WTO 成员方虽多规定了一般行政立法规则，其也可专门针对 DSB 裁决执行制定特殊的行政立法规则。例如，根据美国《乌拉圭回合协议法案》第 123（g）条规定，涉及行政规章或行政实践的 DSB 裁决的执行程序复杂，其难度远超由《联邦行政程序法》规定的一般规章的制定、修改程序。[④]《联邦行政程序法》项下程序高效简化，无须历经涉及行政措施的 DSB 裁决执行过程中种种频现的强制性程序障碍，

[①] 各成员国所分配的议员人数最低不少于 6 名，最多不超过 96 名，以免三四个大国（如德、法、英和意）轻易稳获过半议员支持而强推任何法案。议会选举日期全欧盟统一，选举方式由各成员国决定，主要包括地区和全国政党比例代表制或单记让渡投票制。
[②] 英国上议院欧盟委员会曾出台文件表明此种担心，参见 Laursen F. The rise and fall of the EU's constitutional treaty [M]. Leiden: Martinus Nijhoff Publishers, 2008: 25.
[③] 张健.《里斯本条约》对欧盟贸易政策影响探析 [J]. 现代国际关系, 2010（3）: 27.
[④] 例如，根据美国《联邦行政程序法》，行政机关有权选择采取正式或非正式的程序制定规章；美国规章制定程序分为三种：（1）由《联邦行政程序法》第 556、557 条规定的正式的规章制定程序，这种典型的审判式规章制定程序极其复杂，严重影响行政听证程序为保护公众而制定新规章的能力，现已很少采用；（2）由《联邦行政程序法》第 553 条规定的非正式的规章制定程序，亦称"通告－评论的规章制定程序"，作为《联邦行政程序法》规定的规章制定的一般形式，目前，其已成为美国行政机关制定规章的典型形式；（3）公布规章，仅将最终规章在《联邦公报》上公布即可生效。

例如，美国贸易代表办公室应就 DSB 裁决及其执行与否向国会委员会报告并与之磋商，咨询私人部门顾问委员会意见、公布拟议的修改和理由，和由国会委员会就规章的修改行使最后决定权等。

有学者将《乌拉圭回合协议法案》描述为"最低限度执行"，如现行法律未明确违反 WTO 协定，美国不会采取任何立法行动；该做法表明美国突破限制的动机，利用协定中的任何漏洞实现其保护主义的利益；国会有意通过在 DSB 裁决执行过程中设置程序障碍以加大执行难度。争议解决条款有时会使得国际法律义务更容易被违反，政府可能设计出旨在促进而非阻止违约的争端解决制度。[①] 国内亦有学者认为，美国在国际上支持 WTO 发展，但在国内常对 WTO 协定持怀疑态度。《乌拉圭回合协议法案》的许多规定旨在限制 WTO 协定在国内法中的地位，限制将 WTO 协定引入国内法，密切监督 WTO 及其争端解决程序。《乌拉圭回合协议法案》有关 DSB 裁决执行的复杂程序证明了国会极为谨慎甚至是怀疑的态度。[②]

（一）美国国会的组成及其立法程序

美国国会作为民意代表机构，由 535 名参众两院议员和数十个委员会组成。[③] 国会委员会是国会的下设分支机构，[④] 充当着国会的"中枢神经"，并实际掌握和执行国会的立法权、监督权和财政权等主要职权。在众议院，《众议院规则》将贸易权授予筹款委员会下设的贸易小组委员会，后者负责掌管拨款和税收，管辖权涵盖海关、进口、市场准入、贸易竞争力、出口政策和贸易促进，通常被视为众议院中最有权力的委员会。在参议院，三个委员会分享贸易管理权：财经委员会、外交事务委员会与银行、住房和城市事务委

[①] BREWSTER R. Pricing compliance: when formal remedies displace reputational sanctions [J]. Harvard international law journal, 2013, 54 (2): 259.
[②] 李晓玲. WTO 争端解决裁决的执行机制研究 [M]. 北京：中国社会科学出版社，2012：247.
[③] 1789 年，美国众议院首开先例，成立国会最早的常设委员会选举委员会。19 世纪末 20 世纪初，委员会机构极度膨胀，其数量和权力资源均大幅增加，甚至委员会主席也曾被贴上美国政府"总理大臣"的标签。
[④] 国会委员会主要分为四种类型：常设委员会、特别委员会、联合委员会及会议委员会。根据 2011 年美国第 112 届国会的统计，该届国会共有 52 个委员会，包括参议院内 20 个常设委员会、5 个特别委员会及 4 个联合委员会，众议院内 21 个常设委员会及 2 个特别委员会。参见孙哲. 左右未来：美国国会的制度创新和决策行为 [M]. 上海：上海人民出版社，2012：90.

员会。①

国会内绝大部分法案在提交参众两院大会表决前,均须经相关委员会的事先审查和批准,而该环节也是立法过程中最重要的阶段。20世纪70年代国会改革后,委员会体制更加细化,内部的决策重心下移。在现代委员会体制中,国会委员会的立法决策权更多实质掌控在其内设的、数目庞大的小组委员会手中。如有学者归纳,小组委员会审查法案包括三个步骤:举行听证会、审议法案和起草审议结果并报告。具体而言,小组委员会在接到立法任务后,举行听证会,广泛了解法案的背景及相关人员、利益集团代表和有关专家等的意见,并在此基础上凭借其在该领域的专业知识对议案进行修改和补充,最终以审议报告的形式向委员会说明其赞成或反对某一议案的原因。②委员会则会立足更大视角,审查议案,决定是否对其进行改写或添加修正案、提交全员大会表决或直接搁置不理。

据统计,每届国会提出的议案合计约1.5万项左右,其中95%以上因得不到支持,在委员会阶段夭折。有学者指出,美国两院制竞争理论聚焦了其政策制定的讽刺内涵,即委员会制度最大化地提升了其成员从游说团体筹集捐款的能力。委员会体制通过在立法过程中设置障碍,进而增加外人操纵国会法案通过的难度。外人为使一项立法草案通过障碍,"参加游戏,则必须付费"。这些障碍解释了为何只有在等到重要筹款人同意政客们利用其投票作为筹码,换取捐助方的捐款之后,立法领导人才进行最后的投票;为何委员会只能停止立法(和不能执行立法);为何国会可能在不同的时间节点否决法案。③

(二)《乌拉圭回合协议法案》中有关国会相关委员会掌控DSB裁决执行的具体规定

在DSB裁决的执行过程中,美国国会委员会起着关键性的决定作用。《乌

---

① KOCAN D R. A failure to consider: why lawmakers create risk by ignoring international trade obligations [J]. UCLA pacific basin law journal, 2013, 31 (23): 26.
② 魏汝明. 浅析美国国会委员会制度:以参议院对外关系委员会为例 [J]. 学理论, 2012 (30): 27.
③ KOCAN D R. A failure to consider: why lawmakers create risk by ignoring international trade obligations [J]. UCLA pacific basin law journal, 2013, 31 (23): 44.

拉圭回合协议法案》授权美国国会相关委员会可全程跟踪、监督和最终决定涉及立法、行政及双反贸易救济措施的 DSB 裁决执行的全部程序,并实质上影响控制事态的发展。根据《乌拉圭回合协议法案》,有关国会相关委员会掌控 DSB 裁决执行的规定,具体如下:

(1)涉及立法措施的 DSB 裁决的执行。当 DSB 裁定美国相关州法违反 WTO 规则时,如美国贸易代表办公室未能与相关州就专家组或上诉机构报告达成双方均可接受的回应,作为最后的手段,美国贸易代表办公室可向最高法院起诉该州,请求依据《美国宪法》或有关法律认定 DSB 裁决所涉州法无效。① 美国贸易代表办公室应在美国提起该诉讼至少 30 日前,就可能提起的诉讼和其为解决该问题所作出的各项努力,向众议院筹款委员会和参议院财经委员会提交报告。②

(2)涉及行政措施的 DSB 裁决的执行。考察美国联邦法或州法与 WTO 协定不符性的争端解决专家组,一经设立,美国贸易代表办公室应迅速通知国会相关委员会;③ 如申诉方对专家组报告提起上诉,美国贸易代表办公室亦应迅速通知国会相关委员会;④ WTO 专家组或上诉机构报告发布后,美国贸易代表办公室应迅速采取以下措施:①将报告通知国会相关委员会;②对专家组报告,针对其可能提出的任何上诉与国会相关委员会磋商;③如专家组报告不利于美国,应就是否执行报告之建议与国会相关委员会进行磋商;④如选择执行,则与国会相关委员会磋商执行的方式及所需时间;⑤ ⑤向国会相关委员会提交报告,汇报行政措施的拟议修改内容、修改理

---

① 《乌拉圭回合协议法案》第 102(b)(2)(A)条。
② 《乌拉圭回合协议法案》第 102(b)(2)(C)条。
③ 《乌拉圭回合协议法案》第 123(d)条规定,考察联邦法或州法与 WTO 协定不符性的争端解决专家组,一经设立,美国贸易代表办公室应迅速通知国会相关委员会以下事项:(1)争端的性质,包括设立专家组的请求中列举的事项、申诉的法律依据和具体措施,特别是设立专家组的请求中援引的州法或联邦法;(2)专家组成员身份;(3)专家组成员的选择是否偏离协商一致规则。
④ 《乌拉圭回合协议法案》第 123(e)条规定,如申诉方对专家组报告提起上诉,美国贸易代表办公室应在提交上诉通知后,迅速通知国会相关委员会下列事项:(1)上诉中的问题;(2)审查专家组报告的上诉机构成员身份。
⑤ 《乌拉圭回合协议法案》第 123(f)条。

由及私人部门顾问委员会修改建议的概要;①⑥美国贸易代表办公室及相关部门或机构的负责人应就最后的规章或其他拟议修改的内容,与国会相关委员会磋商。②

(3)涉及双反贸易救济措施的DSB裁决的执行。国际贸易委员会的执行程序中,如果国际贸易委员会多数成员认为,根据《1930年关税法》或《1974年贸易法》,其有权采取措施使其行为不违反DSB裁决,并就此向美国贸易代表办公室递交肯定性报告。则此后,美国贸易代表办公室应就该事项与国会委员会进行磋商。③经美国贸易代表办公室书面指令,国际贸易委员会应在美国贸易代表办公室书面指令后120日内发布新裁定。在裁定实施前,美国贸易代表办公室应就实施该裁定与国会相关委员会进行磋商。④在商务部的执行程序中,商务部应在收到美国贸易代表办公室书面指令后180日内,发布与特定程序有关的裁定。在裁定实施前,美国贸易代表办公室应就实施该裁定与商务部和国会委员会进行磋商。⑤

(三)DSB裁决执行过程中政府、国会及产业间的三重博弈

在美国DSB裁决的执行实践中,政府、国会和以产业为主导的利益相关方间的三重博弈,加强了政府在DSB裁决执行问题上的弹性空间。三重力量交织纵横,有如美国贸易代表办公室、商务部和农业部等政府部门;有如商会、游说团体和以美国钢铁工人联合会为代表的业界团体等相关利益方;有如由各类委员会组成的、起到防火墙作用的国会。例如,在涉及反倾销、反补贴的DSB裁决执行的过程中,参与磋商的委员会通常包括负责联邦税收方面立法事务的众议院筹款委员会和参议院财经委员会。

(1)私人部门顾问委员会反馈产业利益诉求。美国产业界通过各种渠道间接左右DSB裁决的执行。产业界通过院外游说、选区企业和竞选机制等方式,左右在国会参众两院中有一定分量的议员,影响国会决策,从而最大限

---

① 《乌拉圭回合协议法案》第123(g)(1)(D)条。
② 《乌拉圭回合协议法案》第123(g)(1)(E)条。
③ 《乌拉圭回合协议法案》第129(a)(3)条。
④ 《乌拉圭回合协议法案》第129(a)(5)条。
⑤ 《乌拉圭回合协议法案》第129(b)(2)(3)条。

度地维护产业利益。美国产业界善于精准量化分析涉及和影响WTO争端的各方面因素，例如，前期是否发起案件、代表多大产业利益、动用多少院外资源、雇用多少律师、律师的小时工作量和费用、后期是否执行DSB裁决以及如何执行等。有学者指出，在某种意义上，WTO争端解决机构终止不法行为，是一种在特定社会内再次分配财富的决定，其并不能保证所有利益相关方均能获得相应的利益，特殊利益集团仍会竭尽全力使其产业或部门的利益披上国家利益的外衣。[1]

《乌拉圭回合协议法案》第123（g）条详细规定，涉及行政法规或行政实践的DSB裁决的执行程序。《乌拉圭回合协议法案》第123（g）（1）（B）条规定，针对执行涉及行政法规或行政实践的DSB裁决，美国贸易代表办公室应向根据《1974年贸易法》设立的相关私人部门顾问委员会寻求修改建议。[2]针对规章或其他修改的拟议内容及其理由，向私人部门顾问委员会寻求建议，有利于确保国内产业有合法渠道反映其利益诉求，使得DSB裁决执行程序更为明确具体，更有透明度。有学者指出，DSB裁决的执行与否、执行程度和时间长短，完全取决于国会委员会及其背后的利益团体；美国的法律不仅使其立法、行政和司法部门能够以违反其承担的国际法律义务的方式偏离WTO协定，而且尽管其已明确肯定国会掌控WTO协定的执行，却仍为利益集团创造动机来影响国内的实施细则，从而达到其利己目的。例如，650多页的美国《乌拉圭回合协定法案》包含了大量类似的偏离WTO协定的保护主义做法。[3]

私人部门顾问委员会是根据《1974年贸易法》建立起来的外部贸易政策顾问机构，私人部门顾问委员会的基本设计和框架相对平衡了当时的生产

---

[1] MAVROIDIS P C. Remedies in the WTO legal system: between a rock and a hard place [J]. European journal of international law, 2000, 11（4）. 转引自余敏友. 论世贸组织法律救济的特性 [J]. 现代法学, 2006, 28（6）: 22.

[2] 《乌拉圭回合协议法案》第123（g）（1）（B）条规定，在争端解决专家组或上诉机构裁定美国部门或机构的规章或做法与WTO协定不符的任何案件的报告执行过程中，美国贸易代表办公室应向根据《1974年贸易法》设立的相关私人部门顾问委员会寻求修改建议。

[3] PETERSMANN E-U. Constitutionalism and international organizations [J]. Northwestern journal of international law and business, 1996-1997, 17（398）: 419.

力布局和贸易利益集团,①经三次贸易立法的补充完善,②形成了一套完整的贸易政策顾问系统。美国贸易代表办公室应与商务部、劳工部、国防部、农业部或其他部门部长,及时、经常采取措施向贸易政策顾问委员会征求意见信息,进行协商,并通报有关贸易谈判或贸易政策的重大问题和进展情况。③私人部门顾问委员会的意见和建议虽对美国贸易代表办公室无法定约束力,但当美国贸易代表办公室就有关问题与国会协商时,应将私人部门顾问委员会观点提供给国会,甚至当国会审议是否延长总统贸易促进授权时,亦应听取私人部门顾问委员会的意见。④

《1974年贸易法》的立法史和有关规定均表明,国会创建私人部门顾问委员会的宗旨是让具体行业的生产商针对影响其所在行业的贸易政策和谈判立场提出建议。⑤企业单独或通过商业协会和贸易联盟游说,通过智库、消费者组织和新闻媒体等渠道向政府传递信息。私人部门顾问委员会的意见具有形式稳固、内容周详和效果显著等明显优点。

私人部门顾问委员会成员包括来自不同私营行业的近千名代表,下设若干顾问委员会,就美国国际贸易谈判、协定签署及贸易政策拟定等,为总统和美国贸易代表办公室提供咨询建议。私人部门顾问委员会在结构上分三个层次:第一层,1个总统贸易政策与谈判顾问委员会;第二层,6个代表重要经济领域的政策顾问委员会(包括农业、工业、贸易和环境等);⑥第三层,

---

① Section 135 of the Trade Act of 1974, 19 U. S. C.2155.
② The Trade Agreements Act of 1979, Pub. L. No.96-39, Title XI, 1103 (July 26, 1979); The Trade and Tariff Act of 1984 Pub. L. No.98-573, Title III, 306 (c)(2)(B)(Oct.30, 1984); The Omnibus Trade and Competitiveness Act of 1988, Pub. L. No.100-418 (Aug.23, 1988).
③ 19 U. S. C. 2155 (i).
④ Trade Act of 2002, Pub. L. No.107-210, Title XXI 2103 (c)(3)(A)(Aug.6, 2002), 116 stat.1007.
⑤ 参院报告92-1298(1974),1974 U. S. C. C. A. N.7186, 7249.设立具体产品顾问委员会的目的在于通过增加美国谈判代表对国内生产商在外国遇到的市场准入问题的了解和熟悉,提高他们的谈判能力,这些委员会因此应该作为经济中制造业的代表。转引自刘海彦.美国贸易政策顾问委员会制度研究[D].北京:对外经济贸易大学,2002:23.
⑥ 6个代表重要经济领域的政策顾问委员会具体包括:政府间政策顾问委员会、非洲政策顾问委员会、农业政策顾问委员会、劳工政策顾问委员会、国防政策顾问委员会及贸易环境政策顾问委员会。其中,前两个委员会由美国贸易代表办公室独立管理,其余四个委员会由美国贸易代表办公室分别与农业部、劳工部、国防部及环保署共同管理。

26个技术、行业部门和职能顾问委员会。

总统贸易政策与谈判顾问委员会是其中最重要的委员会,其成员少于45人,由总统任命,任期两年。目前,该委员会主要由大公司或贸易协会的高级管理人员组成,行业翘楚可借此与美国政府负责贸易政策的首脑官员直接沟通谈判立场。根据《1974年贸易法》,总统贸易政策与谈判顾问委员会应由美国各主要经济部门,尤其受贸易影响的各部门的广泛代表组成,负责在国家利益背景下就贸易问题提出全面政策建议。[①]6个政策顾问委员会成员由美国贸易代表办公室单独任命或与其他内阁官员共同任命。26个技术、行业部门和职能顾问委员会多集聚工业及农业领域,就贸易决策可能对其行业产生的影响提供意见。[②]

(2) DSB裁决执行过程中政府和国会两级谈判体制。美国国会的存在为DSB裁决的执行起到很好的屏障作用,增加了美国政府谈判的资本、余地。有学者指出,作为民意代表机关,国会委员会及其下设的众多小组委员会犹如庞大细密的触角,使其能在美国这样一个繁复多元的社会里敏锐感知社会各阶层的复杂利益诉求,为国会制定理性的政治决策提供制度化的通道。[③]有学者指出,国会的剑拔弩张将会为美中关系带来潜在的影响,贸易保护主义的立法可能引发来自中国的报复政策。美国政府可利用WTO诉讼在国会贸易保护主义者采取行动前先发制人解决问题。对于美国政府而言,WTO诉讼有助于美中关系的长远利益,并使其拥有了化解可能产生有害影响的政治紧张局势的独特能力。[④]

有学者认为,两级谈判体制表明,拥有防止妥协的国内壁垒使得该国的谈判地位更可信。[⑤] 美国国会因其在执行DSB裁决方面的强硬而著称,在

---

① 19 U. S. C. 2155 (b)(1).
② 每个技术和行业部门顾问委员会代表一个特定部门或大类商品,如纺织品或奶制品,四个职能顾问委员会分别就海关、标准、知识产权和电子商务问题提出跨部门建议。
③ 魏汝明. 浅析美国国会委员会制度:以参议院对外关系委员会为例[J]. 学理论, 2012 (30): 26.
④ CASTEL-FODOR K J. Providing a release valve: the U. S.-China experience with the WTO dispute settlement system [J]. Case western reserve law review, 2013, 64 (1): 221.
⑤ PUTNAM R D. Diplomacy and domestic politics: the logic of two-level games [J]. International organization, 1988, 42 (3): 429–460.

谈判达成和解过程中这竟成为美国政府讨价还价的资本。当须采取立法行动消除违法措施时，美国行政机关完全有理由辩解，鉴于采取必要的国会行动存在难度，美国不太可能完全或迅速执行，故申诉方须接受低于WTO协定规定的和解条件。许多WTO争端以协商解决结束，诉讼双方同意不完全执行DSB裁决，例如，巴西诉美国陆地棉补贴案（DS267）中，美国行政机关利用立法机关的强硬作为谈判策略，与巴西政府讨价还价，声称为消除违反WTO协定的措施，美国需改变对棉花生产者的补贴类型和程度，农业补贴一般涵盖在美国国会每五年审核的《农业法案》中，国会在对该法案进行下一轮投票前，不太可能重新考虑棉花补贴问题，巴西应在短期内接受折中的解决方案，允许美国棉花补贴继续。巴西政府虽本希望美国消除补贴，但考虑到美国行政机关面临的国内约束，最终选择妥协，达成和解，[①]美国继续保持补贴，但须每年支付给巴西1.47亿美元以免对方暂停关税减让。尽管美国争议措施仍然有效，该案中作为第三方的其他17个成员方和一些西非主要棉花生产国，并未提起新的申诉，[②]该案详情如表4-1所示。

表4-1 美国陆地棉补贴案（DS267）执行情况概要

时间	纠纷进展情况
2004年9月8日	专家组报告散发
2005年3月3日	上诉机构报告散发
2005年3月21日	DSB通过专家组和上诉机构的报告
2005年7月4日	巴西请求关于禁止性补贴授权报复
2005年7月5日	双方达成关于第21条和第22条的顺序协议
2005年7月14日	美国提起第22.6条仲裁

---

① JOFFE-WALT C. Why U. S. taxpayers started-and stopped-paying brazilian cotton farmers［EB/OL］.（2014-01-17）［2024-01-18］. http://www.npr.org/blogs/money/2014/01/17/263101422/why-u-s-taxpayers-started-and-stopped-paying-brazilian-cotton-farmers.
② DEVEREAUX C, LAWRENCE R Z, WATKINS M D. Case studies in US trade negotiations vol.2: resolving disputes［M］. Washington D. C.: Institute for international economics, 2006: 235-282.

续表

时间	纠纷进展情况
2005年8月17日	双方要求中止第22.6条仲裁
2005年10月6日	巴西请求关于可诉性补贴授权报复
2005年10月18日	美国对报复水平提出异议并提起第22.6条仲裁
2005年11月21日	双方要求中止第22.6条仲裁
2006年8月18日	巴西提起第21.5条专家组程序
2007年12月18日	第21.5条专家组报告散发
2008年2月12日	美国对该裁决提出上诉
2008年6月2日	上诉机构报告散发
2008年6月20日	DSB通过第21.5条专家组和上诉机构报告
2008年8月25日	巴西要求重启关于禁止性和可诉性补贴的第22.6条仲裁程序
2009年8月31日	仲裁裁定关于禁止性补贴报复水平的计算方法，并裁定关于可诉性补贴的报复水平为每年1.47亿美元
2009年11月6日	巴西要求DSB授权报复
2009年11月19日	DSB授权报复
2010年3月8日	巴西通知DSB实施报复措施
2010年4月30日	巴西通知DSB延迟报复措施
2010年6月21日	双方达成和解

资料来源：WTO. United States–subsidies on upland cotton［EB/OL］.（2006-03-17）[2024-01-18］. https：//www.wto.org/english/tratop_e/dispu_e/cases_e/ds267_e.htm. 点击该链接将获取该案件含专家组报告等在内所有相关资料文件，阅读统计汇总后，归纳出该表。

第四节　DSB 裁决执行的自由裁量权问题

一、欧盟立法中有关 DSB 裁决执行的自由裁量权的规定

（一）涉及双反贸易救济措施的 DSB 裁决执行的自由裁量权

《欧盟理事会第 1515/2001 号条例》前言和第 1.1 条均规定，针对根据《欧盟反倾销条例》或《欧盟反补贴条例》采取的措施（包括并未成为《关于争端解决规则与程序的谅解》项下的争端解决对象的措施），欧盟机构可"酌情"撤销、修改或采取"该情势下视为适当的任何其他特别措施"以考虑 DSB 通过的报告中作出的法律解释。此外，欧盟机构应能"酌情"中止或复审此类措施。[①]

（二）涉及贸易报复措施的 DSB 裁决执行的自由裁量权

关于报复措施的修改，《欧洲议会和理事会第 654/2014 号条例》第 7.3 条规定，当有调整商业政策措施之"必要"时，考虑到第 4.2 条和第 4.3 条规定的条件和标准（商业政策措施的程度和适当性标准），欧盟委员会可根据第 8.2 条规定的程序作出任何"适当"修改。[②]

二、美国立法中有关 DSB 裁决执行的自由裁量权的规定

（一）涉及立法措施的 DSB 裁决执行的自由裁量权

《乌拉圭回合协议法案》第 102（b）(2)(A) 条规定，不可根据州法的条款或其适用与 WTO 协定不一致，而宣布该法无效，美国为宣布该法或其适用无效而提起的诉讼除外。

（二）涉及行政措施的 DSB 裁决执行的自由裁量权

（1）《乌拉圭回合协议法案》第 123（f）(3) 条规定，如专家组报告不

[①] Council Regulation（EC）no.1515/2001, Chapeau（5），Article 1.1.
[②] Regulation（EC）no.654/2014 of the European Parliament and of the Council, Article 7.

利于美国，美国贸易代表办公室应就是否执行报告之建议与国会相关委员会进行磋商，如选择执行，（则进一步磋商）执行的方式及所需时间。

（2）《乌拉圭回合协议法案》第123（g）（1）条规定，针对争端解决专家组或上诉机构裁定美国部门或机构的规章或做法与WTO协定不符的任何案件，在其报告执行过程中，该规章或做法可不予修改或废除，直至符合特定条件除外。

（三）涉及双反贸易救济措施的DSB裁决执行的自由裁量权

《乌拉圭回合协议法案》第129（a）（1）条规定，如争端解决专家组在《关于争端解决规则与程序的谅解》第15条下的中期报告或上诉机构在《关于争端解决规则与程序的谅解》第17条下的报告中裁定，国际贸易委员会与特定程序有关的行动与美国在《反倾销协定》《保障措施协定》《补贴与反补贴措施协定》下的义务不符，美国贸易代表办公室可指令国际贸易委员会出具咨询报告，根据《1930年关税法》第7章或《1974年贸易法》第2章，说明国际贸易委员会是否有权采取与该特定程序有关的步骤，以使其行为不违反涉及这些义务的专家组或上诉机构裁决。美国贸易代表办公室亦应将该指令通知国会委员会。《乌拉圭回合协议法案》第129（a）（3）规定，如国际贸易委员会多数成员根据该法案第129（a）（1）条发布了肯定性报告，美国贸易代表办公室应就该事项与国会委员会进行磋商。

美国贸易代表办公室在与国会相关委员会就是否执行DSB裁决进行磋商前，其可指令国际贸易委员会就执行DSB裁决出具咨询报告。如果国际贸易委员会未能根据《1930年关税法》或《1974年贸易法》提出其有权采取的不违反DSB裁决的执行措施，即《乌拉圭回合协议法案》并未明确，在国际贸易委员会递交否定性报告的情况下，接下来是否选择执行DSB裁决。概言之，美国是否执行涉及双反贸易救济措施的DSB裁决，部分取决于是否存在不违反《1930年关税法》或《1974年贸易法》的执行措施，即国内法优先。

（四）涉及贸易报复授权的DSB裁决执行的自由裁量权

《1974年贸易法》第301（c）条规定，美国贸易代表办公室可依其认为适当的方式并在适当限度内，限制服务部门准入许可的条款或条件，或拒绝颁发任何许可。

第五章

欧美执行 DSB 裁决的实践对中国的启示

第一节 中国执行 DSB 裁决的机制和实践

一、DSB 裁决执行情况概览

（一）中国作为申诉方和被诉方的案件的 DSB 裁决执行情况

WTO 对中国国内法的影响深远广泛，不但触及低层次的贸易政策、较高层次的规章、条例，甚至触及最高层次的法律。截至 2023 年 12 月 31 日，共 72 起 WTO 案件涉及中国（起诉 23 起，被诉 49 起），多起争端直接涉及我国法规和规章，尤其涉及与税法、投资和贸易等相关的规章。中国被诉案件中：美国申诉 23 起、欧盟申诉 11 起，其中，涉及补贴 8 起、反倾销 6 起、出口管理措施 6 起和双反 3 起等；被诉领域涉及增值税、电子支付、原材料和知识产权等。关于中国作为被诉方和申诉方的 WTO 案件的 DSB 裁决的执行情况，如表 5-1 和表 5-2 所示。

表 5-1 中国作为败诉方的 WTO 案件的 DSB 裁决执行情况概要

序号	案号	申诉方	纠纷	通过时间	执行
1	339	欧盟	影响汽车零部件进口的措施	2009 年 1 月 12 日	协商，7 个月 20 天
2	340	美国			
3	342	加拿大			
4	362	美国	影响知识产权保护和执法的措施	2009 年 3 月 20 日	协商，12 个月

续表

序号	案号	申诉方	纠纷	通过时间	执行
5	363	美国	影响出版物和音像制品交易权和发行服务的措施	2010年1月19日	协商，14个月
6	394	美国	涉及各种原材料出口的措施	2012年2月22日	协商，10个月9天
7	395	欧盟			
8	398	墨西哥			
9	413	美国	影响电子支付的措施	2012年8月31日	协商，11个月
10	414	美国	对来自美国的取向电工钢征收反倾销和反补贴税的措施	2012年11月16日	仲裁，8个月15天
11	425	欧盟	对X射线检测设备征收反倾销税的措施	2013年4月24日	协商，9个月25天
12	427	美国	对肉鸡产品的反倾销和反补贴税的措施	2013年12月19日	协商，9个月14天
13	431	美国	对稀土、钨和钼的出口限制措施	2014年8月29日	协商，8个月3天
	432	欧盟			
	433	日本			
14	454	日本	对高性能不锈钢无缝管征收反倾销税的措施	2015年10月28日	协商，9个月25天
	460	欧盟			
15	483	加拿大	对从加拿大进口浆粕的反倾销措施	2017年5月22日	协商，11个月，中国宣布已经执行，加拿大要求复审
16	511	美国	对农业生产者的补贴	2019年5月28日	协商，14个月5天

资料来源：WTO. Dispute by member［EB/OL］.（2023-12-31）［2024-01-18］. https://www.wto.org/english/tratop_e/dispu_e/dispu_by_country_e. htm. 点击该链接弹出页面将呈现1995年1月1日至今所有案件，点击按照应诉方分类，将获取按照应诉方国家或组织的英文名称的首字母排序的列表，并同时呈现应诉方所有应诉案件的具体案号等，点击选取中国部分，将呈现所有中国应诉案件含专家组报告等资料，经汇总得出该表。

表 5-2 中国作为胜诉方的 WTO 案件的 DSB 裁决执行情况概要

序号	案号	被诉方	纠纷	通过时间	执行
1	252	美国	对某些钢产品的进口采取最终保障措施	2003年12月10日	自动执行
2	379	美国	对某些产品征收反倾销和反补贴税的措施	2011年3月25日	协商，11个月
3	392	美国	影响中国禽肉进口的措施	2010年10月25日	自动执行
4	397	欧盟	对紧固件的反倾销措施	2011年7月28日	协商，14个月14天
5	399	美国	影响中国轿车和轻货车轮胎进口的措施	2011年10月5日	无须执行
6	405	欧盟	对皮鞋的反倾销措施	2012年2月22日	协商，7个月19天
7	422	美国	对冷冻温水虾和金刚石锯片的反倾销措施	2012年7月23日	协商，8个月
8	437	美国	对某些产品征收反补贴税的措施	2015年1月16日	执行情况审查专家组和上诉机构报告通过，仲裁确定执行期限为14个月16天，至2016年4月1日
9	449	美国	对某些产品的反倾销和反补贴措施	2014年7月22日	协商，12个月，至2015年7月22日，后延长至2015年8月5日
10	471	美国	涉及中国的反倾销程序中的方法及其适用	2017年5月22日	裁决，15个月，至2018年12月22日到期后中国提出报复，美国反对

续表

序号	案号	被诉方	纠纷	通过时间	执行
11	492	欧盟	影响禽类产品关税减让的措施	2017年4月19日	协商,到2018年7月19日,2019年6月4日双方通知已于4月1日执行

资料来源：WTO. Dispute by member［EB/OL］.（2023-12-31）［2024-01-18］. https://www.wto.org/english/tratop_e/dispu_e/dispu_by_country_e.htm. 点击该链接弹出页面将呈现1995年1月1日至今所有案件，点击按照申诉方分类，将获取按照申诉方国家或组织的英文名称的首字母排序的列表，同时呈现申诉方所有申诉案件的具体案号等，点击选取中国部分，将呈现所有中国申诉案件含专家组报告等资料，经汇总得出该表。

（二）外国政府和学界对中国执行DSB裁决前景和现状的跟踪和评论

中国加入WTO以来，外国政府和学界一直对中国执行DSB裁决的前景和现状保持着高度关注。中国加入WTO前，美国政府制定《2000年美国与中国关系法案》，在中国加入WTO后，与中国建立永久正常贸易关系。美国政府根据该法案建立了一个由商务部、国务院、农业部和贸易代表办公室组成的复杂机制，观察中国履行WTO项下承诺的情况。[1] 此后，美国贸易代表办公室用20个联邦机构观察中国DSB裁决的执行情况，并向国会递交年度报告。

中国刚加入WTO时，有外国学者认为，可能迫使中国修改国内法律的DSB裁决，将侵犯中国谨慎保护的主权，进而质疑中国是否会遵守不利的DSB裁决。甚至有外国学者建议，专家组和上诉机构应根据《关于争端解决规则与程序的谅解》第19条，对中国执行裁决的方法作出更为具体的建议。[2]

然而，有外国学者在考察中国多年来执行DSB裁决的实践后认为，较之其他自由贸易大国，中国至今尚未拒绝执行任何DSB裁决，从未发展到

---

[1] U.S.–China Relations Act of 2000, Pub. L.106-286, 22 U.S.C. § 6901, 6943, 6951.
[2] DUNCAN C. Out of conformity: China's capacity to implement World Trade Organization dispute settlement body decisions after accession［J］. American university international law review, 2002（18）: 502, 505.

仲裁，展示了高度的执行力；[1]中国在大多数被诉案件中修改法律和规章以执行 DSB 裁决，且在合理期限内完成执行，在执行质量方面积累了良好纪录；区别于有如美国、欧盟和日本等其他主要贸易伙伴，中国的最大不同之处在于，截至目前，中国尚未被提起执行之诉，[2]而其他贸易伙伴的有些案件，甚至被拖延十几年仍未执行。例如，当美国面临小国（如古巴）、敏感行业（如钢铁、牛肉）、最基本的主权权力（如税收、开支）或国会法案时，可能会公然违反 DSB 裁决。亦有外国学者指出，即使当中国在争端解决机制中败诉，其仍选择继续磨炼其诉讼技巧，并维护争端解决机构的长期生命力。至关重要的是，中国执行不利的裁决，借此彰显争端解决机制的有效性，进而影射其他贸易伙伴执行是有必要的。[3]此外，另有外国学者亦肯定了，中国加入 WTO 几十年来对多边贸易体制的维护和尊重，中国参与 WTO 争端解决机制同时具有实用性和战略意义，既是其维护经济实力的手段，也是其在 WTO 内外的政治领域内建立其影响因素，即软实力的重要手段。中国在维护其核心价值观的同时，亦在很大程度上遵守了 WTO 体制。[4]

（三）基于系争措施的中国 WTO 案件的分类

在我国引发 DSB 程序的、与 WTO 协定不相符的系争措施，往往具有广泛性、多层次性和不确定性，可能涵盖不同立法层级、行政层级和司法层级的法律条文、行政决定和司法裁决。根据个案中 DSB 裁决涉及的系争措施，可将我国 WTO 案件具体分为如下三类。

（1）涉及法律、法规和司法解释的 WTO 案件。例如，美国和墨西哥对中国税收和其他费用返还和减免的措施案（DS358/359）涉及《中华人民共和

---

[1] YERXA R, WILSON B. Key issues in WTO dispute settlement: the first ten years [M]. Cambridge: Cambridge university press, 2005: 328.
[2] 2014 年，中国针对来自美国的取向电工钢征收反倾销和反补贴税的措施案（DS414）被提起《关于争端解决规则与程序的谅解》第 21.5 条执行审查之诉，同年 3 月执行专家组成立。
[3] CASTEL-FODOR K J. Providing a release valve: the U. S.–China experience with the WTO dispute settlement system [J]. Case western reserve law review, 2013, 64 (1): 222-223.
[4] TOOHEY L. China and the World Trade Organization: the first decade [J]. International & comparative law quarterly, 2011, 60 (3): 798.

国外商投资企业和外国企业所得税法》第6、7、8和10条；美国对中国影响知识产权保护和执法的措施案（DS362）涉及《中华人民共和国著作权法》（以下简称《著作权法》）（1990年版）第4条第1款、《中华人民共和国知识产权海关保护条例》（以下简称《知识产权海关保护条例》）及其实施办法及《中华人民共和国刑法》（以下简称《刑法》）有关知识产权犯罪刑事门槛的相关规定，该案甚至一度可能面临涉及司法解释的DSB裁决执行，[①]因抗辩成功，涉及司法解释的DSB裁决执行将留待今后实践探索。

（2）涉及部门规章、地方政府规章和行政机关行政行为的WTO案件。个案中涉及大量关于补贴措施的文件，具体包括中央政府各部门的部门规章和地方政府规章，甚至包括地方党委的文件，例如，集成电路增值税案（DS309）、影响汽车零部件进口的措施案（DS339/340/342）、影响出版物和音像制品交易权和发行服务的措施案（DS363）、涉及各种原材料出口的措施案（DS394/395/398）、影响电子支付的措施案（DS413）、影响金融信息服务和外国金融信息供应商的措施案（DS372/373/378）和有关风能设备措施案（DS419）等。又如，在美国、墨西哥和危地马拉诉中国赠与、贷款和其他激励措施案（DS387/388/390）中，[②]中国被诉措施达100多件，文件本身约20万字，其中，中央政府措施8项，地方政府措施90余项，涉及15个省、自治区、直辖市和3个计划单列市。

（3）涉及商务部在贸易救济过程中的行政措施和行政行为的WTO案件。例如，对来自美国的取向电工钢征收反倾销和反补贴税的措施案（DS414）、对X射线检测设备征收反倾销税的措施案（DS425）和对汽车征收反倾销和反补贴税的措施案（DS440）。

下文将按照系争措施的分类，梳理中国WTO被诉案件中已作出裁决且

---

① 美国对中国影响知识产权保护和执法的措施案（DS362）中，系争措施涉及最高人民法院和最高人民检察院颁布的《关于办理侵犯知识产权刑事案件具体应用法律若干问题的解释》。
② 美国、墨西哥和危地马拉诉中国赠与、贷款和其他激励措施案（DS387）中，涉案措施可分为三类：（1）涉及国家质量监督检验检疫总局开展的"中国世界名牌产品"评价活动以及各级地方政府发布的有关执行和奖励措施；（2）涉及由商务部、国家发展和改革委员会和财政部等八部委发布的《关于扶持出口名牌发展的指导意见》及各级地方政府发布的有关执行和奖励措施；（3）各级地方政府发布的其他有关扶持出口的措施。杨国华.WTO中国案例评析［M］.北京：知识产权出版社，2015：362.

须采取具体执行措施的 DSB 裁决的执行情况。

二、涉及立法措施的 DSB 裁决的执行机制和实践

（一）涉及立法措施的 DSB 裁决执行的法律依据和机制

涉及立法措施的 DSB 裁决整体适用《中华人民共和国立法法》（以下简称《立法法》）第二章第二至五节全国人大及其常委会的立法程序。《立法法》（2015 年版）第 59 条第 1 款规定，法律的修改和废止程序，适用本章的有关规定。

针对涉及立法措施的 DSB 裁决，首先，相关部门起草法律修正案，上报国务院；法律修正案经国务院调研征求意见、审查和修改，上报国务院常务会议；①法律修正案经国务院常务会议讨论通过后，由国务院办公会以国务院名义上报全国人大常委会，审议该法。

修改国家法律事关重大。截至目前，为执行 DSB 裁决，中国仅修改过一部法律，即为执行美国对中国影响知识产权保护和执法的措施案（DS362）的 DSB 裁决，全国人大常委会审议修改了《著作权法》（1990 年版）第 4 条。

（二）案件例证

美国对中国影响知识产权保护和执法的措施案（DS362）涉及《著作权法》（1990 年版）第 4 条第 1 款、《知识产权海关保护条例》及其实施办法相关条款及《刑法》有关知识产权犯罪刑事门槛的相关规定。2007 年 4 月 10 日，美国请求与中国进行磋商。2009 年 3 月 20 日，DSB 通过该案专家

---

① 《中华人民共和国国务院组织法》（以下简称《国务院组织法》）（1982 年版）第 4 条规定，国务院会议分为国务院全体会议和国务院常务会议。国务院全体会议由国务院全体成员组成。国务院常务会议由总理、副总理、国务委员和秘书长组成。总理召集和主持国务院全体会议和国务院常务会议。国务院工作中的重大问题，必须经国务院常务会议或国务院全体会议讨论决定。《国务院工作规则》第 22 条规定，国民经济和社会发展计划及国家预算、宏观调控和改革开放的重大政策措施、国家和社会管理重要事务、法律议案和行政法规等，由国务院全体会议或国务院常务会议讨论和决定。《国务院工作规则》第 20 条规定，国务院常务会议由总理、副总理、国务委员、秘书长组成，由总理召集和主持。国务院常务会议的主要任务是：（1）讨论决定国务院工作中的重要事项；（2）讨论法律草案、审议行政法规草案；（3）通报和讨论其他重要事项。国务院常务会议一般每周召开一次。根据需要可安排有关部门、单位负责人列席会议。实践中，国务院常务会议每周三上午召开，讨论法规和一些将出台的重要规范性文件。

组报告，裁定《著作权法》(1990年版)第4条第1款和海关措施违反《与贸易有关的知识产权协定》有关条款，中国知识产权犯罪的刑事门槛未违反《与贸易有关的知识产权协定》。2009年6月29日，中美经协议，确定执行该案DSB裁决的合理期限为专家组报告通过后12个月，于2010年3月20日到期。

2010年2月26日，《全国人民代表大会常务委员会关于修改〈中华人民共和国著作权法〉的决定》发布，于2010年4月1日生效。修改前的《著作权法》第4条规定，依法禁止出版、传播的作品，不受本法保护。著作权人行使著作权，不得违反宪法和法律，不得损害公共利益。2010年将《著作权法》第4条修改为：著作权人行使著作权，不得违反宪法和法律，不得损害公共利益。国家对作品的出版、传播依法进行监督管理。2010年2月26日，全国人大常委会前所未有地为执行DSB裁决而修改《著作权法》第4条第1款，这是中国法制史上第一次为执行一个国际组织裁决而修改本国法律。以下以《著作权法》第4条第1款的修改为例，介绍中国执行涉及立法措施的DSB裁决的程序机制，如图5-1所示。

《中华人民共和国著作权法修正案（草案）》（以下简称《著作权法修正案（草案）》）删除了《著作权法》第4条第1款的规定。[①]《〈中华人民共和国著作权法修正案（草案）〉的说明》（以下简称《〈著作权法修正案（草案）〉的说明》）[②]在肯定《著作权法》于1991年6月1日实施以来发挥积极作用的同时，说明此次修改《著作权法》的原因：首先，目前形势发生变化，2008年，国务院发布《国家知识产权战略纲要》（国发〔2008〕18号），对著作权的保护、运用提出新的更高要求，为了满足该要求，需对《著作权法》的个别条款进行修改。其次，《著作权法》施行后，我国有关作品出版、传播的监督管理立法相继出台，著作权保护的法律环境发生一定变化，须对《著作权法》中有关作品出版、传播监督管理的原则规定作必要修改。

---

① 受国务院委托，《著作权法修正案（草案）》还就作品登记、著作权质押登记及依法禁止出版传播的作品作出修改建议。
② 2010年2月24日，第十一届全国人大常委会第十三次会议审议有关《〈中华人民共和国著作权法修正案（草案）〉的说明》。

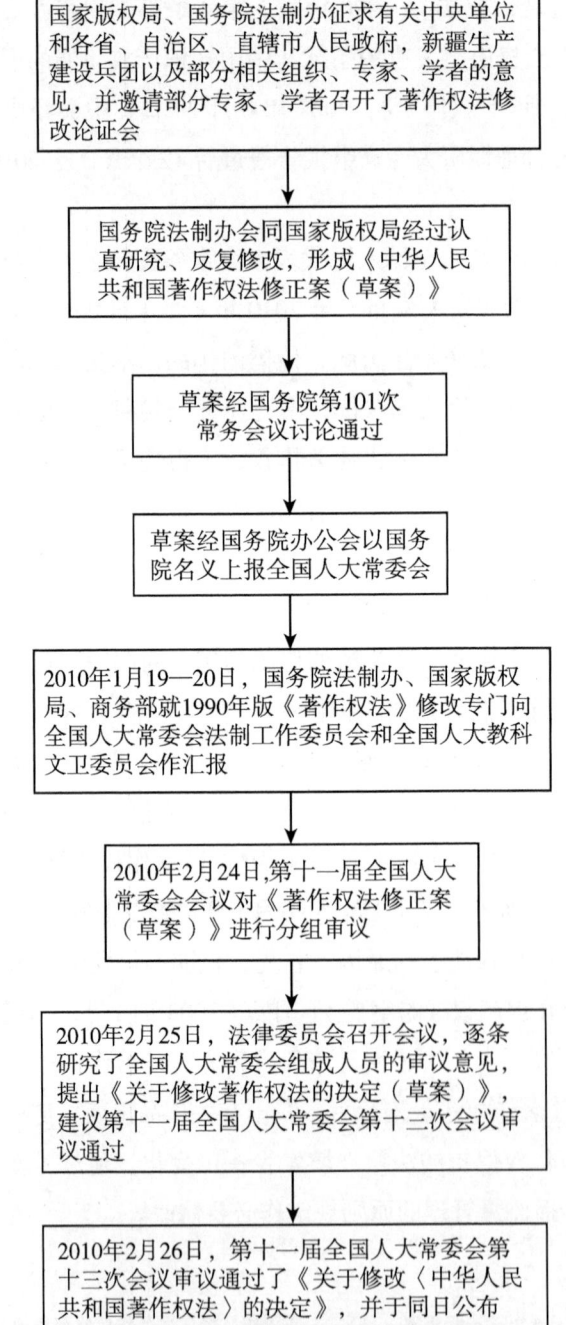

图 5-1 美国对中国影响知识产权保护和执法的措施案（DS362）DSB 裁决的执行程序

《〈著作权法修正案（草案）〉的说明》介绍关于修改《著作权法》第4条第1款的具体原因，1990年《著作权法》颁布时，我国尚无具体法律规定监督管理作品的出版、传播。1991—2001年，国务院先后颁布实施六部条例。[①] 目前，对禁止出版、传播的作品已有明确规定，即使无《著作权法》第4条第1款的规定，亦可有效监督管理作品的出版、传播。

全国人大法律委员会认为《著作权法修正案（草案）》基本可行，同时提出以下修改意见：对《著作权法》第4条的修改，既要体现国家依法对作品出版、传播的监督管理，也要符合《伯尔尼公约》、WTO《与贸易有关的知识产权协定》的规定。[②]

三、涉及行政措施的DSB裁决的执行机制和实践

（一）涉及行政法规和规章的DSB裁决执行的法律依据

（1）执行涉及行政法规的DSB裁决整体适用《行政法规制定程序条例》。该条例第38条第1款规定，行政法规的修改、废止程序适用本条例的有关规定。《行政法规制定程序条例》详尽规定法规的修改与制定程序，具体涵盖：负责法规起草工作的部门（国务院的一个部门、几个部门或法制机构）、行

---

① 这六部条例具体指：《音像制品管理条例》《电影管理条例》《出版管理条例》《广播电视管理条例》《计算机软件保护条例》《信息网络传播权保护条例》。

② 全国人大法律委员会.全国人民代表大会法律委员会关于《中华人民共和国著作权法修正案（草案）》审议结果的报告［R/OL］.（2010-02-26）［2024-01-18］. https://www.npc.gov.cn/cwhhdbdh/c4186/c12576/c12581/201905/t20190523_395883.html. 此外，为执行该案，2010年3月24日，国务院通过《国务院关于修改〈中华人民共和国知识产权海关保护条例〉的决定》（2010年第572号令）。原条例第27条第3款被修改为：被没收的侵犯知识产权货物可以用于社会公益事业的，海关应当转交给有关公益机构用于社会公益事业；知识产权权利人有收购意愿的，海关可以有偿转让给知识产权权利人。被没收的侵犯知识产权货物无法用于社会公益事业且知识产权权利人无收购意愿的，海关可以在消除侵权特征后依法拍卖，但对进口假冒商标货物，除特殊情况外，不能仅清除货物上的商标标识即允许其进入商业渠道；侵权特征无法消除的，海关应当予以销毁。2009年3月3日，海关总署公布《中华人民共和国海关关于〈中华人民共和国知识产权海关保护条例〉的实施办法》（海关总署第138号令）。该实施办法第33条在旧版实施办法第30条的基础上，在该条第2款开头增加"海关拍卖侵权货物，应当事先征求有关知识产权权利人的意见"之规定。海关总署公告2007年第16号仍然有效。参见杨国华.WTO中国案例评析［M］.北京：知识产权出版社，2015：354.

政法规送审稿的签署、国务院法制机构审查和征求意见、国务院常务会议审议、国务院法制机构对行政法规草案进行进一步修改、总理签署及以国务院令公布施行，①如表5-3所示。

表5-3　中国行政法规制定和修改程序概要

依据	国务院根据宪法和法律，制定行政法规
内容	1. 为执行法律规定的事项； 2.《宪法》第89条规定的国务院职权事项； 3. 为执行全国人大及其常委会授权的事项
立项	1. 由国务院有关部门报请立项； 2. 由国务院法制机构拟订年度立法工作计划，报党中央、国务院批准后向社会公布

---

① 根据《行政法规制定程序条例》，修改行政法规适用以下程序：（1）国务院有关部门认为需修改行政法规，应于每年年初编制国务院年度立法工作计划前，向国务院报请立项。（2）国务院法制机构应根据国家总体工作部署，对部门报送的行政法规立项申请汇总研究，拟定国务院年度立法工作计划，报党中央、国务院批准后向社会公布。（3）对列入国务院年度立法工作计划的行政法规项目，承担起草任务的部门应按照要求上报国务院。可由国务院的一个部门或几个部门具体负责起草工作，也可确定由国务院法制机构起草或组织起草。（4）起草过程中，起草部门应广泛听取有关机关、组织和公民的意见。（5）起草部门向国务院报送的行政法规草案送审稿，应由起草部门主要负责人签署。几个部门共同起草的行政法规草案送审稿，应由该几个部门主要负责人共同签署，并报送行政法规草案送审稿的说明和有关材料。（6）报国务院的行政法规草案送审稿，由国务院法制机构负责审查。不符合该条例第19条规定，可缓办或退回起草部门。（7）国务院法制机构应将行政法规草案送审稿或行政法规草案送审稿涉及的主要问题发送国务院有关部门、地方人民政府、有关组织和专家等各方征求意见。（8）国务院有关部门对行政法规送审稿涉及的主要制度、方针政策、管理体制、权限分工等有不同意见的，国务院法制机构应当进行协调，力求达成一致意见；不能达成一致意见的，应当将争议的主要问题、有关部门的意见以及国务院法制机构的意见报国务院领导协调，或者报国务院决定。国务院法制机构应当认真研究各方面的意见，与起草部门协商后，对行政法规送审稿进行修改，形成行政法规草案和对草案的说明。行政法规草案由国务院法制机构主要负责人提出提请国务院常务会议审议的建议；对调整范围单一、各方面意见一致或者依照法律制定的配套行政法规草案，可以采取传批方式，由国务院法制机构直接提请国务院审批。（9）行政法规草案由国务院常务会议审议，或者由国务院审批。国务院常务会议审议行政法规草案时，由国务院法制机构或起草部门作说明。（10）国务院法制机构应根据国务院对行政法规草案的审议意见，对行政法规草案进行修改，形成草案修改稿，报请总理签署国务院令公布施行。行政法规公布后的30日内由国务院办公厅报全国人大常委会备案。

续表

起草	1. 由有关部门起草或由国务院法制机构起草、组织起草； 2. 送审稿由起草部门主要负责人签署送审，共同起草的，应由该几个部门主要负责人共同签署送审
审查	1. 送审稿由国务院法制机构负责审查； 2. 由法制机构主要负责人建议提请国务院常务会议审议，但调整范围单一、各方面意见一致或法律配套的行政法规，可以传批，由国务院法制机构直接提请国务院审批
决定	1. 建议送审方式：国务院常务会议审议，由国务院法制机构或起草部门作说明； 2. 传批方式：直接由国务院审批
公布	1. 总理签署国务院令公布施行； 2. 在国务院公报上刊登的文本为标准文本
实施	1. 原则上公布30日后执行； 2. 但是涉及国家安全、外汇汇率、货币政策的确定以及公布后不立即施行将有碍其施行的，可以自公布之日起施行
备案	公布后的30日内，由国务院办公厅报全国人大常委会备案
解释	1. 法规条文本身需要进一步明确具体含义或者法规制定后出现新的情况，需要明确适用法规依据的，由国务院解释。国务院法制机构拟定解释草案，报国务院同意后，由国务院或其授权的有关部门公布； 2. 属于行政工作中具体应用行政法规的问题，国务院有关部门与省级政府的法制机构可以请求解释，由国务院法制机构研究答复；涉及重大问题的，由其提出意见报国务院同意后答复

（2）涉及部门规章和地方政府规章的DSB裁决执行，整体适用《规章制定程序条例》。该条例第39条规定，规章的修改、废止程序适用本条例的有关规定，如图5-2所示。

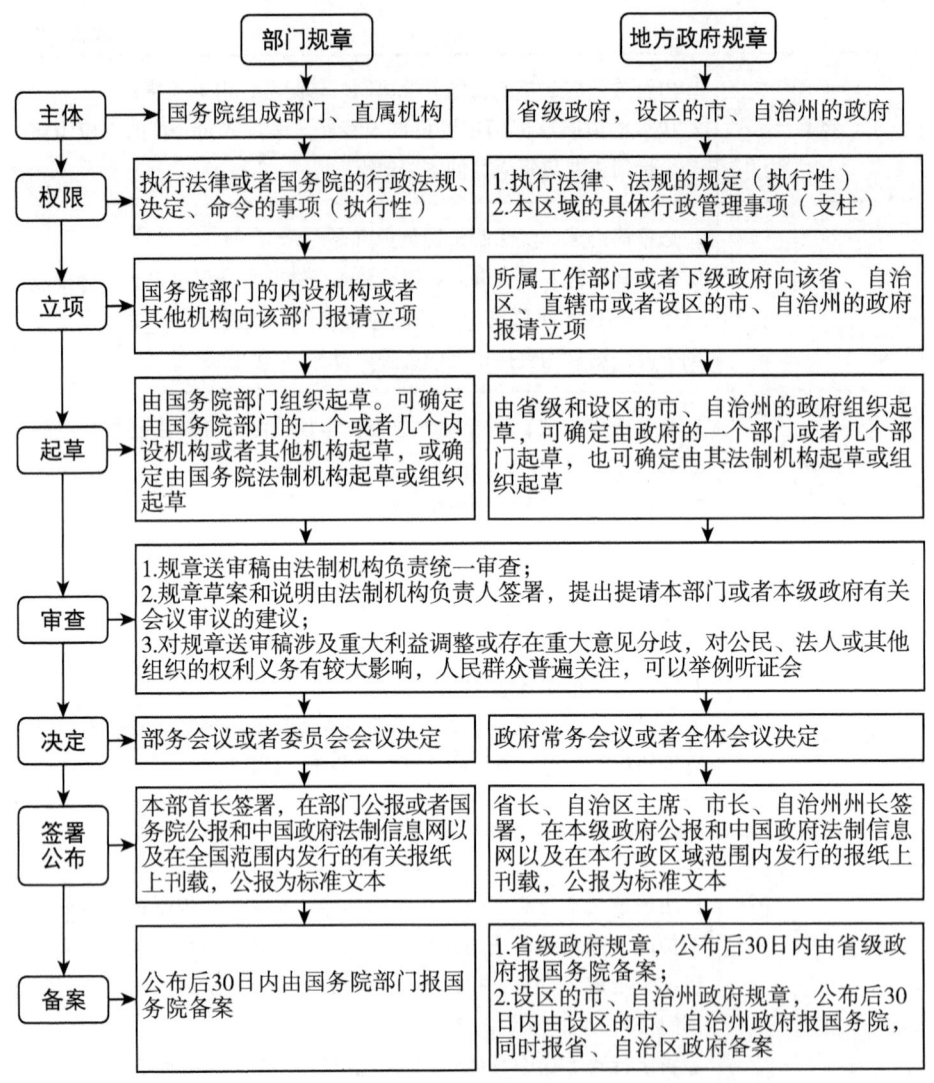

图 5-2 中国部门规章和地方政府规章制定和修改程序

(二)涉及行政法规和规章的 DSB 裁决的执行机制

笔者经调研发现,实践中,国务院各部门在商务部的协调下,根据《行政法规制定程序条例》和《规章制定程序条例》规定的有关程序,执行涉及行政法规和规章的 DSB 裁决。

(1)目前,国内由商务部条约法律司(以下简称条法司)负责牵头启动执行 DSB 裁决的整体机制运转和程序工作。实践中,成员方一经提出磋商请求或立案，条法司作为具体牵头单位，将基于其自身判断决定在该案中需召集哪些部门共同组成应对工作小组。视具体案情应对工作小组可能包括：①国务院法制机构，当 DSB 裁决涉及行政法规时，或商务部认为涉及国务院层面，需中间人协调所涉各部门时，将提请国务院法制机构参加；②案件所涉部门，在诉讼、仲裁和执行 DSB 裁决的过程中，商务部虽在协调各部门执行方面无权限，且根据政府架构，商务部与其他涉案部门多属横向平级部门，但因执行 DSB 裁决系涉及国家形象的大事，目前各部门多配合商务部，尊重和善意执行 DSB 裁决；③相关企业和行业协会等，例如，在中国对稀土、钨和钼的出口限制措施案（DS431/432/433）和中国涉及各种原材料出口的措施案（DS394/395/398）的应诉过程中，国内稀土行业协会、有色金属工业协会、地方政府和个别企业，如中国五矿集团公司等，均有参加。

（2）应对工作小组在诉讼、仲裁过程中，共同商讨案件应诉策略和方案、抗辩空间，以提高胜诉率和争取更多的裁决执行时间。

（3）专家组或上诉机构报告一经通过，条法司将基于 DSB 裁决的具体内容和国内立法权限的部门划分，将其转发至涉案行政法规或规章的相应主管部门或地方。

（4）经应对工作小组充分讨论，由各部门共同起草形成一个关于如何执行 DSB 裁决的方案报告，剖析利弊，分析是否要执行、为何执行及具体执行方法。报告经各部门会签，最终以商务部或其他部门名义上报国务院。通常情况下，该报告无须上报国务院常务会议，而是直接报给国务院领导。

（5）执行方案一经国务院批准，DSB 裁决的执行工作将根据权责部署分摊到各所涉部门或地方，并据此废止、修改政策措施。例如，美国对中国影响知识产权保护和执法的措施案（DS362）中，涉及版权的部分由国家版权局负责起草法律修正案。

根据行政程序，执行方案一经国务院批准，将采取以下措施：①针对涉及行政法规的 DSB 裁决的执行，由具体部门负责起草，上报国务院法制机构，有些需法制机构直接起草的，由法制机构负责起草，报请总理办公会；②针对涉及规章的 DSB 裁决的执行，由国务院各部门、地方政府按照程序自行修改规章，经修改的规章直接生效，事后报国务院备案，国务院仅负责规章的备案审查，如在审查中发现其违反上位法，可建议予以修改；③针对涉及政策性文件的DSB裁决的执行，相关部门予以修改，征求国务院法制机构意见，法制机构负责审查相关政策措施不违反法律、不存在强制性行政许可。

中国执行涉及行政措施的DSB裁决的程序，如图5-3所示。

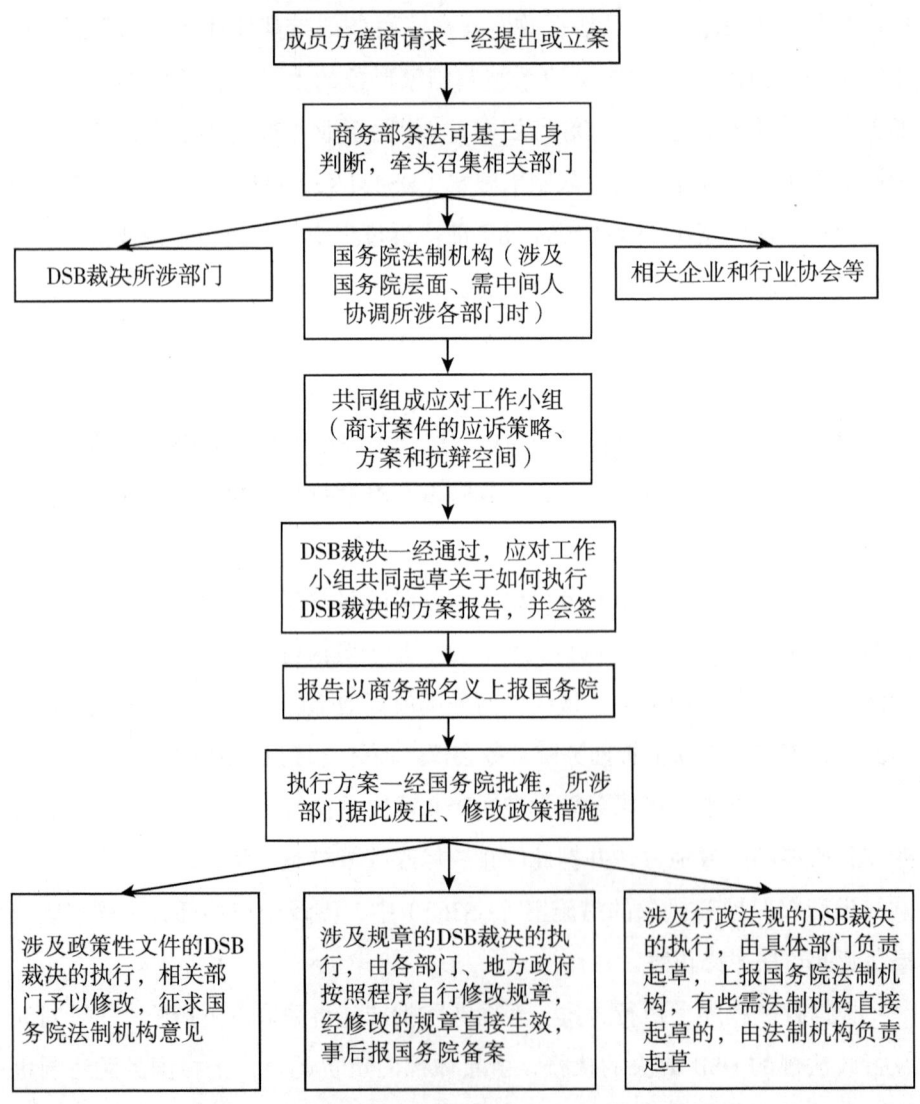

图5-3 中国涉及行政措施的DSB裁决的执行程序

(三) 案例例证

表 5—4　中国作为被诉方的 WTO 案件的 DSB 裁决执行之详细情况汇总

案件	涉案措施	效力级别	法规类别	执行方式	发布部门	发文字号	实施日期
影响汽车零部件进口的措施案（DS 339、340、342）	1.《汽车产业发展政策》（国家发展和改革委员会令第8号，2004年，部分失效）	部门规章	机械工业管理	部分失效，发布《关于停止执行〈汽车产业发展政策〉有关条目的决定》	工业和信息化部、国家发展和改革委员会	工业和信息化部、国家发展和改革委员会令第10号	2009年9月1日
	2.《构成整车特征的汽车零部件进口管理办法》（海关总署、国家发展和改革委员会、财政部、商务部令第125号，2005年，失效）	部门规章	进口许可与管理	全部废止，发布《关于废止〈构成整车特征的汽车零部件进口管理办法〉的决定》	海关总署、国家发展和改革委员会、财政部、商务部	海关总署、国家发展和改革委员会、财政部、商务部令第185号	2009年9月1日
	3.《进口汽车零部件特征核定规则》（海关总署公告2005年第4号，失效）	部门规范性文件	进出境运输工具监管	全部废止，发布《废止〈进口汽车整车部件特征核定规则〉的公告》	海关总署	海关总署公告2009年第58号	2009年9月1日

· 143 ·

续表

案件	涉案措施	效力级别	法规类别	执行方式	发布部门	发文字号	实施日期
美国对中国影响知识产权保护和执法的措施案（DS 362）	1.《著作权法》（主席令第31号，1990年，第4条第1款，已被修改）	法律	著作权法规	部分修改，发布《全国人民代表大会常务委员会关于修改〈中华人民共和国著作权法〉的决定》	全国人大常委会	主席令第26号	2010年4月1日
	2.《知识产权海关保护条例》（国务院令第395号，2003年，已被修改）	行政法规	海关综合规定、知识产权综合规定	部分修改，发布《国务院关于修改〈中华人民共和国知识产权海关保护条例〉的决定》	国务院	国务院令第572号	2010年4月1日
	3.《中华人民共和国海关关于〈中华人民共和国知识产权海关保护条例〉的实施办法》（海关总署令第114号，2004年，失效）	部门规章	海关综合规定、知识产权综合规定	被废止，发布《中华人民共和国海关关于〈中华人民共和国知识产权海关保护条例〉的实施办法》	海关总署	海关总署令第183号	2009年7月1日

续表

案件	涉案措施	效力级别	法规类别	执行方式	发布部门	发文字号	实施日期
美国对中国影响出版物和音像制品交易权和发行的服务的措施案（DS363）	1.《出版管理条例》（国务院令第343号，2001年，已被修改）	行政法规	出版与出版物市场管理	部分修改，发布《国务院关于修改〈出版管理条例〉的决定》	国务院	国务院令第594号	2011年3月19日
	2.《音像制品管理条例》（国务院令第341号，2001年，已被修改）	行政法规	音像制品与电子出版物	部分修改，发布《国务院关于修改〈音像制品管理条例〉的决定》	国务院	国务院令第595号	2011年3月19日
	3.《电影管理条例》（国务院令第342号，2001年，未作任何修改，现行有效）	行政法规	电影	签订补偿协议，中美签订《关于电影的谅解备忘录》，承诺将进口数量从20部提高到34部，同时将美方分账比例由原来的13%~17.5%增加到25%	国务院	—	2012年4月15日

续表

案件	涉案措施	效力级别	法规类别	执行方式	发布部门	发文字号	实施日期
美国对中国影响出版物和音像制品交易权和发行服务的措施案（DS 363）	4.《电影企业经营资格准入暂行规定》（国家广播电影电视总局、商务部令第43号，2004年，未作任何修改）	部门规章	电影	签订补偿协议，中美签订《关于院线电影的谅解备忘录》，承诺将进口分账大片数量从20部提高到34部，同时将美方分账比例由原来的13%~17.5%增加到25%	国家广播电影电视总局、商务部	—	2012年4月15日
	5.《外商投资产业指导目录》（2007年修订）（国家发展和改革委员会、商务部令第57号，失效）	部门规章	对外经贸机构与公司企业	被废止，发布《外商投资产业指导目录（2011年修订）》	国家发展和改革委员会、商务部	国家发展和改革委员会、商务部令第12号	2012年1月30日
	6.《电子出版物管理规定》（新闻出版总署、国家版权局令第24号，2004年，失效）	部门规章	出版与出版物市场管理	被废止，发布《电子出版物出版管理规定》	新闻出版总署	新闻出版总署令第34号	2008年4月15日
	7.《订户订购进口出版物管理办法》（新闻出版总署令第27号，2004年，失效）	部门规章	出版与出版物市场管理	被废止，发布《订户订购进口出版物管理办法》	新闻出版总署	新闻出版总署令第51号	2011年3月25日

第五章 || 欧美执行 DSB 裁决的实践对中国的启示

续表

案件	涉案措施	效力级别	法规类别	执行方式	发布部门	发文字号	实施日期
美国对中国影响图书、报纸、期刊、音像制品和电子出版物交易权和发行服务的措施案（DS363）	8.《外商投资图书、报纸、期刊分销企业管理办法》（新闻出版总署、国家版权总局令第24号，2004年，失效）	部门规章	出版与出版物市场管理	被废止，发布《出版物市场管理规定》	新闻出版总署、商务部	新闻出版总署、商务部部令第52号	2011年3月25日
	9.《音像制品进口管理办法》（文化部、海关总署令第23号，2002年，失效）	部门规章	音像制品与电子出版物	被废止，发布《音像制品进口管理办法》	新闻出版总署、海关总署	新闻出版总署、海关总署令第53号	2011年4月6日
	10.《互联网文化管理暂行规定》（文化部令第27号，2003年，失效）	部门规章	互联网	被废止，发布《互联网文化管理暂行规定》	文化部	文化部令第51号	2011年4月1日
中国涉及九种原材料的出口的措施案（DS394、395、398）	1.对矾土、焦炭等九种原材料所实施的出口配额	部门工作文件	出口许可与管理	发布《2013年出口许可证管理货物目录》	商务部、海关总署	商务部、海关总署公告2012年第97号	2013年1月1日
	2.对矾土、焦炭等九种原材料所实施的出口税	部门工作文件	关税	发布《国务院关税税则委员会关于2013年关税实施方案的通知》	国务院关税税则委员会	税委会〔2012〕22号	2013年1月1日

资料来源：本表综合了 WTO 官网、北大法宝官网及杨国华教授著作的资料，统计时间范围 2001 年 12 月 11 日—2023 年 12 月 31 日。杨国华．WTO 中国案例评析［M］．北京：知识产权出版社，2015：348-366．WTO. Disputes by member［EB/OL］．［2024-01-18］．https：// www.wto.org/english/tratop_e/dispu_e/dispu_by_country_e.htm．

· 147 ·

四、涉及双反贸易救济措施的 DSB 裁决的执行机制和实践

（一）涉及双反救济措施的 DSB 裁决执行的法律依据

2013 年 7 月，商务部审议通过《执行世界贸易组织贸易救济争端裁决暂行规则》（商务部令 2013 年第 2 号），作为国内首次针对 DSB 裁决执行的贸易救济立法，该规章填补了我国关于 DSB 裁决执行的法律机制空白。该规则是商务部的部门规章，针对涉及商务部在贸易救济过程中的行政措施和行政行为的 DSB 裁决执行，其上位法包括《中华人民共和国对外贸易法》（以下简称《对外贸易法》）、《中华人民共和国反倾销条例》（以下简称《反倾销条例》）、《中华人民共和国反补贴条例》（以下简称《反补贴条例》）和《中华人民共和国保障措施条例》（以下简称《保障措施条例》）。

《执行世界贸易组织贸易救济争端裁决暂行规则》为商务部执行 DSB 贸易救济裁决提供了一定的国内法律依据，明确商务部可采取的措施的范围和需遵循的程序等问题。[①]《执行世界贸易组织贸易救济争端裁决暂行规则》共八条，涵盖适用范围（适用于 DSB 作出的关于"两反一保"的裁决）、执行措施和执行程序等。

（二）案件例证

中国对来自美国的取向电工钢征收反倾销和反补贴税案（DS414）的争议措施为，中国对产自美国的取向电工钢征收反倾销和反补贴税，具体涉及中国商务部 2010 年第 21 号公告。2010 年 9 月 15 日，美国请求与中国进行磋商。2012 年 6 月 15 日，专家组报告发布。2012 年 7 月 20 日，中国提起上诉。2012 年 10 月 18 日，上诉机构报告发布。2012 年 11 月 16 日，DSB 通过上诉机构报告，裁定中国双反措施违反《反倾销协定》和《补贴与反补贴措施协定》的相关条款。2013 年 5 月 3 日，仲裁员根据《关于争端解决规则与程序的谅解》第 21.3（c）条发布仲裁裁决，裁定该案合理执行期限为 8 个月 15 天，至 2013 年 7 月 31 日结束。

[①]《执行世界贸易组织贸易救济争端裁决暂行规则》第 2 条规定："世界贸易组织争端解决机构作出裁决，要求我国反倾销、反补贴或者保障措施与世界贸易组织协定相一致的，商务部可以依法建议或者决定修改、取消反倾销、反补贴或保障措施，或者决定采取其他适当措施。"

该案系我国第一个涉及贸易救济措施的且需执行的 WTO 争端解决案件。由于在执行该案过程中，国内尚无执行涉及双反贸易救济措施的 DSB 裁决的法律依据，2013 年 7 月 29 日，商务部颁布《执行世界贸易组织贸易救济争端裁决暂行规则》，对中国如何执行 WTO 贸易救济裁决作出规定。

2013 年 7 月 31 日，商务部发布《关于取向性硅电钢执行世贸裁决的公告》（商务部公告 2013 年第 51 号），在合理期限内修改了已被裁定违反 WTO 规则的双反措施。相比最初的反倾销税和反补贴税，新的反倾销税和反补贴税有所下降。2014 年 1 月 13 日，美国不满于中国该案 DSB 裁决的执行情况，根据《关于争端解决规则与程序的谅解》第 21.5 条提起执行审查之诉。

关于中国执行涉及双反贸易救济措施的案件的 DSB 裁决的具体情况，如表 5-5 所示。

表 5-5　中国涉及双反贸易救济措施的 DSB 裁决执行之详细情况汇总

案件	采取的反倾销措施			采取的反补贴措施		
	抽样应诉企业数量和征收反倾销税税率	其他应诉企业数量和征收反倾销税税率	其他公司征收反倾销税税率	抽样应诉企业数量和征收反补贴税税率	其他应诉企业数量和征收反补贴税税率	其他公司征收反补贴税税率
中国对来自美国的取向电工钢征收反倾销和反补贴税案（DS414）	反倾销税（自 2010 年 4 月 11 日起）			反补贴税（自 2010 年 4 月 11 日起）		
	2 家 7.8% 19.9%		64.8%	2 家 11.7% 12%		44.6%
	再调查反倾销税（自 2013 年 8 月 1 日起）			再调查反补贴税（自 2013 年 8 月 1 日起）		
	2 家 7.8% 19.9%		13.8%	2 家 3.4% 3.4%		3.4%

续表

案件	采取的反倾销措施			采取的反补贴措施		
	抽样应诉企业数量和征收反倾销税税率	其他应诉企业数量和征收反倾销税税率	其他公司征收反倾销税税率	抽样应诉企业数量和征收反补贴税税率	其他应诉企业数量和征收反补贴税税率	其他公司征收反补贴税税率
中国对来自欧盟的X射线检测设备征收反倾销税的措施案（DS425）	反倾销税（自2011年1月23日起）			—		
	1家 33.5%		71.8%			
	再调查反倾销税（自2014年2月19日起）					
	终止征收反倾销税					
中国对来自美国的肉鸡产品的反倾销及反补贴税的措施案（DS427）	反倾销税（自2010年8月29日起）			反补贴税（自2010年8月29日起）		
	3家 50.3% 50.3% 53.4%	32家 51.8%	105.4%	3家 4.0% 5.1% 12.5%	32家 7.4%	30.3%
	再调查反倾销税（自2014年7月28日起）			再调查反补贴税（自2014年7月28日起）		
	3家 73.8% 49.5% 46.6%	32家 60.7%	73.8%	3家 4.0%~4.2%	32家 4.1%	4.2%

资料来源：WTO官网，点击以下链接将获取该案件含专家组报告等在内所有相关资料文件，阅读统计归纳出该表。https://www.wto.org/english/tratop_e/dispu_e/cases_e/ds414_e.htm；https://www.wto.org/english/tratop_e/dispu_e/cases_e/ds425_e.htm；https://www.wto.org/english/tratop_e/dispu_e/cases_e/ds427_e.htm/。

第二节　中国执行 DSB 裁决法律机制的特征

有国外学者指出，当面对与新自由主义价值观紧密联系的 WTO 协定时，中国的治理方式遭遇着特别的挑战。中国与贸易伙伴间的贸易争端具有象征性和务实性的特点，争端过程彰显了中国的自身形象及其根深蒂固的主权。[①] 有学者认为，WTO 规则是由处于迥然不同环境中的经济体为其自身利益而设计的。中国在 WTO 中的一系列被诉案件，从某种程度上反映出，中国政治经济体制与 WTO 基本原则间的摩擦。[②]

当前，中国政府在执行 DSB 裁决的实践中，主要面临两大问题是：首先，DSB 裁决执行所涉领域广，敏感行业多。在中国作为被诉方的 WTO 争端中，争议措施涉及贸易救济、出口限制、进口关税、服务贸易、与贸易有关的投资措施和知识产权等多个领域。其次，DSB 裁决执行难度大，涉案法律问题的复杂度、广度和深度不断加强。在中国已执行的案件中，多涉及调整不同层级的法律、法规、部门规章及规范性文件，按涉案频率由高到低依次是：部门规章、规范性文件、法规、法律，如表 5-4 所示。

经调研，笔者发现我国 DSB 裁决执行机制具有如下特征。

一、效力等级较高的执行 DSB 裁决的专门立法缺位

目前，针对执行涉及立法措施、行政措施和双反贸易救济措施的 DSB 裁决，我国分别适用《立法法》《行政法规制定程序条例》《规章制定程序条例》和《执行世界贸易组织贸易救济争端裁决暂行规则》。针对 DSB 裁决的执行，我国尚无统一、专门的法律或法规。我国有关 DSB 裁决执行的法律机制尚不健全。上节介绍的针对立法、行政和双反贸易救济措施的 DSB 裁决的执行程

[①] TOOHEY L. China and the World Trade Organization: the first decade [J]. International & comparative law quarterly, 2011, 60 (3): 789.
[②] GAO H. Elephant in the room: challenges of integrating China into the WTO system [J]. Asian journal of WTO & international health law & policy, 2011 (6): 137-168.

序，是在实践中衍生出来的、不成文的内部行政工作程序，并非常设固定的法律明文规定的程序机制。实践中，尚需一个立法载体赋予商务部协调 DSB 裁决执行的相关权力，指导其依法行政。

（一）商务部难以根据《执行世界贸易组织贸易救济争端裁决暂行规则》协调与其他部门间 DSB 裁决执行工作的权责部署

《执行世界贸易组织贸易救济争端裁决暂行规则》未能涵盖与其他部门协调 DSB 裁决执行工作的权责部署。一旦 DSB 裁决执行需通过部委协商，甚至涉及更高级别的部门，商务部则难以根据《执行世界贸易组织贸易救济争端裁决暂行规则》依法行政、协调与其他相关部委的执行行动。在部门主导的立法模式背景下，商务部作为执行 DSB 裁决的统一协调机关，对于涉及体制性问题的案件，缺乏强力协调能力。部分案件 DSB 裁决的执行与推动国内法治建设的改革密切相关，例如，双反案中有关公共机构的认定问题，《中华人民共和国商业银行法》的修改可能涉及的利率改革问题等。其他具体案例还包括：影响金融信息服务和外国金融信息供应商的措施案（DS372/373/378）、影响出版物和音像制品交易权和发行服务的措施案（DS363）和影响电子支付的措施案（DS413）等。有学者指出，由于缺乏法律依据，部门间的协调主要依据个人魅力、权威和方法进行。这种因人而异的做法，无疑不利于有效应对 WTO 争端。[①]

2003 年和 2008 年，国务院办公厅先后两次下发《商务部主要职责内设机构和人员编制规定》。2008 年版本的规定授权商务部代表我国政府处理与 WTO 的关系，牵头承担我国在 WTO 框架下的谈判和贸易政策审议、争端解决和通报咨询等工作，负责对外贸易协调工作。较之 2003 年版本，该版本条文增加了"牵头"和"负责对外贸易协调工作"的部分。然而，实践中，该规定能否作为商务部协调各部门、地方人大和政府开展 DSB 裁决执行工作的法律依据，尚待观察。

---

① 韩立余. 既往不咎：WTO 争端解决机制研究［M］. 北京：北京大学出版社，2009：432.

（二）商务部根据《执行世界贸易组织贸易救济争端裁决暂行规则》修改、取消国务院关税税则委员会有关征收双反税的决定，法律依据不足①

根据《执行世界贸易组织贸易救济争端裁决暂行规则》第6条，②商务部拥有就修改或取消关税措施向国务院关税税则委员会的建议权，并根据后者决定发布公告。根据《反倾销条例》第29条的规定，③商务部仅拥有征收临时反倾销税的建议权，国务院关税税则委员会真正掌握征收临时反倾销税的最终决定权。④商务部仅根据部门规章《执行世界贸易组织贸易救济争端裁决暂行规则》，责令国务院关税税则委员会修改有关征收"两反一保"税的决定，以执行DSB裁决，在立法层级上尚未理顺。

此外，《反倾销条例》第57条规定，商务部负责与反倾销有关的对外磋商、通知和争端解决事宜。然而，为执行DSB裁决而修改、取消"两反一保"税是否包括在"对外磋商、通知和争端解决事宜"内，尚无定论。征税高低直接涉及私人主体和企业的利益，是引发国内外企业提起针对商务部的国际贸易行政诉讼的潜在风险点。目前，具体个案操作中，尚无机制性安排。实践中，商务部上报国务院法制机构请其予以协调。

（三）《执行世界贸易组织贸易救济争端裁决暂行规则》针对除涉及贸易救济措施外的其他DSB裁决的执行尚无规定

《执行世界贸易组织贸易救济争端裁决暂行规则》内容局限于执行涉及贸易救济的DSB裁决，⑤对涉及法律、法规、司法解释、部门规章、地方性法规及地方政府规章的DSB裁决执行，尚无明确法律规定。如何执行涉及地方

---

① 《执行世界贸易组织贸易救济争端裁决暂行规则》第2条规定，WTO争端解决机构作出裁决，要求我国有关贸易救济措施与WTO协定相一致，商务部可以依法建议或者决定修改、取消有关贸易救济措施，或者决定采取其他适当措施。
② 《执行世界贸易组织贸易救济争端裁决暂行规则》第6条规定，商务部可以就修改或者取消反倾销税、反补贴税、保障措施关税等税措施，向国务院关税税则委员会提出建议，并根据其决定发布公告。
③ 《反倾销条例》第29条规定，征收临时反倾销税，由商务部提出建议，国务院关税税则委员会根据商务部的建议作出决定，由商务部予以公告。
④ 根据《国务院办公厅关于调整国务院关税税则委员会的通知》（国办发〔2018〕105号），国务院关税税则委员会的主要职责之一是，决定征收反倾销税、反补贴税、保障措施关税等。
⑤ 《执行世界贸易组织贸易救济争端裁决暂行规则》第1条规定，为执行世界贸易组织反倾销、反补贴和保障措施争端裁决，根据有关法律、行政法规的规定，制定本规则。

性法规或规章的 DSB 裁决，目前仍属空白。实践中，执行涉及地方性法规的 DSB 裁决，适用各地方的地方性法规制定程序条例。因地方性法规多由地方政府法制部门和相关部门起草议案后，报地方人大，鉴于上级人大对下级人大无领导关系，上报国务院的执行方案经批准后，再发给地方政府法制部门。

2015 年 2 月 11 日，美国就酝酿两年之久的出口示范基地案（DS489）提出磋商请求，争议措施包括我国 182 项补贴措施，多为地方各种给予补贴的文件。本案中，商务部对外贸易司最初为稳增长向国家发展和改革委员会和财政部申请资金，国务院出台文件设立出口示范基地，基地建设涉及省、市和县一条线。本案与之前的美国、墨西哥和危地马拉诉中国赠与、贷款和其他激励措施案（DS387/388/390）一脉相承，[①]该案共涉及 100 多项措施，其中中央政府措施 8 项，地方政府措施 90 余项，涉及 15 个省、自治区、直辖市和 3 个计划单列市。该案最终以磋商方式解决。[②]关于涉案中央政府措施，鉴于年度工作通知性质，部分文件已失效、废止或修改；关于涉案地方政府措施，2009 年 6 月底前，地方政府已完成修改或废止等工作。

二、集中权威的执行 DSB 裁决的协调机制缺位

就 DSB 裁决的执行而言，我国目前行政立法程序的不足在于，缺少明确的执行 DSB 裁决的启动和协调机构。由于 WTO 案件往往涉及面广，涉诉的行政立法和措施可能由不同的行政机构作出，分散的执行主体不利于统一、有效地制定符合国家和产业整体利益的执行方案。以中国被诉案件为例，影响汽车零部件进口的措施案（DS339/340/342）涉及国家发展和改革委员会、工业和信息化部、财政部、商务部和海关总署；影响知识产权保护和执法的

[①] 2008 年 12 月 19 日，美国和墨西哥分别请求与中国进行磋商。加拿大、欧盟、土耳其和澳大利亚先后请求加入磋商。该案涉案措施可分为三类：（1）涉及国家质量监督检验检疫总局开展的"中国世界名牌产品"评价活动以及各级地方政府发布的有关执行和奖励措施；（2）涉及由商务部、国家发展和改革委员会和财政部等八部委发布的《关于扶持出口名牌发展的指导意见》（商贸发〔2005〕124 号）及各级地方政府发布的有关执行和奖励措施；（3）各级地方政府发布的其他有关扶持出口的措施。杨国华．WTO 中国案例评析 [M]．北京：知识产权出版社，2015：362.

[②] 2009 年 12 月 18 日，中国与起诉方就该案（DS387/388/390）在日内瓦分别签署了相互同意的解决方案。

措施案（DS362）涉及国家知识产权局、版权局、最高人民法院和海关总署；影响出版物和音像制品交易权和发行服务的措施案（DS363）涉及中宣部、前文化部、国家发展和改革委员会、商务部、前国家广播电影电视总局、前新闻出版总署、海关总署；影响金融信息服务和外国金融信息供应商的措施案（DS372/373/378）涉及新华社和中宣部等多个部门。此外，补贴类案件则更多涉及国家发展和改革委员会、财政局、国家税务总局和具体产业主管部门。

2003年和2008年政府机构改革后，商务部成为主管国内外贸易和国际经济合作的国务院组成部门。商务部部长不属于国务院常务会议组成人员，其多与其他部长级别、职位相同，但个别部委的主任级别高于商务部部长。有学者认为，由于WTO规则涉及国内经济和产业政策，而这些政策的制定和执行很多分别属于商务部之外的其他部委的权限范围，这就给具体负责处理WTO争端解决的商务部工作带来了一定难度。各部委之间的协调是商务部面临的最棘手的工作。[①] 此外，目前负责WTO争端申诉和应诉的商务部条法司WTO处正式人员编制仅为3~4人，即使加上条法司涉外部门人员，人员仍有限。但其工作职责庞杂，涵盖负责法律文件起草、执行方案起草、部门协调及联系企业、协会和律师等。

三、行政机关单独掌管DSB裁决的执行

DSB裁决的执行过程实为利益博弈的过程。对各方利益主体，如果无合法渠道反映其利益诉求，如果政府相关机构无法律规定的责任或义务正式回应其诉求，如果无明确的法律机制保障其直接参与案件应对和执行的权利；则余下的可能是政府部门间的博弈。较之欧美立法机关全程掌管DSB裁决执行的立法规范和程序机制，我国现阶段DSB裁决执行呈现以下三个特征：政府主导下的行政决定取代立法规范；维护私人产业利益的立法机制缺位；缓

---

① 国务院副总理和国务委员分工处理分管工作，在商务部出面协调困难时，通常由主管商务部的副总理负责协调。如应予协调的部门同属某一副总理分管，则协调相对比较容易；如应予协调的部门分属不同的副总理分管，则协调比较困难。参见韩立余．既往不咎：WTO争端解决机制研究［M］．北京：北京大学出版社，2009：431-433.

冲 DSB 裁决执行的国内法律机制缺位。

（一）政府主导下的行政决定取代立法规范

我国有关 DSB 裁决执行的法律机制尚不健全，涉及立法、行政及贸易救济措施的 DSB 裁决的执行程序，均系不成文的内部工作程序，并非法律明文规定的、常设固定的程序机制。

现有机制通过报批国务院，最终以国务院行政决定的方式，来协调 DSB 裁决的执行。实践中，国务院非常重视 DSB 裁决的执行工作，在行政体制框架下，就可完成（除涉及法律外的）① 所有 DSB 裁决的执行工作。商务部条法司负责根据案件进展将下一步工作方案上报商务部部长；关于是否及如何执行 DSB 裁决等重大决定和时间节点，商务部与国务院相关涉案部委联合协商、准备 DSB 裁决的执行方案，形成报告，经所涉部门会签，上报国务院。报告一经批复，涉案部门马上通过一般立法程序执行 DSB 裁决，修改行政法规、部门规章和规范性文件。例如，2011 年初，中央批准同意中宣部上报的《中美出版物市场准入世贸组织争端案裁决执行方案》；2013 年 6 月，国务院批复同意《商务部关于美诉我电子支付服务措施世贸组织争端案执行工作方案的请示》。②

因为现阶段案件的内部意见比较易统一，截至目前，这种由国务院行政力量推动下的行政主导的、依靠内部工作流程的 DSB 裁决执行机制模式运作良好，但并不代表针对未来所有案件都将运行顺畅。面前未来，我们需要思考：这种总是或仅是通过国务院行政手段协调的机制，是否是中国执行 DSB 裁决的合适或唯一选择？此外，这种依赖行政手段的 DSB 裁决执行机制是否符合公正透明的执行秩序和依法治国的发展方向？如果未来案件本身特别复杂，牵涉众多利益团体，加之其间某些或某几个产业的利益取向冲突，甚至可能引发不同部门意见不一致或其他状况，就可能掣肘现有机制的运作。

---

① 实践中，美国对中国影响知识产权保护和执法的措施案（DS362）系至今为止全国人大常委会作为立法机关首次且唯一直接参与 DSB 裁决的执行工作。该案最终修改了《著作权法》第 4 条以执行 DSB 裁决，修改后的《著作权法》于 2010 年 4 月 1 日生效。
② 杨国华. WTO 中国案例评析［M］. 北京：知识产权出版社，2015：355，358.

（二）维护私人产业利益的立法机制缺位

WTO条文中无直接救济企业的法律依据，企业在WTO争端解决中并无诉权。WTO成立30年以来，六七成的争端涉及双反贸易救济措施。贸易救济案件本应聚焦税率百分比、贸易量、贸易金额和市场份额的具体得失，DSB裁决"使该措施符合该协定"的表达方式，无法充分救济违法措施所导致的一国企业在他国的利益受损。

有学者指出，WTO争端解决机制的改革势在必行，亟须重新审查救济机制。毕竟进行贸易活动的并非各国政府，而是私人主体。《关于争端解决规则与程序的谅解》项下的救济机制不仅关乎进行贸易的国家，更关乎私人主体的权益，私人主体是多边贸易体制的微观参与者和基础。[1] 从长远角度来看，WTO争端解决机制起始于并应回归服务于企业，绝不能隔离地看待受调查企业的权益并未得到直接、切实维护的事实，长此以往，这必将损坏参与企业的积极性，[2] 并将削弱WTO争端解决机制的可信度及其存在的根基。

（1）私人主体反映及维护其利益诉求的立法保障缺位。当前，在我国，总体上依靠国务院行政主导协调和内部行政程序执行DSB裁决。在此机制下，在WTO争端解决程序项下的申诉、应诉或执行DSB裁决方面，尚无立法规定政府相关机构有责任必须考虑或回应私人主体的利益诉求，私人主体仍欠缺反映及维护其利益诉求的法律机制。[3] 有学者认为，私人主体或非成员方在WTO争端解决机制中无任何申诉的权利，私人主体在任何阶段均无介入争端解决程序的权利。故私人主体的商业利益完全取决于各自国家政府在WTO争端解决机制下为实现有利结果所采取的做法。[4] 为执行涉及贸易救济措施的DSB裁决，一旦征收反倾销税或反补贴税的措施被取消后，法院对

---

[1] RAM J R. Revisiting the idea of provisional measures in the WTO dispute settlement mechanism [J]. Florida journal of international law, 2014 (26): 221–222.
[2] 尤其在涉及贸易救济措施的WTO争端解决案件中，例如，美欧多通过复审执行涉及双反措施的DSB裁决，但复审后多仍维持原裁定，导致相关企业对旷日持久的后续诉讼活动漠不关心。
[3] 美国《1974年贸易法》第301条规定，私人有反映其意见的渠道，其意见可作为启动报复的方式。
[4] 虽然专家组和上诉机构在某些案件中根据《关于争端解决规则与程序的谅解》第13条的规定，通过允许提交非国家法庭之友开展辩护，实际上承认了私人主体的利益，但是法庭之友意见书的处理方式并不统一。RAM J R. Revisiting the idea of provisional measures in the WTO dispute settlement mechanism [J]. Florida journal of international law, 2014 (26): 211–212.

于之前的违法措施有无救济的义务与责任？DSB 裁决虽无直接效力或溯及力，但其很可能成为引发国际贸易行政诉讼的潜在风险点。①

根据公开透明、依法行政的原则，产业本应有权正式反映其诉求，相关部门亦应有责任考虑其正当诉求，并予以回应，否则产业将通过国际贸易行政诉讼予以解决。例如，根据《乌拉圭回合协议法案》，关于 DSB 裁决执行的立场及落实等问题，以美国贸易代表办公室为代表的政府部门应与私人顾问委员会保持沟通，确保国内产业享有合法渠道反映其在 DSB 裁决执行过程中的利益诉求，使程序更透明。《乌拉圭回合协议法案》第 123（g）(1)（B）条专门规定，就行政法规或其他修改的拟议内容及其理由，美国贸易代表办公室应向根据《1974 年贸易法》设立的相关私人部门顾问委员会寻求修改建议。

美国私人部门顾问委员会成员包括来自不同私营行业的近千名代表，下设若干顾问委员会，就美国国际贸易谈判、协定签署及贸易政策拟定等，为总统和美国贸易代表办公室提供咨询建议。较之企业单独或通过商业协会和贸易联盟游说，抑或通过智库、消费者组织和新闻媒体等渠道向政府传递信息，私营部门顾问委员会具有形式稳定、信息全面和效果显著等明显优势。既使得有关政府官员获得有关 DSB 裁决执行的各种信息和建议，增加决策科学性，又为产业部门反映其利益诉求提供法律保障。

此外，欧盟亦有确保行业部门反映其利益诉求的立法保障，例如，《欧洲议会和欧盟理事会第 654/2014 号条例》第 9 条规定，欧盟委员会在适用本条例（实施贸易报复）时，应在欧盟官方公报或其他适当传媒发布通知，就联盟在特定产品或部门的经济利益寻求信息和意见。②

（2）公私合作有效应对 WTO 争端的渠道机制缺位。实践中，没有私营部门的协助，很难提起 WTO 争端，有学者指出，WTO 协定的运用受制于一

---

① 实践中，涉及国际贸易救济案件的外国出口商及国内进口商多不愿调解。例如，一旦 DSB 裁决我国某项反倾销或反补贴措施不符合 WTO 协定，相关部门则会撤掉该税。理论上，进口商可根据最高人民法院处理行政案件的司法解释，就其利益损害提起针对商务部的行政诉讼，起诉商务部当时的行政决定（其征收反倾销或反补贴的税令）违法，并请求其返还税金。
② Regulation（EC）No.654/2014 of the European Parliament and of the Council, Article 9（1）（2）.

国经济规模及其通过发展公私伙伴关系而驾驭法律的能力。[1]亦有学者指出，较之发达成员方，发展中国家由于资源限制，缺乏正常运作的民间团体以及监测识别潜在违规行为的产业群体，在部分领域处于劣势。WTO争端解决的成功需要私营部门在如下三个主要领域的参与：①识别可能构成WTO申诉基础的违规行为；②在收集分析计量数据方面，往往处于支持WTO申诉的位置；③有助于支付政府可能负担不起的外聘顾问费用。[2]

实践中，不可否认我国政府相关机构在维护私人主体权益启动WTO争端解决程序方面有所进展，行业协会或商会和企业可通过某种渠道主动联系政府部门，为维护其权益启动WTO争端解决机制。例如，欧盟影响禽类产品关税减让措施案（DS492）则成为商务部和产业界密切合作的典型案例，该案彰显了政府联手业界（中国食品土畜进出口商会禽肉分会）坚决捍卫权益的决心。[3]此外，我国私人主体可应政府相关机构的要求反映情况，并在某种程度上影响案件的发展，例如，欧盟对中国紧固件的反倾销措施案（DS397）中的中国紧固件协会，中国对稀土、钨和钼的出口限制措施案（DS431/432/433）和中国涉及各种原材料出口的措施案（DS394/395/398）中的中国稀土行业协会、中国有色金属工业协会，均与政府部门开展了密切合作。在中国对稀土、钨和钼的出口限制措施案（DS431/432/433）中，为给国内行业改革争取时间，受行业组织影响，即使该案上诉胜诉几率极小，相关部门仍坚持选择上诉。

然而，现实正如学者的观察，在促进有效公私合作方面，发展中国家面

---

[1] SHAFFER G, GINSBURG T. The empirical turn in international legal scholarship [J]. The American journal of international law, 2012（106）: 33.
[2] CAI P X F. Making WTO remedies work for developing nations: the need for class actions [J]. Emory international law review, 2011（25）: 193.
[3] 欧盟影响禽类产品关税减让措施案（DS492）的案件背景：欧盟在2006—2012年对其部分禽肉产品的关税减让进行修改，提高部分禽肉产品的约束关税，并设定关税配额，并将绝大部分关税配额分配给巴西和泰国，包括中国在内的其他WTO成员方只能分享4%的关税配额。而中国禽肉生产企业此前为欧盟市场追加投资28亿元人民币，购买欧洲生产的检测、生产和屠宰设备。欧盟上述措施严重损害中国禽肉生产出口企业的利益。2015年4月8日，中国就欧盟影响部分禽肉产品的关税减让措施提出磋商请求；同年6月8日，中国请求成立专家组；同年7月20日，争端解决机构例会上WTO就该案作出成立专家组的决定。

临着更大挑战。其在机构和人员方面，往往缺乏业已建立的合作渠道。[①]美国和中国迥异的政治体制，导致两国不同的在 WTO 打官司的模式。中国政府倾向于通盘考虑整个利益，甚至可为整体经济利益牺牲某一行业的暂时利益。在中国，企业亦尚未形成游说政府的传统，WTO 贸易争端案件实为政府主导。如有学者所言，总体上，协会缺乏对企业的约束力和领导力，缺乏行动力，我国协会制度还很不完善、很不成熟。协会与政府、协会与企业的关系尚未理顺，真正依赖协会发起、应对国际贸易争端，还有很长的路要走。[②]

中共中央办公厅、国务院办公厅印发的《行业协会商会与行政机关脱钩总体方案》，主张行业协会商会与行政机关脱钩。在美国机制下，企业出钱，推动协会，协会汇总各方信息，找律师，写诉状，答辩，由美国贸易代表办公室去 WTO 申诉。美国机制亦非服务于所有企业的利益，而只是维护那些有议员拥护的最有影响力的大企业。在美国历史上，为个别企业利益，打 WTO 官司的例子不在少数。在美国的体制下，如果议员对企业，尤其大企业的诉求充耳不闻，则极可能失去其议员席位。该体制有利于保护个别企业，但其弊端在于，易导致国家利益被个别企业利益所绑架。

（3）政府主导 WTO 争端解决诉讼策略和 DSB 裁决执行。有学者指出，（中国）所有这些案件，在决定是否向 WTO 争端解决机构提起申诉或抗辩的问题上，起作用的主要是政府，而非企业或产业的推动。从客观上，政府为企业服务的强制性机制还不完善，企业还缺乏要求政府为企业利益行为的有力手段、有效机制。[③]

WTO 争端解决机制的主要目的是，"解决国家间的贸易争端"，即其首要任务是解决国家层面的"体系性问题"。WTO 用法律规则解决贸易摩擦，避免利用过度政治化的方式解决贸易争端。在更高、更宽的层面上，国家政府

[①] CAI P X F. Making WTO remedies work for developing nations: the need for class actions [J]. Emory international law review, 2011 (25): 193.

[②] 韩立余. 既往不咎：WTO 争端解决机制研究 [M]. 北京：北京大学出版社，2009：450.

[③] 一般来说，对其他成员的贸易措施，是否根据 WTO 争端解决规则正式提出磋商请求乃至申诉，属于商务部部长的职责范畴。但国务院总理或主管总理的态度，可能直接决定着争端的解决方法。无论由谁最终决定，这一决策过程可能较少考虑企业或产业的利益。参见韩立余. 既往不咎：WTO 争端解决机制研究 [M]. 北京：北京大学出版社，2009：450.

利用 WTO 规则进行利益博弈，其影响深远，并不直接体现在具体个案的得失上，亦非个案本身所能量化。WTO 成员方触及成员方体系性问题的根本，确切地说是广大企业的长远权益。企业的根本权益，存在很多更细化的分类或体现。例如，作为制度层面的体系性问题（某国的歧视性立法或市场准入壁垒），抑或某个具体的行政措施行为的滥用。基于 WTO 的设计初衷、参与角色和规则理念，WTO 争端解决机制最合适的救济对象，实乃那些依据被诉方国内法无法得到救济的问题，例如，歧视性立法。

在今后的实践中，WTO 贸易救济争端应基于企业的意愿和诉讼策略，更多地取决于企业的诉讼成本和收益。对于企业而言，WTO 争端解决机制，并非一定是解决所有经贸利益纠纷的最合适场所，该平台的主要目标，亦非挽救、解决受调查企业的短期利润，争端成员方亦不着眼于解决单个企业的短期利益，虽然有时也可能实现。

实践中，鉴于我国 WTO 贸易救济争端案件早期由政府主导，企业易产生认识偏差，误以为可不付钱打官司，一旦后期需承担因配合诉讼和执行而产生的律师费等成本，企业就倾向于不愿参与其中；当企业获知 WTO 争端解决机制不能，至少在可见的将来不能为其带来具体和量化的出口利益时，个别企业倾向于不再关注 WTO 争端解决的权利主张和结果。

在程序上，企业可选择的诉讼策略可能有：WTO 争端解决程序、欧美域内调查程序和欧美域内司法程序。例如，在北美国家打官司，还可能涉及《北美自由贸易协议》的诉讼程序。如果企业不想打官司，政府亦可不必过度操心。国家应着眼于国内广大企业，而非单个企业的短期利益，个别企业利益通常比较适合通过律师代理的方式在海外提起反倾销、反补贴和保障措施诉讼，为企业在双反中获得较低或零税率，扩展其海外市场，争取竞争优势。

（三）缓冲 DSB 裁决执行的国内法律机制缺位

在现有机制程序下，我国根据《立法法》《行政法规制定程序条例》《规章制定程序条例》，执行涉及除贸易救济措施外的 DSB 裁决。《关于争端解决规则与程序的谅解》第21.3条规定了三种合理期限的确定方式,[①]不论是通过何种方式确定合理期限,败诉国国内法规定的强制性时间要求及执行程序的复杂性都被视为争取更多时间的有力依据。[②]例如,美国的《乌拉圭回合协议法案》第123(g)(2)规定,行政法规应不早于美国贸易代表办公室及相关部门或机构的负责人就最后规章或其他修改的拟议内容与国会相关委员会磋商之日起的60日后方可生效,而在法规的公布与生效期间通常还会有30天左右的间隔,以便公众能够充分了解新的法规。我国有关一般行政立法程序的时间规定过于紧凑,不利于我国与申诉方协商DSB裁决执行期时,争取更多的合理期限。[③]

  WTO成员方虽大多都规定了一般行政立法规则,但也可针对DSB裁决的执行制定特殊的行政立法规则。例如,根据美国《联邦行政程序法》,行政机关有权选择采取正式或非正式的程序制定规章。[④]美国规章制定程序分为三种:(1)由《联邦行政程序法》第556、557条规定的正式的规章制定程序,这种典型的审判式规章制定程序极其复杂,严重影响行政听证程序为保护公众而制定新规章的能力,[⑤]现已很少采用;(2)由《联邦行政程序法》第553条规定的非正式的规章制定程序,亦称"通告-评论的规章制定程序",作为《联邦行政程序法》规定的规章制定的一般形式,目前,其已成为美国行政机关制定规章的典型形式;[⑥](3)公布规章,仅将最终规章在

[①] 《关于争端解决规则与程序的谅解》第21.3条规定,在专家组或上诉机构报告通过后30天内召开的DSB会议上,有关成员应通知DSB关于其执行DSB建议和裁决的意向。如立即遵守建议和裁决不可行,有关成员应有一合理的执行期限。合理期限应为:(1)有关成员提议的期限,只要该期限获DSB批准;(2)如该期限未获批准,则为争端各方在通过建议和裁决之日起45天内双方同意的期限;(3)如未同意则为,在通过建议和裁决之日起90天内通过有约束力的仲裁确定的期限,在该仲裁中,仲裁人的指导方针应为执行专家组或上诉机构建议的合理期限不超过自专家组或上诉机构报告通过之日起15个月,但此时间可视具体情况缩短或延长。
[②] 傅星国. WTO裁决执行的"合理期限"问题[J]. 国际经济合作,2009(2):79.
[③] 例如,《行政法规制定程序条例》第29条规定,行政法规应自公布之日起30日后施行;但涉及国家安全、外汇汇率、货币政策的确定及公布后不立即施行将有碍行政法规施行的,可自公布之日起施行。
[④] DOLLARHIDE M C. Surrogate rule making: problems and possibilities under the administrative procedure[J]. Southern california law review,1988(61):1034.
[⑤] 施瓦茨. 行政法[M]. 徐炳,译. 北京:群众出版社,1986:151.
[⑥] 该程序下,规章草案最后有三种可能:(1)按原草案颁布;(2)修改后颁布最终规章;(3)不公布规章。公众提出异议时间限制一般为30天,如未收到异议,该规章则60天后自动生效。

《联邦公报》上公布即可生效。[①]

美国《乌拉圭回合协议法案》第 123（g）条规定的关于涉及行政规章和行政实践的 DSB 裁决的执行程序复杂度和难度远超由《联邦行政程序法》项下的一般规章制定程序。根据《联邦行政程序法》，行政规章的制定程序高效简化，无须经《乌拉圭回合协议法案》第 123（g）条项下繁杂的强制性程序。

由于 DSB 裁决往往会对败诉国国内产业造成一定不利影响，而市场参与者需有一段过渡期调整适应。有观点建议，为执行 DSB 裁决，我国在立法程序上应设定较一般立法程序更为复杂的环节，例如，强制听证程序等，并规定较长的修改生效时间，以便国内企业有足够的时间进行产业结构调整，尽可能地减少不利 DSB 裁决带来的损失。[②]

四、实施 DSB 贸易报复授权的国内法机制缺位

商务部尚不具备采取贸易报复措施的必要权限。正如有学者指出，虽然，《对外贸易法》第 47 条[③]授权"国务院对外贸易主管部门"进行对外贸易的双边或多边磋商、谈判和争端的解决。但该法第 46 条[④]同时规定，当其他国家或地区违反与我国签订之条约、协定，损害我国利益或者阻碍条约、协定目标实现时，"中华人民共和国政府"可根据有关条约、协定中止或终止履行相关义务。详察之，《对外贸易法》并未明确将"中止或终止履行相关义务"（实施贸易报复）授权给目前的"对外贸易主管部门"，即商务部尚不具备采取贸易报复措施的必要权限。[⑤]

迄今，欧美所有已实施的贸易报复均采用对货物征收额外关税的形式。

[①] 该程序下，只需将制定的规章公布在指定出版物上，除非收到来自公众的相反评论或书面意见，该规章即可生效。
[②] 许青滕.美国执行 WTO 争端解决机构裁决制度研究［D］.上海：华东政法大学，2013：33.
[③] 《对外贸易法》第 47 条规定，国务院对外贸易主管部门依照本法和其他有关法律的规定，进行对外贸易的双边或多边磋商、谈判和争端的解决。
[④] 《对外贸易法》第 46 条规定，与中华人民共和国缔结或者共同参加经济贸易条约、协定的国家或者地区，违反条约、协定的规定，使中华人民共和国根据该条约、协定享有的利益丧失或者受损，或者阻碍条约、协定目标实现的，中华人民共和国政府有权要求有关国家或者地区政府采取适当的补救措施，并可以根据有关条约、协定中止或者终止履行相关义务。
[⑤] 李晓玲.WTO 成员实施贸易报复的国内立法与实践研究［J］.甘肃政法学院学报，2014（4）：57.

根据《中华人民共和国关税法》(以下简称《关税法》)第18条,国务院关税税则委员会提出征收报复性关税的建议,报国务院批准后执行。未来待条件成熟时,可修改法律或法规,授权商务部提高特定产品的关税或通过配额限制进口。

第三节 中国借鉴欧美 DSB 裁决 执行机制的可行性分析

自 2006 年开始,涉及中国的案件数量占 WTO 当年案件总数的近 1/3,无论起诉抑或被诉,中国在整个 WTO 贸易规则遵守方面的受关注度是最高的。当前,全球经济低迷、产业结构调整导致贸易格局变化,中国究竟应如何执行 DSB 裁决,国内有观点提出,应立足中国特殊的国情执行 DSB 裁决,建议放弃完全执行裁决报告的单一做法,采取国家现实主义的态度,借鉴美国、欧盟等 WTO 其他成员方的制度和经验,构建一套涵盖立法、行政和司法的、具有"中国特色"的 DSB 裁决报告执行制度,尽最大可能地维护国家利益、保护国内产业。[①]在 DSB 裁决的执行思路上,全部执行 DSB 裁决不是必须的,是可供选择的三条道路之一(另外两条道路是全部执行和不予执行)。应当结合具体案情,作出使中国国家利益最大化的选择。[②]

笔者认为,当前,应结合 WTO 贸易争端解决和整个国际经贸规则重构的大背景,来考虑我国是否及如何执行 DSB 裁决。截至目前,WTO 是广大发展中国家参与度最广的多边贸易体制,2008 年金融危机后的世界格局是,无论多边博弈的二十国集团机制,美国主导的由《跨太平洋伙伴关系协议》和《跨大西洋贸易与投资伙伴协议》构筑的亚太再平衡战略,抑或我国倡导的"一带一路"倡议和亚投行策略,其背后实际上都隐藏着重塑国际贸易和投资领域规则的深层次思考。

---

① 李晓郛,纪演娟.中国执行 DSB 裁决报告的法律对策和建议[J].兰州商学院学报,2014,30(1):125.
② 李晓郛.以贸易救济措施为视角看美国对 DSB 裁决的执行[J].上海海关学院学报,2013(1):108.

笔者认为，中国作为贸易大国，特别是第一大货物贸易国和第一大出口国，是现行WTO多边贸易体制的受益者，理应充当其维护者。如学者所言，作为世界上最大的贸易国之一，中国的WTO成员方身份，使得其实现了目前在世界上的贸易份额，多边贸易体制的安全性和可预测性与中国休戚相关。① 在过去十几年，中国经济高速发展，在某种程度上应归功于WTO，中国依赖国际市场推动经济发展，形成了出口大国的局面，产能、产量和资本积累陡增，亟须输出，不但需要"一带一路"和亚投行，更需要依赖国际自由贸易投资制度的保障。中国的发展离不开国际社会大家庭，不能把自身孤立起来，而是要通过更加诚信地执行DSB裁决，捍卫负责任大国的形象，维护这个拥有166个成员方的前所未有的国际贸易组织的合法性和可信度。如学者所言，中国非常认真严肃地对待被诉案件，是因为中国认识到了WTO所代表的多边贸易体制的重要性，这个体制的健康发展对中国有好处。从理论上说，WTO争端解决机制作为国际法的最新发展，给国际社会作出了示范，让人们看到了国际法治的希望，因此，我们应该信任、维护这个体制，而不是怀疑、破坏这个体制。②

笔者认为，作为一个拥有23年会籍，贸易额最大，缴纳会费最多的成员方，中国应行使并努力兑现权利，无论作为申诉方还是败诉方，对执行DSB裁决应有自身的立法、机制、程序和战略思考。

笔者认为，新形势下，中国面临的问题是如何充分运用WTO条文规则、用好整个WTO争端解决机制。所谓运用规则，不是"绕"，是谋略和道，应积极调整国际、国内治理思路，构建新的经贸战略体系；贸易自由化进程更需要各社会利益集团平衡代价，在保护本国产业并使其在贸易竞争中处于有利地位的同时，也要谨防某些企业或个人以国家经济利益之名维护自身利益。

经多方深入调研，就中国借鉴欧美DSB裁决执行机制的可行性，分析如下。

---

① KENNEDY M. China's role in WTO dispute settlement [J]. World trade review, 2012, 11 (4): 564.
② 中国"遵守"裁决的记录相当良好，尽管有一个案件（DS414）被启动新的程序，一个案件（DS363）签订补偿协议。杨国华. WTO中国案例评析 [M]. 北京：知识产权出版社，2015：386.

一、关于提升 DSB 裁决执行规则的立法层级问题

目前，我国针对除涉及贸易救济措施外的 DSB 裁决尚无专门、统一的法律或法规规定。实践中，国务院各部门根据《行政法规制定程序条例》和《规章制定程序条例》的有关程序执行 DSB 裁决。

（一）《执行世界贸易组织贸易救济争端裁决暂行规则》的效力等级及其立法背景

《执行世界贸易组织贸易救济争端裁决暂行规则》作为商务部发布的部门规章，在立法层级、执行内容及具体条款上，仅涵盖了最基本的相关规定。有学者指出，《执行世界贸易组织贸易救济争端裁决暂行规则》效力等级较低，无法对中国执行 WTO 贸易救济裁决所可能涉及的其他政府部门行为进行有效规范。[1] 从根本上说，目前商务部的相关行政立法似乎尚未改变传统的"红头文件"式做法，习惯于为其自由裁量权留有余地。[2]

《执行世界贸易组织贸易救济争端裁决暂行规则》是在商务部执行对来自美国的取向电工钢征收反倾销和反补贴税的措施案（DS414）DSB 裁决的特殊背景下和 WTO 规则的倒逼下出台的，彼时国内尚无执行该案 DSB 裁决的法律依据，且该案合理执行期仅为 8 个月 15 天。执行涉及贸易救济措施的 DSB 裁决，触及国务院关税税则委员会、海关总署和财政部，相关部门短时间内可能不能达成一致，故国内尚未能一步到位地构建一个类似于美国的涵盖立法、行政和双反贸易救济措施的 DSB 裁决执行立法和机制。

（二）有关 DSB 裁决执行的可选的立法路径

当前形势下，一系列问题困扰着我国立法者：是否需要提升《执行世界贸易组织贸易救济争端裁决暂行规则》的立法层级？是否需要在中央政府层面建立执行 DSB 裁决的国内法律制度？是否需要构建类似于美国的全面的执行 DSB 裁决的立法和机制？是否应针对执行 DSB 裁决所可能涉及的不同类型、不同层级的系争措施，均作出相应的程序性规定？是否应针对 DSB 裁决

---

[1] 胡建国.美欧执行 WTO 裁决比较分析：以国际法遵守为视角 [J].欧洲研究，2014（1）：117-126.
[2] 张乃根.WTO 贸易救济争端裁决的执行及其比较 [J].暨南学报，2014，5（5）：7.

所可能涉及的立法和行政措施，设计出区别于普通立法程序的执行程序？

经调研，笔者发现学者中相对统一的倾向是：可在国内法层面设置一定的执行 DSB 裁决的程序和规则，为我国消化、执行不利的 DSB 裁决合法地赢得时间。例如，有学者建议，中国应参照欧美相关立法和实践，设置符合本国体制的执行各类 DSB 裁决的国内机制。[①] 根据部分学者建议，有关执行 DSB 裁决的、可选的具体立法路径如下。

（1）制定"条约实施法"，专章规定 DSB 裁决的执行程序或单独适用于执行 DSB 裁决的法律制度。笔者认为该路径的弊端在于，难免因事立法，浪费立法资源。

（2）利用现有制度框架修改《立法法》，补充执行 DSB 裁决的废、改、立的立法条件和程序。笔者认为该路径的弊端在于，无法涵盖所有系争措施，尤其是规章和司法解释等。

（3）提升《执行世界贸易组织贸易救济争端裁决暂行规则》的效力等级，集中编纂商务部现有且分散的十几个关于贸易救济程序的暂行规定，由国务院制定行政法规，在执行 DSB 裁决方面作出适用范围更广的制度安排。

（4）由全国人大常委会发布决定，规定涵盖法律、行政法规的 DSB 裁决的国内执行机制。

（三）不宜提升 DSB 裁决执行规则的立法层级之原因

当前，就执行 DSB 裁决的内部行政程序和工作流程，究竟有无必要单独出台一部专门的法律性文件？在我国构建一套涵盖立法、行政及双反贸易救济措施的全面的 DSB 裁决执行机制，是否具有可行性？

诚然，由最高立法机关制定法律，建立全国性的、整体的执行 DSB 裁决的法律机制，而非代之以行政法规或规章，既可体现全局性和权威性，更有利于相关部门执行 DSB 裁决的权责部署。然而，笔者认为，目前无须打破现有平衡，不宜提升 DSB 裁决执行机制的立法层级至法律或行政法规，可尝试在现有运作机制基础上予以微调和完善。目前，不宜提升 DSB 裁决执行机制

---

① 胡建国. 美欧执行 WTO 裁决比较分析：以国际法遵守为视角［J］. 欧洲研究，2014（1）：117-126.

的立法层级，原因如下。

（1）《立法法》第 11 条规定的法律保留事项是对国务院行政权力的间接限制，更是防止 DSB 裁决侵蚀国家经济主权的弹力安全阀。实践中，执行 DSB 裁决并非仅触及民商事方面，而是日益广泛、深度地触及国内财政、税收、海关、金融和外贸等基本经济制度。执行 DSB 裁决往往须修改规范性文件、部门规章、行政法规，甚至法律，而这些涉案措施多属于《立法法》第 11 条规定的法律保留事项。

实践中，国务院对涉及除立法措施外的其他 DSB 裁决，拥有是否执行及如何执行的决定权。正如有学者所言，《立法法》第 11 条明确列举法律保留事项，划定禁止行政权介入的范围，依据权力有限性的宪法原则，除非作特别明示，列举即为权力的限制。[①]

事实上，《立法法》规定法律保留事项，旨在约束国家立法机关（全国人大及其常委会）和最高行政机关（国务院）的权力，既防止行政行为侵占立法机关权限，又防止立法机关懈怠行使职权。正如有学者指出，现行《中华人民共和国宪法》（以下简称《宪法》）对全国人大及其常委会和国务院的权责分配并非遵循事务性原则，而是依据重要性原则（全国人大及其常委会负责重要决定），因此存在管理领域重叠等问题。基于全国人大及其常委会和国务院管辖范围的重叠性和《宪法》授权规范的概括性，在全国人大及其常委会未就相关事项制定法律前，国务院可以并在实际上行使管辖权。[②]

（2）在无《宪法》和法律依据的前提下，不宜以行政法规作为立法载体，单独就仅具有准条约性质的 DSB 裁决的执行机制作出规定。当前，我国有关条约适用的规则无法满足执行 DSB 裁决的需要，如单独制定立法层级较高的、执行 DSB 裁决的程序法，立法障碍较大。现阶段不宜以行政法规作为立法载体的具体原因如下。

①在《宪法》没有允许或授权的情况下，以行政法规的方式就依据 WTO 协定作出的 DSB 裁决的执行程序作出规定，将侵犯《宪法》的调整对象，易

[①] 叶海波，秦前红. 法律保留功能的时代变迁：兼论中国法律保留制度的功能［J］. 法学评论，2008（4）：7.
[②] 叶海波，秦前红. 法律保留功能的时代变迁：兼论中国法律保留制度的功能［J］. 法学评论，2008（4）：3，7.

导致冲突与混乱。《宪法》第 89 条规定，国务院具有根据宪法和法律，规定行政措施，制定行政法规，发布决定和命令的职权。DSB 裁决在某种程度上相当于国际组织的裁决，不能在国内获得等同甚至高于国内法律法规的地位，我国法律体系中亦尚无类似规定。

在深层次上，DSB 裁决的执行触及了我国法律体系中如何认定国际法的效力问题。[①]《宪法》和《中华人民共和国缔结条约程序法》（以下简称《缔结条约程序法》）仅规定权力机关缔结条约的职权及程序，[②] 未规定条约在国内法体系中的效力位阶及适用方式的一般性原则。[③] 相关规定散见于一些部门法中。我国从根本上缺失条约适用的基本法，尚未明确国际条约的适用方式和适用效力；未确立国际条约在国内法上的直接适用原则；未规定条约可作为解释法律条文的基准。截至目前，我国仅规定在少数民商事法律领域优先适用国际条约，但有其背后的逻辑思考。世界主要国家均以宪法或宪法性规范的形式，明确规定国际法在国内法中的效力问题。[④]

②根据《宪法》第 89 条，国务院只有在同时遵循"宪法和法律"的前提下，方能规定行政措施，制定行政法规，发布决定和命令。这表明，关于作为国际组织裁决的 DSB 裁决的执行问题，在全国人大及其常委会尚未对国际条约在我国的效力等级制定具体法律规定的前提下，国务院不能仅以行政法规的形式规定 DSB 裁决的执行规则，否则便属违法行政。实践中，执行 DSB 裁决，往往涉及国家政策层面，甚至需要全国人大及其常委会修改法律。未来如需针对执行 DSB 裁决制定一个涉及立法、行政和贸易救济措施的全口径的机制安排，仅以国务院出台办法或法规作为立法载体，直接规定执行 DSB 裁决的程序机制，不具现实可行性。

---

① 关于条约在国内法体系中的地位，李浩培先生认为可分为四种：条约优于宪法、条约优于国内法、国内法优于条约、国内法与条约地位相等。参见李浩培.条约法概论[M].2 版.北京：法律出版社，2003：324-331.
② 《缔结条约程序法》依据缔结程序不同，将条约分为三类：须经全国人大常委会决定批准的条约和重要协定；须经国务院核准的协定和其他具有条约性质的文件；仅须送外交部登记或报国务院备案的协定。刘永伟.国际条约在中国适用新论[J].法学家，2007（2）.
③ 沈四宝，谢进.论国际条约在我国的适用[J].甘肃社会科学，2010（3）：96.
④ 段涛.国际条约在国内的效力及其适用考察：以 WTO 协定的实施为例[J].理论探索，2006（4）：147.

③一个以行政法规为载体的涵盖立法、行政和双反贸易救济措施的 DSB 裁决执行机制，将打破社会主义法律体系的统一和稳定，进而压缩当前机制下留给各部门的政策空间，不利于有效灵活掌握 DSB 裁决的执行问题及兼顾维护国家主权和国际形象。况且，截至目前，国务院领导下的 DSB 裁决执行机制，在行政框架下尚且运作良好。

二、关于构建集中权威的 DSB 裁决执行的协调机构问题

（一）观点一：在商务部内部建立以一位副部长为首的协调人制度

有观点建议，在商务部副部长中择一位担任执行 DSB 裁决的协调人，主要负责：动态监管中国参与的 WTO 争端案件。[①]当 DSB 裁决中国某规范性文件或措施违反 WTO 规则时，针对涉及立法措施的 DSB 裁决，协调人应在商务部内部和专家委员会商讨之后，[②]在确有必要时，上报国务院，最后与全国人大（常委会）协商，考虑是否启动立法或修法程序。针对涉及行政法规或部门规章的 DSB 裁决，协调人应和国内相关部门就是否以及如何执行 DSB 裁决报告进行磋商，具体涵盖是否制定新的规章、措施，抑或对原有的规章、措施进行修改、废止。如果行政行为或措施涉及不属于商务部管辖范围的多个部门或省份，则由协调人牵头、组织各方商讨。[③]针对涉及贸易救济措施的 DSB 裁决，协调人应与商务部有关部门磋商，要求其决定能否在现行法下采取措施遵守 DSB 裁决报告。协调人对何时执行新的 DSB 裁决有自由裁量权，并可在其与专家委员会及国内产业代表磋商后作出决定。

（二）观点二：在人民代表大会常委会内设处理 WTO 问题及其他贸易问题的专门委员会

另有观点建议，在 DSB 裁决执行的法律层面，我国可借鉴美国贸易代表

---

① 李晓郛. WTO 协议在中国法院的适用问题［J］. 兰州商学院学报, 2013, 29（2）: 123-124.
② 例如，可以在商务部内部设专家委员会，成员包括协调人、熟悉行政法和国际贸易的法律专家及富有国际贸易诉讼经验的律师。作为常设机构，该委员会负责咨询或审议行政机关制定的法律、法规及国内执行 DSB 裁决报告的措施和进度等。
③ 李晓郛，熊轩昱. 中美 DSB 争端案件考察（2001～2012）［J］. 世界贸易组织动态与研究, 2013, 20（3）: 55.

办公室及国会相关委员会的制度构架,在人民代表大会常委会内设处理WTO问题和其他贸易问题的专门委员会,建立该专门委员会与其他人大委员会之间的WTO事务预警与通报机制。当WTO争端解决机构作出裁决,认定我国法律不符合WTO协定项下之义务时,该专门委员会应通知裁决所涉及的其他专门委员会(如法律工作委员会和农业与农村委员会等)对该裁决进行联合磋商,并着手起草相关法律案或进行其他执行准备程序。[①]

(三)观点三:在国务院成立以一位副总理为首的执行DSB裁决的协调小组

笔者认为,较之前两个建议,当前更切合实际的可选路径是:待时机成熟时在国务院成立由一位副总理担任组长的领导小组,负责协调各部委关于具体个案DSB裁决的执行工作。鉴于作为跨部门议事协调机构的国务院关税税则委员会,其现有成员已涵盖执行DSB裁决可能涉及的各部门主要领导,故可授权关税税则委员会负责DSB裁决执行的具体协调工作,由国务院法制机构和商务部担任专门负责启动DSB裁决执行的实施机构。

在针对我国的DSB裁决一经通过后,由国务院法制机构作为牵头单位,视具体案情召集相关部委,如商务部、国务院关税税则委员会、农业农村部和国家知识产权局等部委及国内法律专家,成立执行DSB裁决的咨询委员会。在该委员会对DSB裁决进行评估和复议后,作出撤销、修改相关措施的建议,经报国务院常务会议批准后,由相关部门予以执行。

三、关于加强DSB裁决执行中立法机关的作用问题

就DSB裁决的执行机制而言,欧美除有如欧盟委员会、美国商务部和国际贸易委员会等行政机构参与外,两者的立法机构可谓全程掌管DSB裁决的执行。相较之下,我国主要是由国务院来负责决定是否以及如何执行(除涉及立法措施外)的所有DSB裁决,全国人大及其常委会则较少。随着中国涉诉案件愈来愈多,我国能否借鉴欧美DSB裁决的执行机制,由立法机关全面参与甚至掌管执行涉及立法、行政和双反贸易救济措施的DSB裁决的全部执

[①] 许青滕.美国执行WTO争端解决机构裁决制度研究[D].上海:华东政法大学,2013:32.

行程序？该机制在我国是否具有可行性？

中美两种 DSB 裁决执行机制的区别，根源于两国不同的政治体制和国家权力配置模式不同。分权体制是由一个国家的历史传统、民族特点、阶级和政治力量对比关系及国家现实情况所决定的。有学者认为，分权体制实际上就是将国家治理权分为几种基本形式，分别赋予不同的国家机关行使。[①]

笔者认为，鉴于全国人大及其常委会在权责分配、组成人员、机构设置、议事程序和会期方面的特点，DSB 裁决执行工作应由处在第一线的实行行政首长负责制的国务院管辖，并不能照搬欧美 DSB 裁决执行过程中议会全程掌管的机制。在我国，全国人大及其常委会不宜直接参与 DSB 裁决执行的具体原因如下。

（一）基于《宪法》有关全国人大及其常委会与国务院之间的分权体制，DSB 裁决执行工作应由国务院管辖

《宪法》第 62、67 和 89 条分别规定全国人大及其常委会与国务院的职权，全国人大作为最高国家权力机关，拥有 16 项国家权力，全国人大常委会拥有 22 项国家权力，两部分合计 38 项职权。就立法权而言，全国人大负责制定和修改刑事、民事、国家机构的和其他的基本法律；全国人大常委会负责制定和修改除应当由全国人大制定的法律以外的其他法律，并在全国人大闭会期间，对全国人大制定的法律进行部分补充和修改。概言之，全国人大及其常委会可以通过制定法律的方式管辖国家政治和社会生活的各个领域。

根据《宪法》第 89 条，国务院负责制定行政法规和发布命令、领导和管理各领域工作、管理对外事务以及其他有关事项。国务院职权具体涉及：经济工作、城乡建设、生态文明建设、教育、科学、文化、卫生、体育、计划生育、民政、公安、司法行政、监察、对外事务、国防建设、民族事务以及行政系统内部的管理等，且国务院可凭借规定行政措施、制定行政法规、发

[①] 魏宏. 论我国人民代表大会制度下的分权体制：兼论我国人民代表大会制度的完善[J]. 现代法学，2003, 25（3）: 161.

布决定和命令的方式管理这些领域。有学者认为，国务院职权由三部分构成：（1）基于法律保留的行政管理权，即《宪法》第 89 条第 1 款规定的"根据宪法和法律，规定行政措施，制定行政法规，发布决定和命令"；（2）基于《宪法》的自主性行政管理权，即《宪法》第 89 条第 2 至 17 款规定的职权，对这些事项，国务院可依职权自主行使；（3）全国人大及其常委会授予的行政管理权，《宪法》第 89 条第 18 款规定的职权，即"全国人民代表大会和全国人民代表大会常务委员会授予的其他职权"。[①]

绝大多数 DSB 裁决的执行无须修改法律，在国务院行政框架内即可执行完毕。在中国，截至目前被诉的案件中，仅在影响知识产权保护和执法的措施案（DS362）中为执行 DSB 裁决而由全国人大常委会修改了《著作权法》第 4 条。全国人大拥有双重身份，既是最高国家权力机关，又是国家立法机关。《宪法》第 89 条规定国务院的职权，但其并不表明全国人大及其常委会不可管辖该条列举的事项，全国人大及其常委会可主要通过制定法律的方式加以管辖。

（二）全国人大代表组成人员广泛兼任对有效处理专业的 DSB 裁决执行工作有影响

根据《中华人民共和国全国人民代表大会和地方各级人民代表大会选举法》（以下简称《选举法》）中对全国人大代表名额及代表产生机制的具体规定，[②] 我国每届全国人民代表大会代表人数不超过 3000 人，[③] 是世界议会人数之最，代表名额分配方案详细列出各省、直辖市、自治区及军队的代

---

① 叶海波，秦前红. 法律保留功能的时代变迁：兼论中国法律保留制度的功能［J］. 法学评论，2008（4）：7.
② 《选举法》第 16 条规定，全国人民代表大会的代表，由省、自治区、直辖市的人民代表大会和人民解放军选举产生。全国人民代表大会代表的名额不超过三千人。为确保全国人大代表的广泛性，《选举法》第 17 条规定，全国人民代表大会代表名额，由全国人民代表大会常务委员会根据各省、自治区、直辖市的人口数，按照每一代表所代表的城乡人口数相同的原则，以及保证各地区、各民族、各方面都有适当数量代表的要求进行分配.
③ 例如，第十四届全国人民代表大会各选举单位选出的代表人数共 2977 名中华人民共和国第十四届全国人民代表大会代表名单. ［EB/OL］.（2023-02-24）［2024-01-18］. http://www.npc.gov.cn/npc/c2/kgfb/202302/t20230225_423685.html.

表人数，^①且代表多为兼任。实践中，代表 WTO 案件涉案利益团体的人员可能不是全国人大代表，即使担任人大代表，可能由于兼职多而分配给人大代表工作的时间有限。加之，针对专业性极强的可能涉及各个立法层级和部门的 DSB 裁决，很难在一个上千人的会议上用有限的时间讨论而后表决通过。

（三）全国人民代表大会会议议程紧张难以形成合理有效的 DSB 裁决执行方案

全国人民代表大会每届任期五年，通常于每年第一季度举行一次会议，会期 10 天至半个月，主要概括性审查"一府两院"一年一度的工作报告、国民经济和社会发展计划及财政预算；鉴于每次会议议程较多，如要审议法律草案，一般只安排一天或半天时间讨论。

（四）全国人大常委会的议事程序和方式不适合 DSB 裁决执行的快速决断

全国人大常委会议事程序和方式，不适合有合理执行期限制的 DSB 裁决的执行。全国人大常委会是全国人民代表大会的常设机关，对其负责并向其报告工作。全国人大闭会期间，专门委员会在全国人大常委会的领导下研究、审议和拟订有关议案。^②

议事程序方面，全国人大常委会一般采取三审制审议法律草案，通过一部法律草案大约需要半年时间讨论和调研。全国人大常委会会议一般每 2 个月举行 1 次，会期 5~7 天；有特殊需要时，可临时召集会议。全国人大下设的若干专门委员会中，并不包含与贸易直接相关的处理 WTO 问题及其他贸易问题的专门委员会。迄今为止，仅有一次专门委员会参与了与 WTO 有关的案件处理，即在影响知识产权保护和执法的措施案（DS362）中，教育科

---

① 第十四届全国人民代表大会代表名额分配方案［EB/OL］.（2022-04-20）[2024-01-18］. http://www.npc.gov.cn/npc/c2/c30834/202204/t20220421_317592.html.
② 《宪法》第 70 条规定，全国人民代表大会设立民族委员会、宪法和法律委员会、财政经济委员会、教育科学文化卫生委员会、外事委员会、华侨委员会和其他需要设立的专门委员会。在全国人民代表大会闭会期间，各专门委员会受全国人民代表大会常务委员会的领导。各专门委员会在全国人民代表大会和全国人民代表大会常务委员会领导下，研究、审议和拟订有关议案。

学文化卫生委员会、法律委员会（现名称为宪法和法律委员会）参与了修改《著作权法》第4条的工作。

在议事方式方面，全国人大常委会会议的主要议程是审议法律，对法案采取分组审议和笼统审议。

在中国，WTO案件的磋商、立案、上诉和执行（除涉及立法措施外），均无须报请全国人大或与其协商。全国人大掌握立法权、人事权和预算权等，但并无直接管理贸易的权限。理论上，只有执行涉及立法措施的且是基本法律的DSB裁决，才需向全国人大报请。

笔者认为，当前，应适时加强执行DSB裁决的制度建设，在具体规则设置上构建国内缓冲机制，突出全国人大常委会法制工作委员会、国务院法制机构及最高人民法院等相关机构的作用，谨防DSB裁决侵蚀国家主权，同时亦要防止政府各部门间以损害国家利益为名扯皮。有学者指出，我国政治体制设计的要义在于，以人民代表大会为中心，加强国家各种权力行使的协调与配合。同时，在理念上把立法权、行政权、审判权和检察权等都视为同一主体即人民行使的同质权力，没有分立与制衡的制度需求。[①]

四、关于健全实施DSB贸易报复授权的国内法机制问题

我国可在分析欧美实施DSB贸易报复授权的立法和实践基础上，构建适合我国国情的贸易报复机制，明确国内实施贸易报复的规则与程序，具体涵盖：负责启动报复程序的政府机构及其权限；报复立法的适用范围；快速处理报复事宜的程序；报复部门；报复措施的形式和程度；报复清单的确定原则；与国内产业磋商和征求利害关系方意见的程序和范围；报复执行异议的程序；修改和终止报复措施的条件等。

（一）报复立法的实施主体和适用范围

（1）关于报复立法的实施主体，《对外贸易法》第46条规定，中国政府可根据有关条约、协定中止或终止履行相关义务。根据《关税法》第18条规定，征收报复性关税的货物范围、适用国别或地区、税率、期限和征收

---

① 秦前红. 中国宪法领域的法比较：方法与趋势[J]. 河南省政法管理干部学院学报，2007（1）：44.

办法，由国务院关税税则委员会提出建议，报国务院批准后执行。《对外贸易法》和《关税法》并未明确将实施贸易报复的权力授权给对外贸易主管部门——商务部。《商务部主要职责内设机构和人员编制规定》授权商务部代表我国政府处理与 WTO 的关系，牵头承担我国在 WTO 框架下的谈判和贸易政策审议、争端解决和通报咨询等工作，负责对外贸易协调工作。然而，该规定效力等级较低，其能否作为商务部协调各部门、地方执行 DSB 裁决的法律依据，仍然存疑。

迄今，欧美所有已实施的贸易报复均采用对货物征收额外关税的形式。《欧洲议会和欧盟理事会第 654/2014 号条例》明确规定，为保证该条例实施的一致性，应授予欧盟委员会实施该条例的权力。为保障欧盟利益，若存在正当的、势在必行的紧迫理由，需针对第三方行为调整商业政策措施（实施贸易报复措施）的，欧盟委员会应立即采取可适用的行动。①笔者认为待条件成熟时，可修改法律或法规，授权商务部作为对外贸易主管部门，提高特定产品的关税或通过配额限制进口。

（2）关于报复立法的适用范围，《欧洲议会和欧盟理事会第 654/2014 号条例》的适用范围宽泛，几乎涵盖所有可能的实施贸易报复情况，该条例第 3 条规定：① WTO 授权欧盟中止 WTO 协定项下的减让或其他义务时；②根据区域或双边贸易协定的争端解决机制，欧盟有权中止该协定下的减让或其他义务时；③第三国采取保障措施，欧盟根据 WTO《保障措施协定》或其他国际贸易协定之保障条款有权采取措施，以使协定下的减让或其他义务重获平衡时；④当某一 WTO 成员方根据 GATT1994 第 28 条修改减让，但未能就补偿性调整达成一致时。②笔者认为，国内在草拟贸易报复的实施细则时，亦可作出综合、广泛的安排，并适时使用兜底条款涵盖所有可能的情况。

（二）报复部门

综合《欧洲议会和欧盟理事会第 654/2014 号条例》之规定，该条例项下

---

① Regulation（EC）no.654/2014 of the European Parliament and of the Council, Chapeau（12）（14）（16）.
② Regulation（EC）no.654/2014 of the European Parliament and of the Council, Article 3.

贸易报复仅适用于货物贸易部门和政府采购领域，是否可在知识产权和服务贸易领域采取商业政策措施，留待日后考量；欧盟委员会应在该条例生效后的5年内或首次实施报复后的3年内（以较早时间节点为准），审查该条例的适用范围、运行和效率，并在考虑各领域特性的前提下，评估扩大条例适用范围至知识产权和服务贸易领域的可能性及可能采取的措施；欧盟委员会应将其审查后的评估报告递交欧洲议会和欧盟理事会，并提出相应的立法建议。[①]美国《1974年贸易法》第301（a）条授权美国贸易代表办公室采取总统权限范围之内、有关任何货物或服务贸易，或与该外国相关的任何其他领域的行动。《1974年贸易法》第301（c）条规定，在对任何货物或经济部门实施报复时，美国贸易代表办公室不必考虑该货物或经济部门是否卷入涉案法律、政策或实践。

《欧洲议会和欧盟理事会第654/2014号条例》规定的有关报复部门仅限于货物贸易和政府采购领域，未来是否将扩展至服务贸易和知识产权领域，仍留待日后考量，其背后有深层次的制度思考。服务贸易、知识产权及投资，向来是涉及国家经济主权的敏感行业，在中国已缔结的100多项双边投资保护协定中，知识产权系受保护的投资类型之一。在《与贸易有关的知识产权协定》项下实施报复，很可能被看作违反双边投资协定之外资待遇标准，或因构成征收而濒临赔偿。实践中，巴西、安提瓜和厄瓜多尔虽已被DSB授权可在《与贸易有关的知识产权协定》项下实施报复，但均未实际付诸。鉴于知识产权领域的复杂性，笔者同意有关学者的建议，立法上我国未来贸易报复应仅适用于货物和服务贸易部门及政府采购领域。若有必要实施《与贸易有关的知识产权协定》项下的报复，则留待个案临时处理为宜。[②]

（三）报复措施和程度

（1）在报复措施方面，《欧洲议会和欧盟理事会第654/2014号条例》第5条"商业政策措施"（贸易报复措施）具体规定了可采取的措施形式：暂停

---

① Regulation（EC）no.654/2014 of the European Parliament and of the Council, Chapeau（6）（9）（11）.
② 李晓玲. WTO成员实施贸易报复的国内立法与实践研究[J]. 甘肃政法学院学报，2014（4）：58.

关税减让、数量限制措施（如配额和进出口许可证等）和政府采购措施等。[1]美国《1974年贸易法》第301（c）条列举了可采取的报复措施，包括：①中止、撤回或阻止适用贸易协定项下的减让，或减让带来的利益；②对来自该外国的货物征税、采取其他进口限制措施；③对该外国的服务征收费用或施加限制。美国贸易代表办公室可依其认为适当的方式并在适当的限度内，限制服务部门准入许可的条款或条件，或拒绝颁发任何许可。此外，关于设计商业政策措施的考虑因素，《欧洲议会和欧盟理事会第654/2014号条例》前言（8）和第4.3条进一步规定，商业政策措施的"适当性标准"，"应基于客观标准设计，尽量减少对联盟的负面经济影响"，"基于可获得的信息和联盟的整体利益"。[2]

关于我国贸易报复措施的具体形式，笔者同意有关学者的建议：在货物贸易部门，可选择实施提高关税（中止关税减让或征收额外关税）、实施配额或进出口许可证等数量限制措施；在服务贸易部门，可限制或拒绝服务部门准入许可；在政府采购方面，可采用排除其投标或征收价格罚金的方式。[3]

（2）在报复程度方面，《欧洲议会和欧盟理事会第654/2014号条例》规定，欧盟行动应着眼于维护如同相关国际贸易协定中规定的实质的同等减让。[4]该条例第4.2条规定，根据《关于争端解决规则与程序的谅解》达成的贸易争端裁决的暂停减让或其他义务的水平，不得超出WTO争端解决机构的授权。[5]该条例第5（2）（c）条规定，商业政策措施应保证暂停减让或其他义务的水平适当，并在成员国间公平分配。[6]美国《1974年贸易法》第301（c）条规定，报复措施对外国货物或服务造成的影响，应在金额上等于该外国限

---

[1] Regulation（EC）no.654/2014 of the European Parliament and of the Council, Article 5（1）.

[2] Regulation（EC）no.654/2014 of the European Parliament and of the Council, Chapeau（8）, Article 4（3）.商业政策措施的"适当性"标准：引导第三国执行国际贸易裁决措施的有效性；为受第三国措施影响的联盟内运营商提供救济的潜力；相关货物或服务的可替代来源，以避免或减少对联盟下游产业、承包机构、实体或最终消费者的任何负面影响；避免措施实施过程中不成比例的复杂行政程序和成本；根据本条例第3条涉及的国际贸易协定中设立的任何具体标准。

[3] 李晓玲.WTO成员实施贸易报复的国内立法与实践研究[J].甘肃政法学院学报，2014（4）：58.

[4] Regulation（EC）no.654/2014 of the European Parliament and of the Council, Chapeau（6）.

[5] Regulation（EC）no.654/2014 of the European Parliament and of the Council, Article 4（2）（a）.

[6] Regulation（EC）no.654/2014 of the European Parliament and of the Council, Article 5（2）（c）.

制美国商业或给美国商业造成负担的价值。对比欧美关于贸易报复程度的立法规定，欧盟的规定更为明确彻底地转化了《关于争端解决规则与程序的谅解》第22.4条项下"DSB授权报复的程度应等于利益丧失或减损的程度"的规定，避免了单边主义，我国可予以借鉴。

（四）报复措施的修改和终止

鉴于《关于争端解决规则与程序的谅解》第22.8条仅规定终止报复的条件，[①]并未明确规定在被诉方撤销违法措施后，DSB是否应主动终止以及如何终止其授权报复的具体程序，我国可通过立法赋予自身修改、中止及终止贸易报复的权力。《欧洲议会和欧盟理事会第654/2014号条例》第7条规定，对第三国不执行WTO协定或其他国际贸易协定下争端裁决之情形，若该第三国与欧盟达成补偿协议，则应在补偿期间中止执行行动（中止报复）；若该第三国已使其措施符合国际贸易规则，或双方已达成和解，则应终止执行行动。[②]美国《1974年贸易法》第307（a）条规定，如外国政府正在采取令人满意的措施，赋予美国贸易协定下的权力，或同意终止或逐步终止法律、政策或实践，或该外国拒绝权力，或其法律、政策和实践等对美国商业造成的负担或限制增加或削弱等，美国贸易代表办公室应修改或终止报复行动。笔者认为，我国可借鉴《欧洲议会和欧盟理事会第654/2014号条例》中采用模糊措辞的策略，规定在"必要"时对报复措施作出任何"适当"修改。

（五）与国内产业磋商、信息收集和保密

我国应以立法方式，明确相关机构与国内产业磋商和征求利害关系方意见的有关标准、程序和时间安排、信息收集及保密义务，尤其在报复清单（清单产品的选择标准和考虑因素等）和适用税率方面，具体可借鉴：（1）美国《1974年贸易法》第307（a）条的规定，该条规定应在修改、中止或终止报复行动之前，与申请人（如有）和所涉国内产业代表磋商；（2）《1974年

---

① 《关于争端解决规则与程序的谅解》第22.8条规定，减让或其他义务的中止应是临时性的，且只应维持至认定与有关协定不相一致的措施已取消，或必须履行建议或裁决的成员对利益丧失或损害已提供解决办法，或已达成双方满意的解决办法。

② Regulation（EC）no.654/2014 of the European Parliament and of the Council, Article 7（1）（2）.

贸易法》第306（c）条和第304（b）条的规定，该条规定相关机构应就有关问题向利害关系人征求意见，具体涵盖被诉方的执行措施本身、关于执行措施未能执行DSB裁决的认定、适当的报复行动和报复清单等；（3）《欧洲议会和欧盟理事会第654/2014号条例》第9条的规定，该条规定相关机构在适用贸易报复立法时，应在官方公报或其他适当传媒发布通知，就特定产品或部门的经济利益寻求信息和意见，收到的信息仅可用于被请求的目的。

结　语

本书在分析、比较欧美和中国关于 WTO 协定和 DSB 裁决效力的法律规定和实践的基础上，结合欧美执行 DSB 裁决的专门立法，从 DSB 裁决的灵活性、前瞻性救济、合理期限制度和报复制度的角度，探究《关于争端解决规则与程序的谅解》中独特的程序性安排，为成员方执行 DSB 裁决预留的弹性空间及对欧美 DSB 裁决执行立法的影响。

本书基于系争措施，结合《欧洲联盟运行条约》第 294 条、《欧盟理事会第 1515/2001 号条例》和《欧洲议会和欧盟理事会第 654/2014 号条例》以及美国《乌拉圭回合协议法案》第 102 条、第 123 条和第 129 条和《1974 年贸易法》第 301 条等，分类考察欧美执行涉及立法、行政和双反贸易救济措施的 DSB 裁决及实施 DSB 贸易报复授权的法律机制和实践。在此基础上，总结欧美在 DSB 裁决执行方面具有如下特征：立法层级高且专门针对 DSB 裁决的执行、有连接立法和行政机关的执行 DSB 裁决的协调机构、立法机关掌控 DSB 裁决的执行及其自由裁量权。

目前，针对执行涉及立法措施、行政措施和双反贸易救济措施的 DSB 裁决，中国分别适用《立法法》《行政法规制定程序条例》《规章制定程序条例》和《执行世界贸易组织贸易救济争端裁决暂行规则》。关于 DSB 裁决的执行，中国尚无统一、专门的法律或法规规定。目前，我国执行 DSB 裁决的立法和实践存在以下问题：法律授权不足，规定零星琐碎，部分条文设计不合理和不完整。实践中，中国执行 DSB 裁决的立法和机制呈现以下特征：效力等级较高的执行 DSB 裁决的立法缺位；集中权威的执行 DSB 裁决的协调机制缺位；行政机关单独掌管 DSB 裁决执行；实施 DSB 贸易报复授权的国内立法机制缺位。

迥然不同的历史传统和政治制度导致国别性差异。笔者经调研认为，中国不能照搬欧美 DSB 裁决执行的立法和机制，具体原因如下：

首先，目前不宜提升 DSB 裁决执行规则的立法层级问题，因为《立法法》第 11 条规定的法律保留事项作为弹力安全阀，间接限制国务院的行政权力，有助于防止 DSB 裁决侵蚀国家经济主权；《宪法》和《缔结条约程序法》并未规定条约在国内法体系中的效力位阶及适用方式的一般性原则，在无《宪法》和法律依据的前提下，不能以国务院办法或法规作为立法载体，单独就仅具有准条约性质的 DSB 裁决的执行机制作出规定。

其次，关于构建集中权威的执行 DSB 裁决的协调机制问题，可在国务院层面成立由一名副总理担任组长的领导小组，授权现有跨部门议事协调机构国务院关税税则委员会负责 DSB 裁决执行的协调工作，并由商务部担任专门负责启动 DSB 裁决执行的实施机构。

再次，关于 DSB 裁决执行过程中立法机关的作用问题，鉴于全国人大及其常委会在权责分配、人员构成、机构设置、议事程序和会期方面的特点，我国 DSB 裁决执行工作应由处在第一线的实行行政首长负责制的国务院管辖。

最后，关于健全实施 DSB 贸易报复授权的国内立法机制问题，应明确国内实施贸易报复的规则程序，具体涵盖：负责启动报复程序的政府机构及其权限、贸易报复立法的适用范围、报复部门、报复措施之具体形式、报复程度及报复措施的修改和终止、与国内产业磋商、信息收集及保密等事项。

笔者认为，当前，应在整个国际经贸规则重构的大背景下，来思考中国应否及如何执行 DSB 裁决。无论多边博弈的二十国集团机制，美国主导的由《跨太平洋伙伴关系协议》和《跨大西洋贸易与投资伙伴协议》构筑的亚太再平衡战略，抑或我国倡导的"一带一路"倡议和亚投行策略，其背后实际上都隐藏着重塑国际贸易和投资领域规则的深层次思考。中国作为第一大货物贸易国和第一大出口国，是现有 WTO 多边贸易体制的受益者。中国要通过更加诚信地执行 DSB 裁决，捍卫其和平发展的负责任的大国形象，坚决维护这个拥有 166 个成员方的前所未有的国际贸易组织的合法性和可信度。

然而，过去 200 多年的大部分时间里，中国与国际法有着长久而复杂的关系。19 世纪，中国和西方列强签订了一系列不平等条约。制度安排是在事物的发展过程中，由量变到质变的积累中，逐步衍生出来的，每个国家的法律制度和立法体系的形成都有其悠久独特的历史政治渊源。

笔者认为，一个以法律为载体的涵盖立法、行政和双反贸易救济措施的DSB裁决执行机制，将打破社会主义法律体系的统一和稳定，进而压缩当前机制下留给各部门的政策空间，不利于有效灵活掌握DSB裁决的执行问题，不利于维护国家主权和国际形象。一旦在国内法律体系中作出有关DSB裁决效力及其执行的颠覆性的法律变革，极可能牵一发而动全身，冲击国内法律体制的和谐性。目前，全国人大、最高人民法院和国务院在此问题上需慎之又慎。

我国DSB裁决的执行机制仍在初步形成过程中。截至目前，国务院领导下的DSB裁决执行机制在行政框架下运作良好。笔者理论和实践经验多有不足，衷心期待能通过介绍、比较欧美DSB裁决执行的立法、机制和实践，抛砖引玉，引发学界和实务部门进一步思考并研究中国DSB裁决执行的立法和机制。

参考文献

一、中文部分

(一) 著作类

1. 陈咏梅,陈雨松.世界贸易组织法律实务[M].厦门:厦门大学出版社,2017.

2. 傅东辉.论贸易救济:WTO反倾销反补贴规则研究[M].北京:中国法制出版社,2015.

3. 彼得·范德博思,单文华.世界贸易组织法原理[M].尚宽,贺艳,译.北京:法律出版社,2020.

4. 顾婷.国际公法视域下的WTO法[M].北京:北京大学出版社,2010.

5. 贺小勇.国际贸易争端解决与中国对策研究:以WTO为视角[M].北京:法律出版社,2006.

6. 韩立余.世界贸易组织法[M].2版.北京:中国人民大学出版社,2010.

7. 约翰·H.杰克逊.世界贸易体制[M].张乃根,译.上海:复旦大学出版社,2001.

8. 约翰·H.杰克逊.GATT/WTO法理与实践[M].张玉卿,李成刚,杨国华,等译.上海:新华出版社,2002.

9. 约翰·H.杰克逊.国家主权与WTO:变化中的国际法基础[M].赵龙跃,左海聪,盛建明,译,北京:社会科学文献出版社,2009.

10. 纪文华,姜丽勇.WTO争端解决规则与中国的实践[M].北京:北京大学出版社,2005.

11. 李浩培. 条约法概论 [M]. 上海：法律出版社，2003.

12. 李道揆. 美国政府和美国政治 [M]. 上海：商务印书馆，2004.

13. 戴维·帕尔米特，佩特罗斯·C. 马弗鲁第斯. WTO 中的争端解决：实践与程序 [M]. 罗培新，李春林，译. 北京：北京大学出版社，2005.

14. 世界贸易组织. 世界贸易组织上诉机构年度报告 2019—2020 [M]. 彭德雷，译. 上海：上海人民出版社，2022.

15. 孙哲. 左右未来：美国国会的制度创新和决策行为：修订版 [M]. 上海：上海人民出版社，2012.

16. 屠新泉，等. 世界贸易组织发展报告：2022 [M]. 北京：对外经济贸易大学出版社，2023.

17. 薛荣久. 世界贸易组织（WTO）教程 [M]. 3 版. 北京：对外经济贸易大学出版社，2018.

18. 薛荣久，屠新泉，杨凤鸣. 世界贸易组织（WTO）概论 [M]. 北京：清华大学出版社，2018.

19. 余敏友. 世界贸易组织争端解决机制法律与实践 [M]. 武汉：武汉大学出版社，1998.

20. 杨国华，史晓丽. 我们在 WTO 打官司：参加 WTO 听证会随笔集 [M]. 北京：知识产权出版社，2015.

21. 张玉荣，王瑛，陆冰洁. 世界贸易组织：规则与运用 [M]. 北京：清华大学出版社，2020.

22. 朱榄叶，贺小勇. WTO 争端解决机制研究 [M]. 上海：上海人民出版社，2007.

23. 朱榄叶. 世界贸易组织国际贸易纠纷案例评析：2003—2006 [M]. 北京：法律出版社，2008.

24. 朱榄叶. 世界贸易组织国际贸易纠纷案例评析：2007—2009 [M]. 北京：法律出版社，2010.

25. 朱榄叶. 世界贸易组织国际贸易纠纷案例评析：2010—2012 [M]. 北京：法律出版社，2013.

26. 朱榄叶. 世界贸易组织法经典案例选编 [M]. 北京：北京大学出版社，

2018.

27. 朱榄叶. 世界贸易组织国际贸易纠纷案例评析：2019—2021［M］. 北京：法律出版社，2022.

28. 赵维田. 世贸组织（WTO）的法律制度［M］. 长春：吉林人民出版社，2000.

29. 赵维田，缪剑文，王海英. WTO的司法机制［M］. 上海：上海人民出版社，2004.

30. 曾令良.21世纪初的国际法与中国［M］. 武汉：武汉大学出版社，2005.

（二）期刊类

1. 陈儒丹. WTO裁决执行与国家利益实现的潜在背离研究［J］. 环球法律评论，2017，39（5）:177-192.

2. 韩永红. 特殊与差别待遇：超越世界贸易组织的改革路径［J］. 政治与法律，2019（11）:136-144.

3. 柯静. 世界贸易组织改革：挑战、进展与前景展望［J］. 太平洋学报，2019，27（2）：25-37.

4. 孔庆江. 美欧对世界贸易组织改革的设想与中国方案比较［J］. 欧洲研究，2019，37（3）：38-56.

5. 刘永伟. 国际条约在中国适用新论［J］. 法学家，2007（2）：143-151.

6. 刘雪红. 世界贸易组织一般例外条款适用误区之批判［J］. 东方法学，2018（4）：72-82.

7. 刘玮，徐秀军. 发达成员在世界贸易组织改革中的议程设置分析［J］. 当代世界与社会主义，2019（2）:164-172.

8. 廖凡. 世界贸易组织改革：全球方案与中国立场［J］. 国际经济评论，2019（2）：32-43.

9. 李杨，尹紫伊. 美国对WTO争端解决机制的不满与改革诉求［J］. 国际贸易，2020（7）：72-79.

10. 龙英锋. 论世界贸易组织规则下碳税边境调整的合法性［J］. 税务

研究，2021（10）：102-105.

11. 卢先堃. 世界贸易组织的新起点：对第12届部长级会议成果的评价与前景展望［J］. 国际经济评论，2022（5）：22-29.

12. 李计广，郑育礼，田丰. WTO争端解决机制改革的经济学分析［J］. 亚太经济，2023（2）：46-56.

13. 刘影. 世界贸易组织改革进程中数据跨境流动的规制与完善［J］. 知识产权，2023（4）：108-126.

14. 马相东，王跃生. 从加入世界贸易组织到共建"一带一路"：世界经济增长的中国贡献［J］. 中共中央党校（国家行政学院）学报，2021，25（5）：83-92.

15. 孟彦辰. 世界贸易组织新冠肺炎疫苗知识产权豁免谈判：溯源、诉求与展望［J］. 国际经济法学刊，2023（1）：56-69.

16. 石静霞. 世界贸易组织上诉机构的危机与改革［J］. 法商研究，2019，36（3）：150-163.

17. 石静霞. 世界贸易组织谈判功能重振中的"联合声明倡议"开放式新诸边模式［J］. 法商研究，2022，39（5）：3-17.

18. 单大圣. 加入世界贸易组织二十年来中国教育对外开放的进展和未来走向［J］. 中国教育科学（中英文），2021，4（6）：32-42.

19. 屠新泉，石晓婧. 国家主权与国际规则：美国对世界贸易组织争端解决机制的态度变迁［J］. 太平洋学报，2020，28（6）：1-11.

20. 肖冰. 国际法治、国际法律秩序变革与中国的角色：兼及世界贸易组织的危机与改革［J］. 外交评论（外交学院学报），2021，38（2）：95-124.

21. 徐秀军，林凯文. 国际经济议程政治化与世界贸易组织改革困境［J］. 世界经济与政治，2022（10）：101-129.

22. 张磊，卢毅聪. 世界贸易组织改革与中国主张［J］. 世界经济研究，2021（12）：22-29.

23. 赵宏. 世贸组织争端解决机制25年：辉煌、困境与出路［J］. 国际贸易，2021（12）：4-8.

24. 张燕生，裴长洪，毕吉耀，等. 中国与世界贸易组织：回顾与展望

[J]. 国际经济评论，2022（1）：9-30.

25. 张耀元. 世界贸易组织透明度机制整体改革研究[J]. 世界经济研究，2022（3）：80-91.

二、英文部分

（一）著作类

1. DAVIS C L. Why adjudicate？ enforcing trade rules in the WTO[M]. Princeton，New Jersey：Princeton University Press，2012.

2. HOEKMAN B. Supply chains，mega-regionals and multilateralism：a road map for the WTO[M]. London：CERP Press，2014.

3. JACKSON J H. The World Trade Organization：constitution and jurisprudence[M]. New York：Routledge，1998.

4. JACKSON J H. The jurisprudence of GATT and the WTO[M]. Cambridge：Cambridge University Press，2000.

5. MAVROIDIS P C，Sapir A. China and the WTO：why multilateralism still matters[M]. Princeton，New Jersey：Princeton University Press，2021.

6. MATSUSHITA M，SCHOENBAUM T J，MAVROIDIS P C，HAHN M. The World Trade Organization：law，practice and policy[M]. Oxford：Oxford University Press，2015.

7. SHAFFER G，MELÉNDEZ-ORTIZ R. Dispute settlement at the WTO：the developing country experience[M]. Cambridge：Cambridge University Press，2011.

（二）期刊类

1. AGON S S. Is compliance the name of the effectiveness game？ goal-shifting and the dynamics of judicial effectiveness at the WTO[J]. World trade review，2016，15（4）：671-701.

2. ALBERTO A. Judicial enforcement of the WTO hormones ruling within the European Community：toward EC liability for the non-implementation of WTO

dispute settlement decisions [J]. Harvard international law journal, 2004, 45（2）: 547-561.

3. BARCELÓ J J. The paradox of excluding WTO direct and indirect effect in U. S. law [J]. Tulane European and Civil Law Forum, 2006: 147-167.

4. BURKE-WHITE, WILLIAM W. Power shifts in international law: structural realignment and substantive pluralism [J]. Harvard international law journal, 2015, 56（1）: 1-80.

5. BREWSTER R. Rule-based dispute resolution in international trade law [J]. Virginia law review, 2006, 92（2）: 251-288.

6. FABRI H R. Is there a case-legally and politically-for direct effect of WTO obligations [J]. European Journal of International Law, 2014: 1-20.

7. ITAGAKI K A. Private party standing in the WTO: towards judicialization of WTO decisions in U. S. courts [J]. Georgetown Journal of International Law, 2014: 1266-1291.

8. JOOST P. WTO dispute settlement post 2019: what to expect [J]. Journal of international economic law, 2019, 22（3）: 297-321.

9. LEE E, PROP J I. Measuring Trips compliance and defiance: the WTO compliance scorecard [J]. Journal of Intellectual Property Law, 2011, 18（2）: 401-446.

10. LIU H-W, LIN C-F. Artificial intelligence and global trade governance: a pluralist agenda [J]. Harvard international law journal, 2020, 61（2）: 407-450.

11. MATTHEW E S. Chinese law and development [J]. Harvard international law journal, 2012, 62（1）: 51-116.

12. PAUWELYN J. WTO dispute settlement post 2019: what to expect [J]. Journal of international economic law, 2019, 22（3）: 297-321.

13. POSNER E A, YOO J C. Judicial independence in international tribunals [J]. California law review, 2005, 93（1）: 1-74.

14. SHAFFER G, TRACHTMAN J. Interpretation and institutional choice at

the WTO [J]. Virginia journal of international law, 2011, 52（1）: 103-153.

15. SHAFFER G, GAO H. China's rise: how it took on the U. S. at the WTO[J]. University of Illinois Law Review, 2018: 116-182.

16. THOMAS S. World Trade Organization remedies and the assessment of proportionality: equivalence and appropriateness [J]. Harvard international law journal, 2007, 48（2）: 337-383.

17. VIDIGAL G. Living without the appellate body: multilateral, bilateral and plurilateral solutions to the WTO dispute settlement crisis [J]. Journal of world investment & trade, 2019, 20（6）: 862-890.

后　记

本书是在博士毕业论文的基础上反复修改、更新迭代而成的。研究的初衷是，探析 WTO 主要成员方执行 DSB 裁决的机制和现状，知己知彼。随着研究的深入，尤其在探析 DSB 裁决的国别执行实践和各具特色的个案后发现，DSB 裁决的执行问题，绝非仅仅如何强化执行力度和如何构建裁决执行机制的问题。

在当前百年未有之大变局之下，国际经济格局和形势正经历着前所未有的重大变革，WTO 多边贸易机制较之以往，更需要包容并蓄，与时俱进。

衷心感谢多年来一直悉心培养我的单位上海工程技术大学，入校 23 年来，学校在教学、进修和科研等方面，一路赋能，助力我的成长。学院的各级领导和老师同仁们对我关怀支持有加，正是他们的关心和帮助，使这本书有幸得以面世。

衷心感谢导师贺小勇教授的指导、鼓励和支持！老师治学严谨踏实、视野开阔，处事热忱谦和、乐观豁达，令我深深敬仰！老师悉心的启发点拨和教诲鼓励，令我受益匪浅！

衷心感谢朱榄叶老师的鼎力支持和答疑解惑！朱老师治学勤恳专注，为人豁达直率，如小太阳，无私点亮、温暖和感染着周围的人！

衷心感谢华东政法大学国际法学院给予我的宝贵研究机会和便利的研究条件。

衷心感谢华东政法大学国际法学院的老师和同学们曾给予我的大力支持和无私帮助。

衷心感谢本书责任编辑雷编辑的悉心和辛苦付出，每有困惑，雷编辑总是及时、专业、细致、耐心地一一解惑引导，温暖而感动。

在职考博读博，历尽千辛，甘苦自知！大爱无疆，感谢父亲、丈夫和女儿的无私支持、理解和付出！

养儿方知父母恩，感恩慈母！母亲早逝，但她早年无条件的温暖呵护和悉心理解，在我心中长情永续。

感恩生命中一切的经历和美好，希望未来且行且珍惜，踏踏实实过好日子。

最后，成稿之余，内心依然忐忑，由于参考了不少外文资料，行文或有生涩之处。经济和贸易，政治和法律，个案错综复杂，加之 DSB 裁决的具体执行信息又较为匮乏，虽尽心竭力仍力有不逮，不足之处敬请读者指正谅解。

苗青

2024 年 1 月于上海